家康の仕掛け

計画」
く
江戸東京の原型

著/岡本哲志

淡交社

はじめに

江戸――東京は、迷宮（ラビリンス）都市といわれる。時代を経るごとに複雑怪奇な混迷さを増大させ、掴み所のない巨大都市の印象が強い。だが、江戸―東京の都市研究を長年積み重ね、思いのほか単純明快な原理で江戸の基本骨格がつくられてきたとわかる。近代から現代東京へと変貌するプロセスもおぼろげながら見えてきた。

その時、江戸城と江戸のまちを計画したトップ、徳川将軍が江戸の都市空間を具体化する上で、どのような構想を描いたのか、そのことが気になりはじめる。城やまちの計画は多くの人が様々な立場でかかわり実現する。だが、将軍は単に「よきに計らえ」といっただけでも、計り知れない影響力がそこに生じる。特に巨大化する以前の江戸は、思いもかけず将軍の生き様をにじませる。一方、次世代以降に突然修正が加えられ、当初将軍が抱いた思いを見えにくくするケースもあろう。実現した都市空間と、時に理不尽な将軍たちの人間模様を重ねると、江戸がいつもと違う別の姿を見せる。あたかも、スリリングでエキサイティングな歴史舞台に同席しているかのようにこちらに迫る。それが原動力となり、徳川将軍へ向けた眼差しから、江戸の都市空間を読み解く本書へと至る動機が芽生えた。

徳川家康《とくがわいえやす》は、落胤《らくいん》説を除けば、11男5女の子宝に恵まれた。家康の落胤は土井利勝《どいまさかつ》がよく知られる。また、三代将軍家光《いえみつ》が家康の子で、春日局《かすがのつぼね》を生母とする説もある。この説からすると、家光は御三家の一人、水戸徳川家初代である十一男徳川頼房《よりふさ》の弟となる。これはこれで一つの物語となろう。

本書は、家康から秀忠、家光を経て、家綱《いえつな》・綱吉《つなよし》・家宣《いえのぶ》と血を繋ぎ、家康からの家光直系の血が七代将軍家継によって途絶える前までの時代に光をあてた。それは、家康から家継までの7代で、江戸城と江戸のまちの基本的な下地が完成したことによる。ただし、七代将軍となった家継は7歳で亡くなっており、ほとんど事績がない。そのことから、本書では主に家康から家宣までの6代を扱う。同時に、江戸城と江戸のまちに描き込まれた風景を読み解くことは、一人ひとりの将軍の生き様をあぶり出す試みでもある。

初代家康から六代家宣までの将軍共通のテーマとして、「江戸城天守閣」がある。実際には、家康の慶長度《けいちょうど》、秀忠《ひでただ》の元和度《げんなど》、家光の寛永度《かんえいど》の3つの天守閣が完成しただけだが、家綱・綱吉・家宣も将軍として天守閣を再建する可能性があった。同時に、日本橋、寛永寺から天守閣を結ぶ軸線に、将軍たちの思いが色濃く刻印されている点も注視したい。

江戸城の周囲には幾重にも掘割が巡る。時々の将軍は掘割を築くことで、江戸城の拡大再構築を試みてきた。家康が江戸に入府した天正《てんしょう》18（1590）年、太田道灌《おおたどうかん》の築いた江戸城から家康を初代とする徳川将軍家がスタートする。その後、江戸城は二の丸、三の丸が増設され、六代将軍家宣の時代に吹上《ふきあげ》の御庭が完成した。百数十年かけて江戸城は拡大し、江戸城をかたちづくる掘割も同時に変化する。まるで生き物のように。

江戸城を取り巻く江戸のまちも時代とともにかたちづくられた。江戸は全国に領地を持つ諸大名が屋敷を構える特殊な都市空間であり、江戸の都市計画は初期段階で完成したわけではない。人口が膨れ上がるにしたがい、大規模な土木事業が進展した。神田川の流路変更、外《そと》濠《ぼり》の新設、遠浅の海の埋め立てなど、都市基盤整備が次々と試みられ、百万都市に成長する。

江戸城外濠は、現在も皇居西側から北側にかけて残る。しかし、江戸時代後期の掘割を俯瞰すると、海苔巻《のりまき》のように「の」の字を描き、最後は行き場を失い隅田川に流れ出ているようで締まりがない【0-1】。こうした掘割の形状は、大坂の陣（1614・15）を終え、強大な力を得た徳川将軍家が最終的な総仕上げとして、美的にも納得のいく外濠整備を断念した結果ではない。真田濠《さなだぼり》から神田川に至る外濠の完成は、近世初頭の一般的な城下町ではなく、天下の城下町へと変貌した姿として描かれたものだ。その間に、神田川の役割も変化した。

では、江戸城外濠の形状は何を意味しているのか。それを明らかにするために、いくつかの異なる切り口から読み解く必要がある。一つ目は、まず江戸城惣構《そうがまえ》と江戸の形成プロセスをパラレルに追うこと。二つ目として、江戸城と江戸を築き上げる最終的な決定権を持つ徳川将軍（家康から家宣まで）の意志と擦り合わせる試みも重要である。三つ目は、時々にのしかかる社会情勢と自然災害を先にあげた二つの視点と重ねる必要があろう。将軍といえども、思わぬ挫折が待ち受ける。

このように重層的に江戸の都市空間を読み解くことにより、外濠がなぜこのような形状でつくられたのか、その意図を明らかにできる。同時に、6代続いた将軍たちの思いが代を重ねて築き上げた、江戸城と江戸のまちに刷り込まれた特色も見えてくるはずである。

これから6代の将軍に登場してもらい、江戸城と江戸のまちにおける百数十年間の歴史を巡ることにしたい。

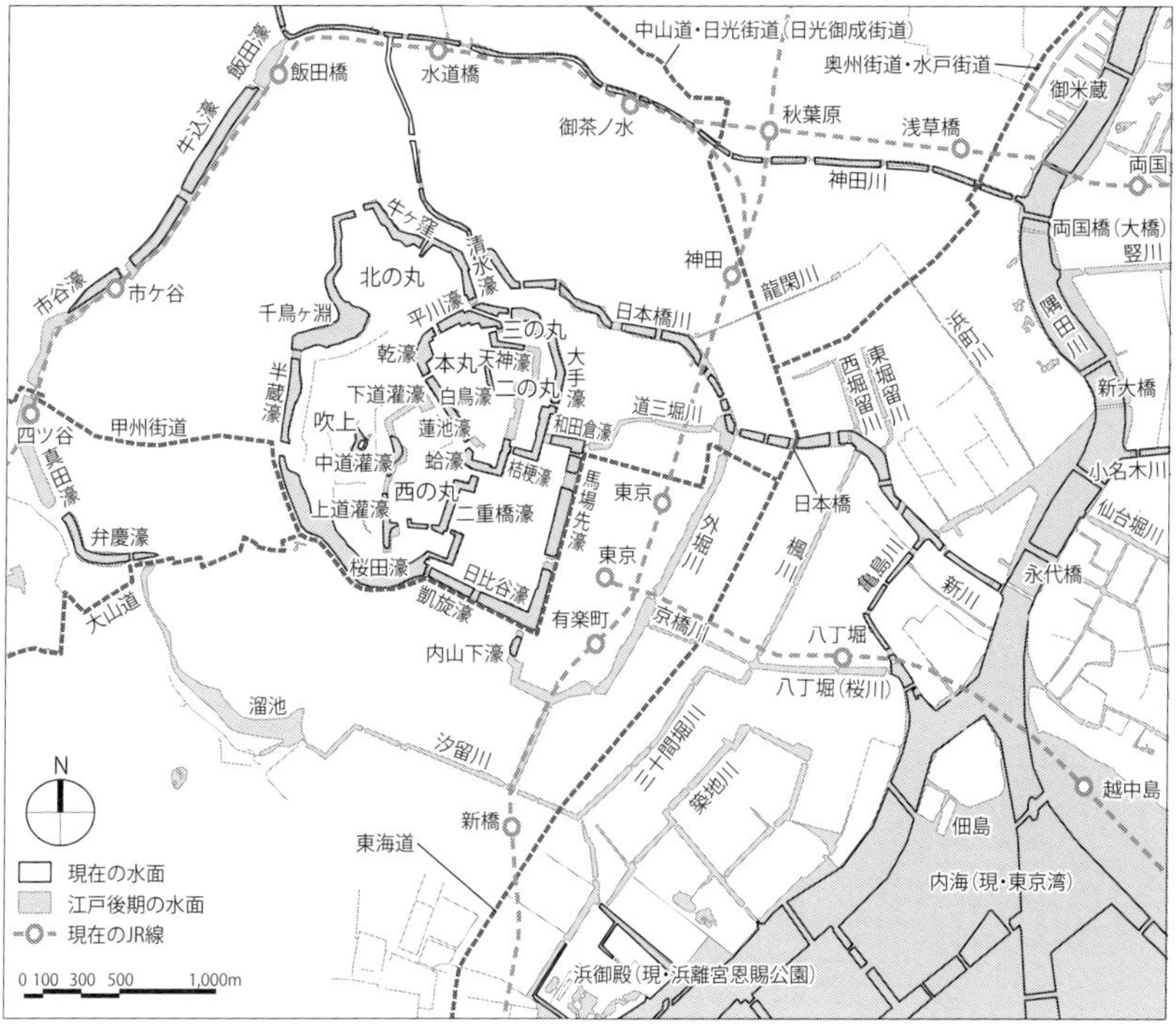

0-1　現在と江戸時代の河川・掘割の比較

『家康の仕掛け』目次

4章 三代将軍家光の時代

5章 四代将軍家綱の時代

6章 五代将軍綱吉の時代

目次

7章 六代将軍家宣の時代

ブックデザイン 米倉英弘（細山田デザイン事務所）

目次

1章

初代将軍・徳川家康の時代

家康が江戸に入る以前の江戸城

江戸城周辺の詳細地形と原風景の復原

太田道灌《おおたどうかん》（1432〜86）以前の時代に遡ると、江戸城とその周辺はどのような自然地形だったのか。意外とわかるようでわからない。それは、江戸城跡である現在の皇居が大胆に手を加えられ、変形した後の地形の上に成り立っているからだ。しかも、地形がしっかりとわかる江戸時代の地図はなく、地形が改変された以前の原地形を描きだす手掛かりに乏しい。

地形が詳細にわかる古い地図を利用し、太田道灌や徳川家康《とくがわいえやす》（1543〜1616）が江戸城を築く以前の時代に目を向けるには、私の経験として、明治16（1883）年に作成された『参謀本部陸軍部測量局五千分一東京図測量原図』（国土地理院所蔵）が現段階で最も有効であろう［1-1］。2mピッチで等高線が描き込まれ、しかも近代都市計画が行われる以前の状況を示しており、ほぼ江戸後期の地形状況といってよい。ただし、江戸城の地形はすでに大きく改変された後の姿であり、どこまでこの地図から江戸城建設以前の原風景を導き出せるかは未知数である。しかし、わずかに残る痕跡を頼りに読み解くことにしたい。

江戸初期には、北の丸の外側を巡る千鳥ヶ淵《ちどりがふち》（15m、括弧内の数字は濠水面の海抜を示す。以下同様）、牛ヶ窪《うしがくぼ》（3m）を経て、旧平川（旧神田川の下流）に流れ出る水の道（堀割）がすでに整備されていた。現在の田安御門まで至る千鳥ヶ淵の北側は、台地を人工的に掘り込んだ形状である［18頁1-2］。

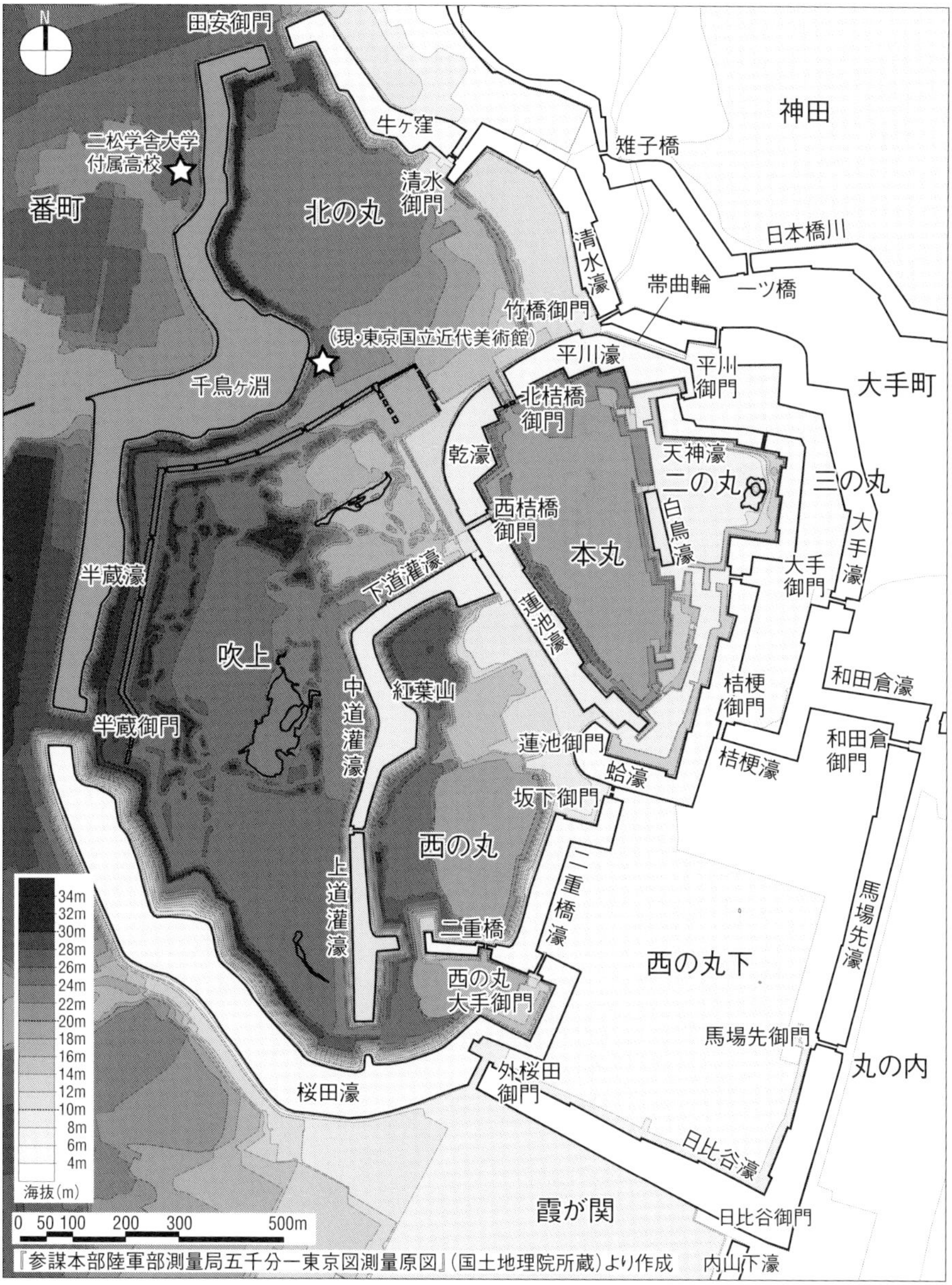

1-1 明治初期の旧江戸城(現・皇居)とその周辺の地形

1-2　千鳥ヶ淵、田安御門の方面を望む（撮影：2019 年）

1-3　千鳥ヶ淵、九段方面を望む（撮影：2019 年）

1-4 千鳥ヶ淵に向かって下る五味坂（撮影：2020年）

1-5 麹町通り（旧甲州街道）から五味坂方面を望む（撮影：2020年）

岸辺に立ち、水が満たされた千鳥ヶ淵を眺めていると、北から南に流れていた川の原風景が周りの地形からかすかに浮かび上がる［1-3］。この川筋が皇居のある南へ延び、途中番町《ばんちょう》からの川筋と千鳥ヶ淵で合流する仕組みが目の前に見える現在の風景から感じ取れる。番町から千鳥ヶ淵に向かって下る五味坂《ごみざか》はかつて川筋だった［1-4］。麹町《こうじまち》通り（旧甲州街道）から五味坂方向を望むと、V字に窪む深い谷の光景を目にする［1-5］。このようにふと横道に目をやる時、太古から台地を削り続けてきた川の痕跡を目の当たりにし、ただただ感動してしまう。まち歩きの醍醐味でもある。

九段《くだん》と北の丸はかつて連続した台地であり、本来千鳥ヶ淵の水の流れは地形形状から北に向かうことはできない。しかも、大規模な開削工事を新規に試みなければ、田安御門《たやすごもん》まで千鳥ヶ淵に水を満たせない。慶長11・12（1606・07）年に台地を掘り割るまで、千鳥ヶ淵から田安御門を経て牛ヶ窪、清水濠《しみずぼり》（0・25m）に向かう水の流れはなかった。ただし、北の丸の東側に位置する牛ヶ窪、清水濠はもとの自然地形の谷筋を利用して整えられ

1-6　牛ヶ窪、清水御門側から北の丸方面を望む（撮影：2021年）

1-7　千鳥ヶ淵、九段南あたりから皇居の方面を望む（撮影：2019年）

た［1-6］。北の丸に沿う濠は人工と自然をベースとした2つの異なる整備の考えが組み合わさり、連続した風景となる。

次に九段南二丁目あたり（二《に》松学舎《しょうがくしゃ》大学付属高校付近）から、皇居方向の千鳥ヶ淵南側を望むことにしよう。千鳥ヶ淵を貯水池とするために、大量の土を埋め込み、意図して自然地形を改変した状況が目の前の風景からある程度読み取れる［1-7］。そのことをより深く理解するために、明治16年に作成された地図で地形を再度確認してみたい［17頁1-1参照］。川の流れを止めるために、千鳥ヶ淵（15m）と乾濠《いぬいぼり》（6m）の間はしっかりと土留めがなされる。それ以前は番町から千鳥ヶ淵を経て乾濠、蓮池濠《はすいけぼり》（4m）の方へ水が流れ込む地形形状だった［1-8］。この川筋は、現在の東京国立近代美術館あたりから南に下る。

太田道灌の時代、千鳥ヶ淵の南東に位置

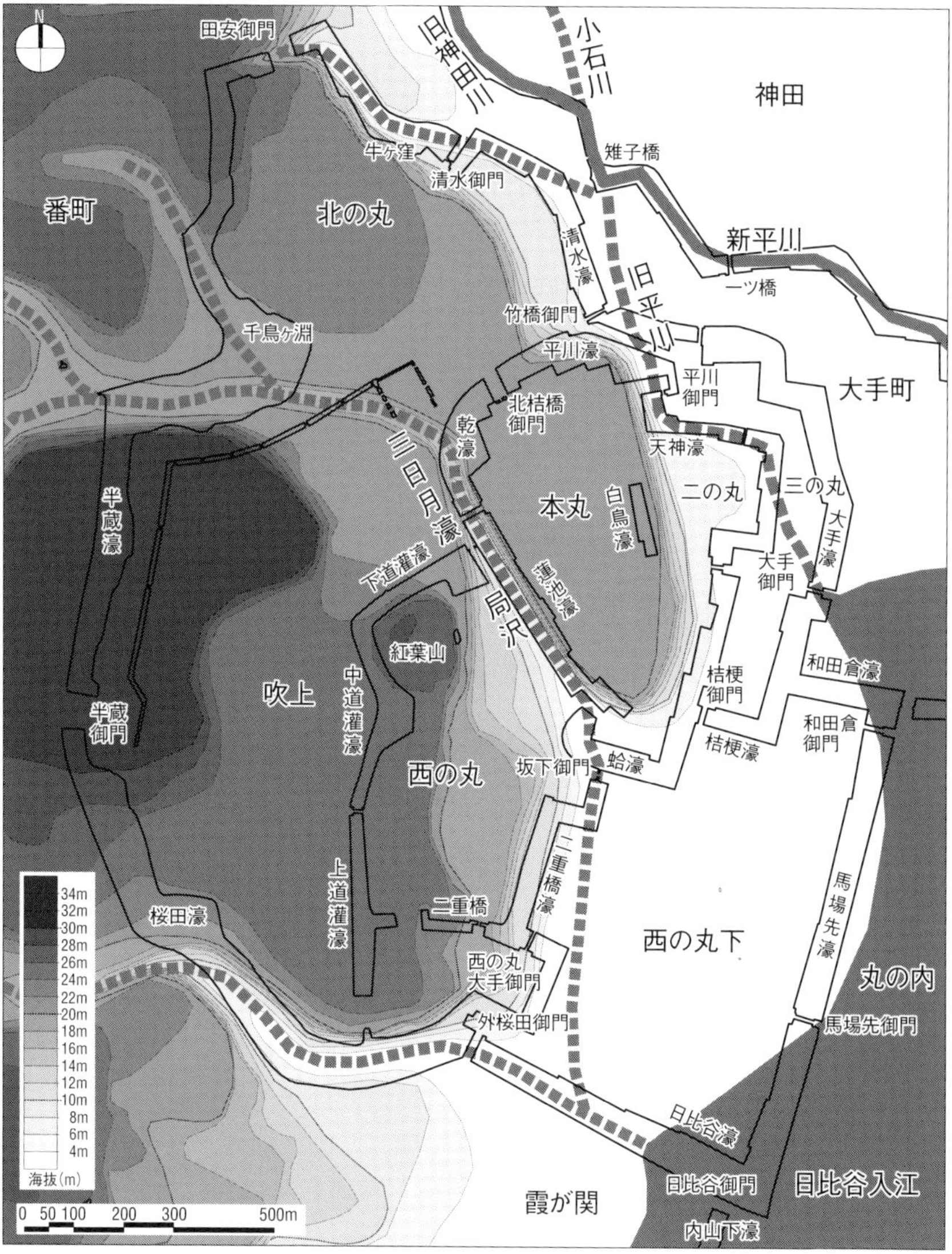

1-8 江戸城とその周辺の原地形

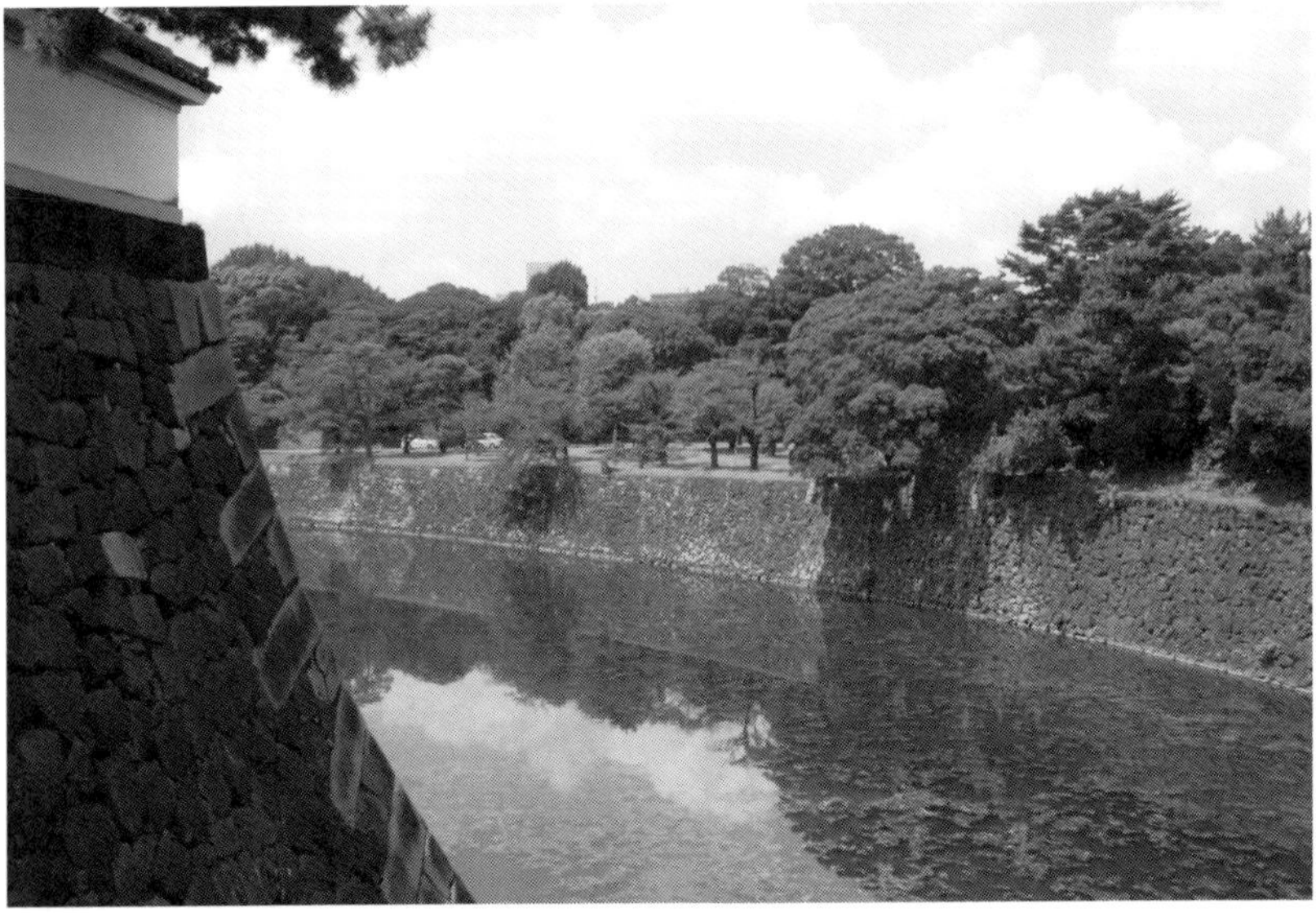

1-9　乾濠、北桔橋御門から吹上方面を望む。左手の石垣が本丸（撮影：2016年）

する乾濠付近は「三日月」形に湾曲していたことから三《み》日月濠《かづきぼり》と名付けられた。乾濠の南側にある蓮池濠が局沢《つぼねさわ》と呼ばれる谷筋となる。番町からの水の流れはこの谷を抜け、蛤濠《はまぐりぼり》（0・75m）を経て、日比谷入江に流れ出た。番町南側（紀尾井町も含む）から吹上、西の丸へと続く四《よ》谷《や》・麹町《こうじまち》台地はこの三日月濠（現・乾濠）、局沢（現・蓮池濠）の連続した谷に阻まれ、本丸に到達しない。

明治16年の地図を見てもう一つ気づく点として、本丸と北の丸の間、乾濠と平川濠《ひらかわぼり》（3m）の形状から台地を不自然に掘り割った状況が見て取れる。原風景は北の丸から延びる台地の延長線上に江戸城本丸があり、平坦な台地が連続していた［21頁1-8参照］。台地を掘り込んだ土により、乾濠と平川濠の本丸側はかなりの量の土が盛られた［17頁1-1参照］。乾濠の高低差のある石垣はそのようにしてできた［1-9］。気がつけば、台地を大胆に掘り割ってつくりあげた姿を今私たちは目の当たりにしている。同時に、痕跡を完全に消し去れない面白さも楽しめる。

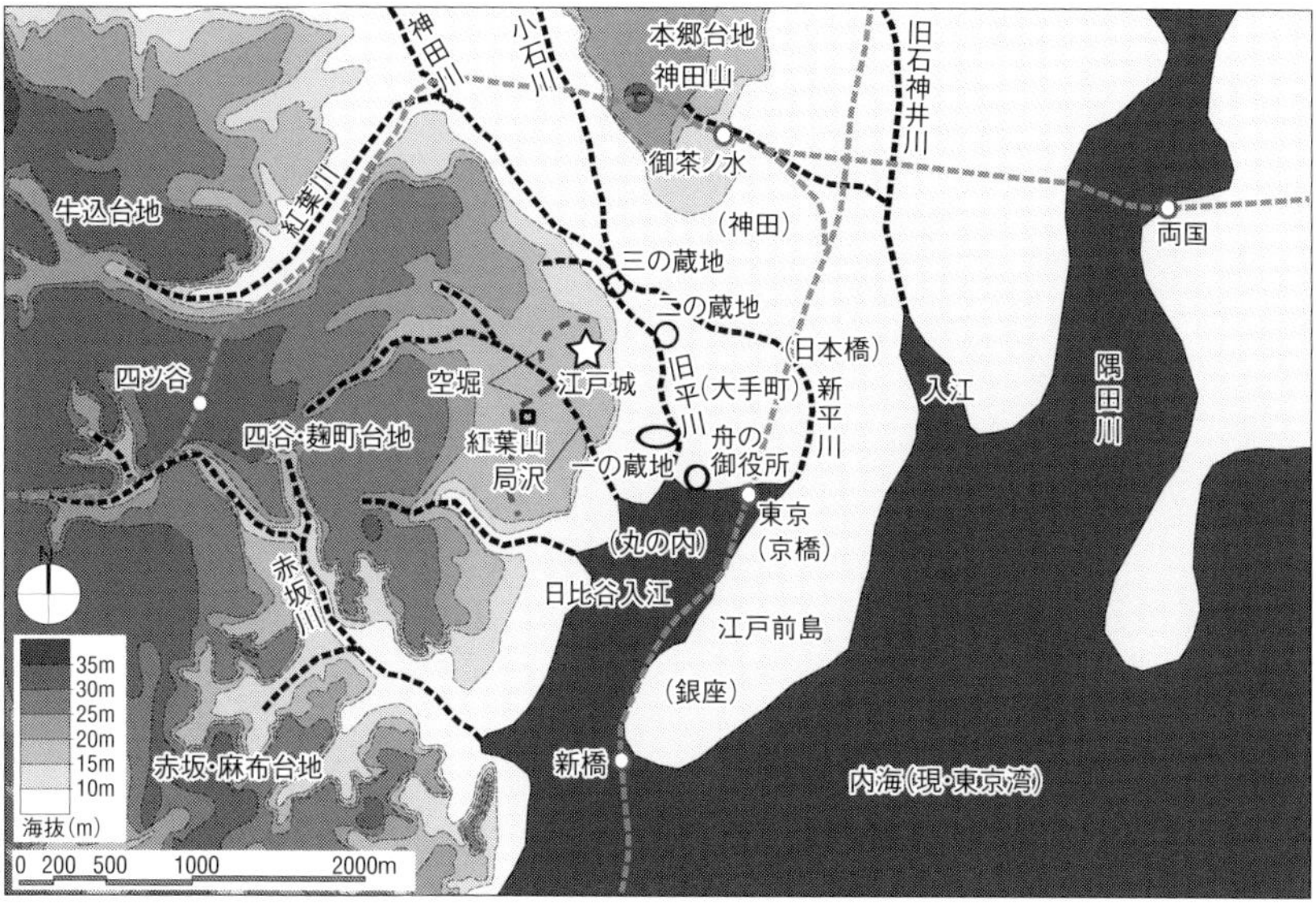

1-10 太田道灌の時代の江戸城とその周辺

太田道灌の江戸城

戦国武将の太田道灌（1432～86）は、長禄《ちょうろく》元（1457）年に江戸城を築く。その城は北西側からせり出す武蔵野《むさしの》台地の東端、内海《うちうみ》（現・東京湾）を望む四谷・麹町台地の先端部に設けられた。

江戸城周辺の海抜20～30mの台地部は、太古から大量の地下水が湧き出し、その水の侵食により台地に細かく谷が入り込む。台地と谷地が入り組む地形となった。江戸城の東端で武蔵野台地が終わり、急な斜面の崖となる。潮の干満や波による浸食で、長い年月をかけ削り取られた。さらに東側は、下総《しもうさ》台地まで幾筋もの川が内海に流れ込むデルタ地帯が10㎞以上も続く。

道灌は自然の地形と川の形状を読み解き、江戸城を築城した［1-10］。道灌が築いた城は、江戸時代の本丸と西の丸の範囲。その城を自然の谷や斜面が防御した。城の東側の守りは新旧の平川と日比谷入江で対応する。南側の守りは、江戸時代初期に整備された桜田濠《さくらだぼり》。道灌の時代は、自然の川を本流とする川筋だった。現在の桜田

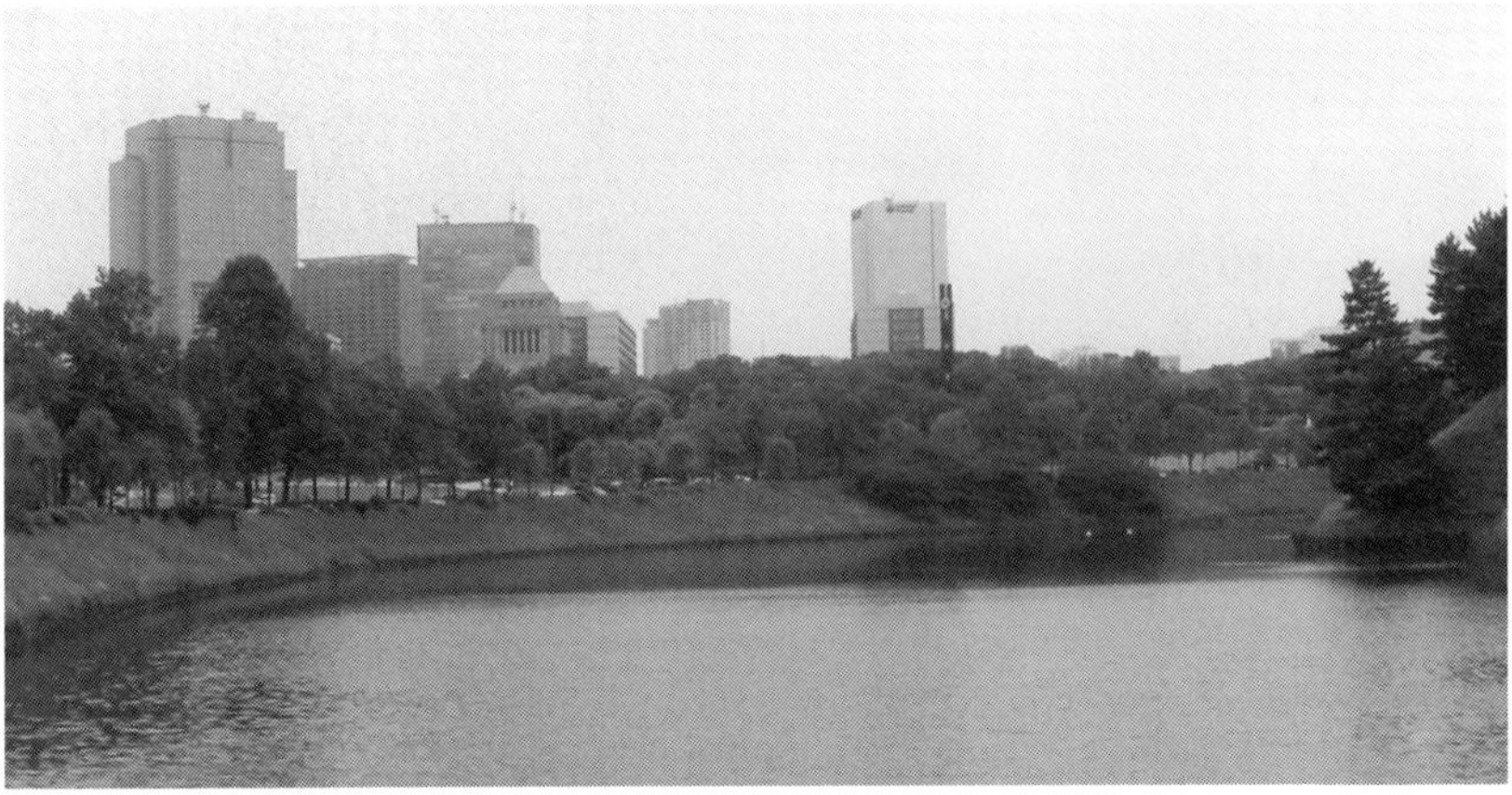

1-11　桜田濠と国会議事堂（撮影：2010 年）

1-12　慶長 12（1607）年の江戸城とその周辺の掘割。江戸城周辺の武家地は徳川家家臣団が占める

1-13　正面に見える雉子橋を左に曲がると一石橋に至る（撮影：2020年）

濠は幅の広い濠だが、地形や地質を選んで蛇行する自然の流路がベースとなる。桜田濠の岸辺に立つと、原風景の一端がイメージとして浮かぶ［1-11］。

西側は、千鳥ヶ淵から局沢（後の蓮池濠）を経て日比谷入江に流れ込む川の侵食による谷が本丸を守る。西の丸は四谷《よつや》方面から続く台地だった。守りを強化するために、上道灌濠《かみどうかんぼり》、中《なか》道灌濠《どうかんぼり》、下道灌濠《しもどうかんぼり》と、三つの濠が人工的に掘り込まれ、台地を遮断する。唯一武蔵野台地が本丸まで連続する北側は、道灌の時代は空堀で対処した。この空堀は江戸時代初期に整備された乾濠、平川濠とともに「慶長江戸図《けいちょうえどず》」（1607）で確認できる［1-12］。

道灌は、戦国時代の武将として築城に長けていただけではない。交易にも力を注ぎ、湊《みなと》の整備に大いにこだわりを見せた。江戸城に近い湊を維持・繁栄させる手立てとして、旧神田川が流れ込む旧平川の河道を東側に迂回させ、川が運び込む土砂の堆積から湊を守る［23頁1-10参照］。現在の雉子橋《きじばし》から一石橋《いちこくばし》までの日本橋川（新平川）の流れと重なる［1-13］。これにより、道灌の時代は和田倉《わだくら》にあった湊が旧平川河口で維持され、交易による江戸の繁栄が続いた。

I-02

江戸のまちをつくる手掛かり

家康が見た江戸の原風景とは

現在超高層のオフィスビルが建ち並ぶ丸の内から日比谷公園にかけては、徳川家康《とくがわいえやす》（1543〜1616、将軍在職1603〜05）が入府する以前、日比谷入江《ひびやいりえ》と呼ばれる浅い海だった。この入江の東側、北から南に砂州《さす》でできた半島状の江戸前島《えどまえじま》が横たわる。その根元に日本橋があり、京橋を経て南側先端部分に銀座が位置する。銀座にはほとんど人家もなく、荒れ地が続いていた。家康は天正18（1590）年に関八州《かんはっしゅう》を治める拠点として江戸の地を選び、太田道灌がつくりあげた江戸城に入る。武蔵野台地の突端から、このような江戸の原風景を目の当たりにした［23頁1-10参照］。

家康には、直感的に目の前の日比谷入江を埋め立て、広大な土地を武家地にするイメージがあったのではないか。日比谷入江の活用次第では、家康が理想とする城下町を江戸において最大限つくりだせる。だが、豊臣秀吉《とよとみひでよし》（1537〜98）が天下人の時代、一大名にすぎない徳川家康には時期尚早といえた。丸の内を安定した土地とするには膨大な都市基盤の整備が必要となる。まずは、日比谷入江をそのままに、入江の周辺に大名屋敷を配することからスタートした。

江戸入府（1590）から関ヶ原の戦い（1600）までの間、城下町江戸を描いた絵地図は残念ながら存在しない。最も古い絵地図は慶長7（1602）年作成と推定される「慶長江戸図《けいちょうえどず》」（通称「別本《べっぽん》慶長江戸図」）である。この絵地図は、日比谷入江がまだ埋め立てられていない状況を示す。だが、詳しい屋敷配置がわからず、具体的に家康の家臣たちがどのように配されていたかは定かでない。屋敷配置が詳しくわかる江戸城周辺の絵地図としては、関ヶ原の戦いの7年後、慶長12（１６０７）年の「慶長江戸図」がある【24頁1-12参照】。ただし、この絵地図の範囲は江戸城曲輪《くるわ》（堀割などで区画した区域）内だけで、その外側の屋敷配置まではわからない。関ヶ原の戦い後の江戸は、武家屋敷の立地が曲輪内だけでおさまっておらず、家康に味方したあってしかるべき主要な外様大名《とざまだいみょう》の名が何人か欠落する。江戸城曲輪外となると、寛永9（１６３２）年の「武州豊嶋郡江戸庄図《ぶしゅうとしまごおりえどのしょうず》」、さらにその外側の情報は寛永20（１６４３）年の「寛永江戸全図《かんえいえどぜんず》」の登場まで待つ必要があった【次頁1-14】。関ヶ原の戦いを前にした慶長初期の江戸を知るには、後に描かれたこれらの絵地図から推理するほかない。

関ヶ原の戦い後には日比谷入江が埋め立てられ、浅い海だった大手町の一部と丸の内に新たな土地が誕生する。そこには東軍（徳川方）で活躍した外様大名が配された。日比谷入江に土地を与えたからといって、徳川幕府が海を埋め立て、土地を造成したわけではない。与えられた大名が浅い海を埋め立て、造成まで行う。そこでやっと、賜った土地に屋敷を構えることができた。家康に味方したとはいえ、外様大名の資金力を極力消耗させるねらいが家康にはあった。

日比谷入江があったころの大名屋敷配置の推理

関ヶ原の戦い以前、江戸城下の屋敷配置は江戸城本丸を中心に徳川家家臣団がその四周《ししゅう》を固める【24頁1-12参照】。また、浅い海の日比谷入江周辺にも屋敷が配された。慶長12（１６０７）年の絵地図に日比谷入江の推定海岸線のラインを引くと、丸の内にある外様大名の屋敷がおおむね日比谷入

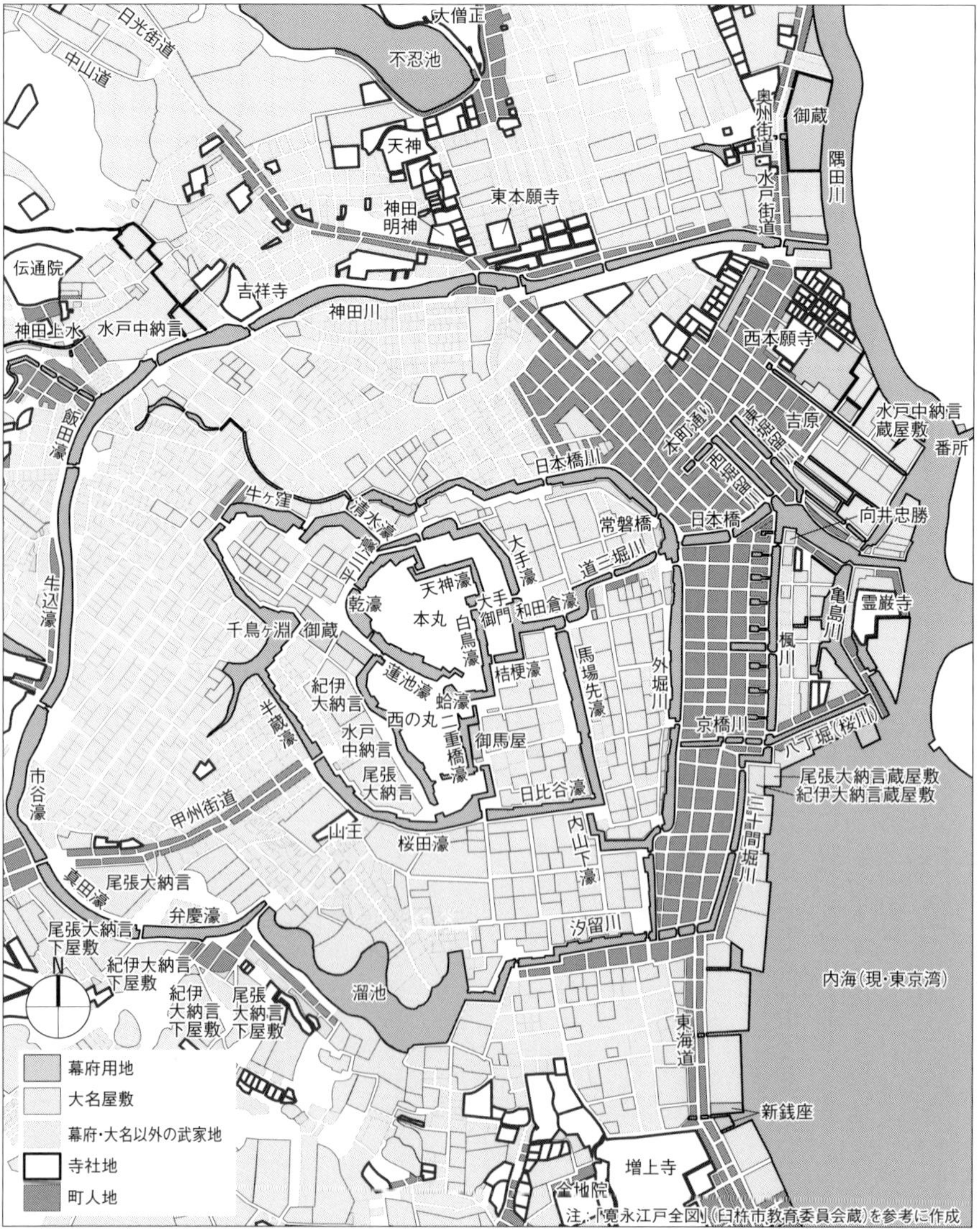

1-14　寛永 20（1643）年の江戸城と江戸

江内の水面部分にあり、日比谷入江東側の陸地部分には譜代大名の屋敷が配されていたとわかる［次頁1-15］。

日比谷入江の埋め立て後に、日比谷入江北側陸地部分の大手町に屋敷地を賜る前田利長《まえだとしなが》（1562～1614）、藤堂高虎《とうどうたかとら》（1556～1630）など、外様大名の屋敷が配された場所は、関ヶ原の戦い前に遡ると、親藩、あるいは譜代大名の屋敷だったと考えられる。例えば、家康の六男松平忠輝《まつだいらただてる》（1592～1683）が大手町に屋敷を構えていることから、慶長12年の絵地図で日比谷入江内の丸の内にある家康の次男結城秀康《ゆうきひでやす》（1574～1607）も大手町に屋敷があってもよい。前田利長の屋敷が当初秀康の屋敷だったと推測される。あるいは兄弟の序列から2つの屋敷が入れ替わっていたかもしれない。

日比谷入江東側の陸地部分は、北から、徳川四天王の一人酒井忠次《さかいただつぐ》の三男・小笠原左衛門佐信之《おがさわらさえもんざのぶゆき》（1570～1614、武蔵本庄藩《ほんじょうはん》初代藩主）、実直で穏やかな人柄で家康・秀忠から厚い信任を受ける松平丹羽守康長《まつだいらたんばのかみやすなが》（1562～1633、戸田松平家の祖）、徳川四天王の一人井伊直政《いいなおまさ》の次男・井伊《いい》掃《かも》部直孝《んなおたか》（1590～1659、後に近江彦根藩二代藩主）、井伊直政の推挙で家康の家臣となる秋元越中《あきもとえっちゅう》守長朝《のかみながとも》（1546～1628、元北条家臣）、保科正之の義父・保科肥後守正光《ほしなひごのかみまさみつ》（1561～1631、信濃高遠藩《たかとおはん》初代藩主）、代官頭の彦坂小刑部元正《ひこさかこぎょうぶもとまさ》（生誕不明～1634）の名が並ぶ。日比谷入江の西側、西の丸下には家康を支えた重鎮の屋敷が居並ぶ。それに対し、この入江東側はまさに徳川将軍家をこれから背負って立つ、あるいは今後活躍が期待される有力武将を中心に配した。

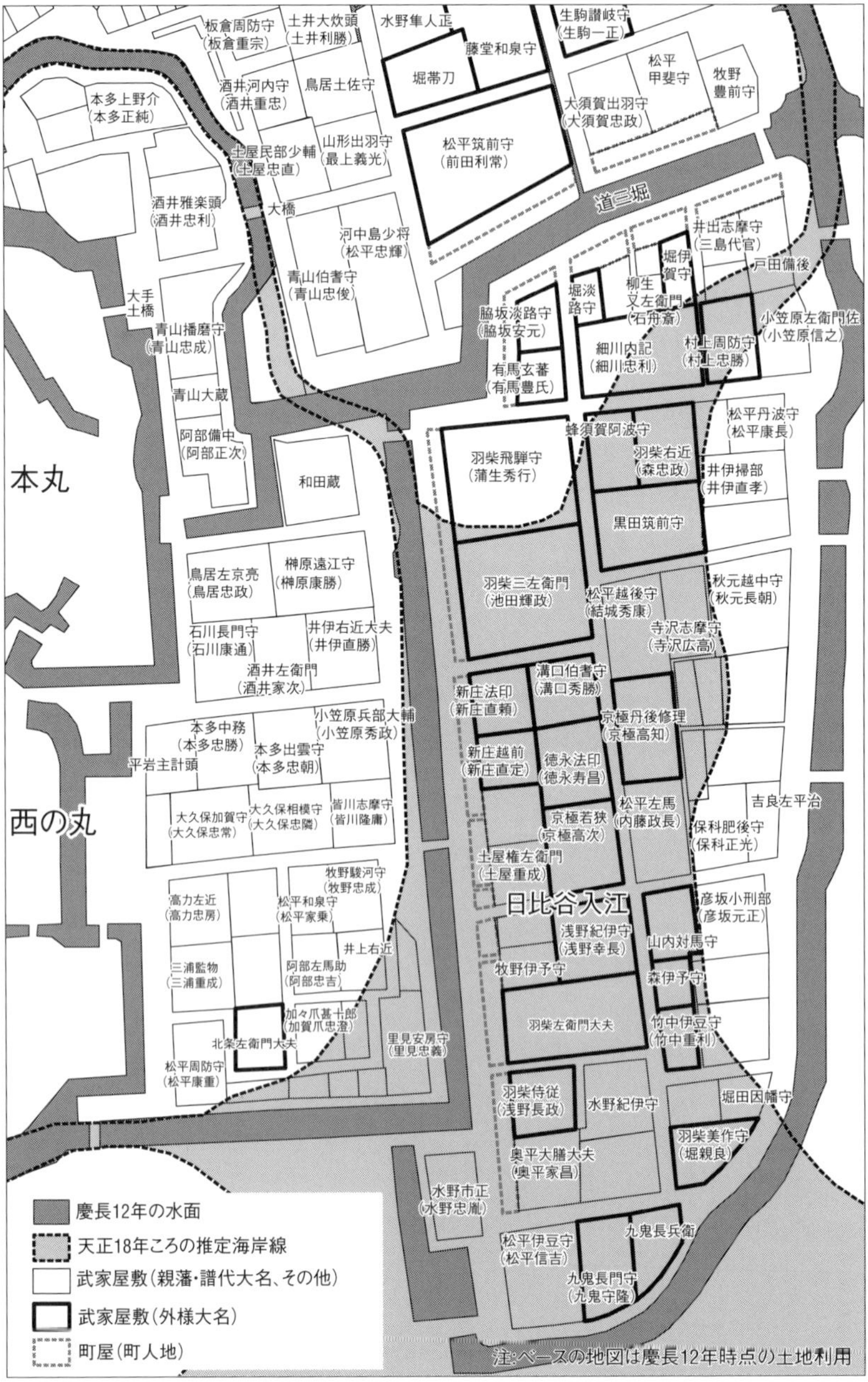
板倉周防守
(板倉重宗)
土井大炊頭
(土井利勝)
水野隼人正
藤堂和泉守
生駒讃岐守
(生駒一正)
堀帯刀
松平
甲斐守
牧野
豊前守
本多上野介
(本多正純)
酒井河内守
(酒井重忠)
鳥居土佐守
大須賀出羽守
(大須賀忠政)
土屋民部少輔
(土屋忠直)
山形出羽守
(最上義光)
松平筑前守
(前田利常)
酒井雅楽頭
(酒井忠利)
大橋
道三堀
河中島少将
(松平忠輝)
井出志摩守
(三島代官)
堀伊
賀守
戸田備後
青山伯耆守
(青山忠俊)
堀淡
路守
柳生
又左衛門
(石舟斎)
大手
土橋
脇坂淡路守
(脇坂安元)
小笠原左衛門佐
(小笠原信之)
青山播磨守
(青山忠成)
細川内記
(細川忠利)
村上周防守
(村上忠勝)
有馬玄蕃
(有馬豊氏)
青山大蔵
松平丹波守
(松平康長)
阿部備中
(阿部正次)
蜂須賀阿波守
羽柴飛騨守
(蒲生秀行)
羽柴右近
(森忠政)
井伊掃部
(井伊直孝)
本丸
和田蔵
黒田筑前守
鳥居左京亮
(鳥居忠政)
榊原遠江守
(榊原康勝)
羽柴三左衛門
(池田輝政)
松平越後守
(結城秀康)
秋元越中守
(秋元長朝)
石川長門守
(石川康通)
井伊右近大夫
(井伊直勝)
寺沢志摩守
(寺沢広高)
酒井左衛門
(酒井家次)
溝口伯耆守
(溝口秀勝)
新庄法印
(新庄直頼)
本多中務
(本多忠勝)
小笠原兵部大輔
(小笠原秀政)
京極丹後修理
(京極高知)
平岩主計頭
本多出雲守
(本多忠朝)
新庄越前
(新庄直定)
徳永法印
(徳永寿昌)
西の丸
大久保加賀守
(大久保忠常)
大久保相模守
(大久保忠隣)
皆川志摩守
(皆川隆庸)
京極若狭
(京極高次)
松平左馬
(内藤政長)
吉良左平治
保科肥後守
(保科正光)
牧野駿河守
(牧野忠成)
土屋権左衛門
(土屋重成)
高力左近
(高力忠房)
松平和泉守
(松平家乗)
日比谷入江
彦坂小刑部
(彦坂元正)
井上右近
浅野紀伊守
(浅野幸長)
山内対馬守
三浦監物
(三浦重成)
阿部左馬助
(阿部忠吉)
牧野伊予守
森伊予守
加々爪甚十郎
(加賀爪忠澄)
羽柴左衛門大夫
竹中伊豆守
(竹中重利)
北条左衛門大夫
里見安房守
(里見忠義)
松平周防守
(松平康重)
羽柴侍従
(浅野長政)
水野紀伊守
堀田因幡守
羽柴美作守
(堀親良)
奥平大膳大夫
(奥平家昌)
水野市正
(水野忠胤)
慶長12年の水面
天正18年ころの推定海岸線
武家屋敷(親藩・譜代大名、その他)
武家屋敷(外様大名)
町屋(町人地)
松平伊豆守
(松平信吉)
九鬼長兵衛
九鬼長門守
(九鬼守隆)
注:ベースの地図は慶長12年時点の土地利用

1-15　慶長 12（1607）年の屋敷分布と天正 18（1590）年ころの推定海岸線

1-16　旧常盤橋（常磐橋）、手前右手に常盤橋御門の石垣、左手奥に辰野金吾が設計した日本銀行本店（撮影：2012 年）

日本橋の入江と堀割整備

家康が江戸に入府したころ、新平川（現・日本橋川）にはすでに常磐橋《ときわばし》（現・旧常盤橋）がほぼ現在の位置に架けられていた。この橋は日本橋から大手御門、江戸城本丸御殿へと向かう道筋にあり、早くから重要視される。明治10（1877）年、常磐橋が石橋に架けかわり、近代の東京を考える上でも重要な場所として位置づけられた。この常磐橋は、常盤橋御門の石垣とセットに残り続ける［1－16］。日本銀行本店も風景の一部に加わり、歴史を感じさせる。

常磐橋から東に延びる道は、太田道灌が江戸城を築いた戦国時代から、浅草寺《せんそうじ》まで通じる重要な陸路だった（後の本町通り）。この道沿いにある日本橋本町《ほんちょう》あたりは道灌の城が後に後北条氏の出城となってからも商人が住まい続け、家康の江戸入府に至る。本町通りと交差する旧石神井川《しゃくじいがわ》河口は、小さな入江だった。

入江の西側から、入堀が早い段階で掘り込まれる［次頁1－17］。後にL字に曲がる西堀留川の先端部分。掘割の両側の河岸には塩が運び込まれ、塩河岸と呼ばれた。この掘

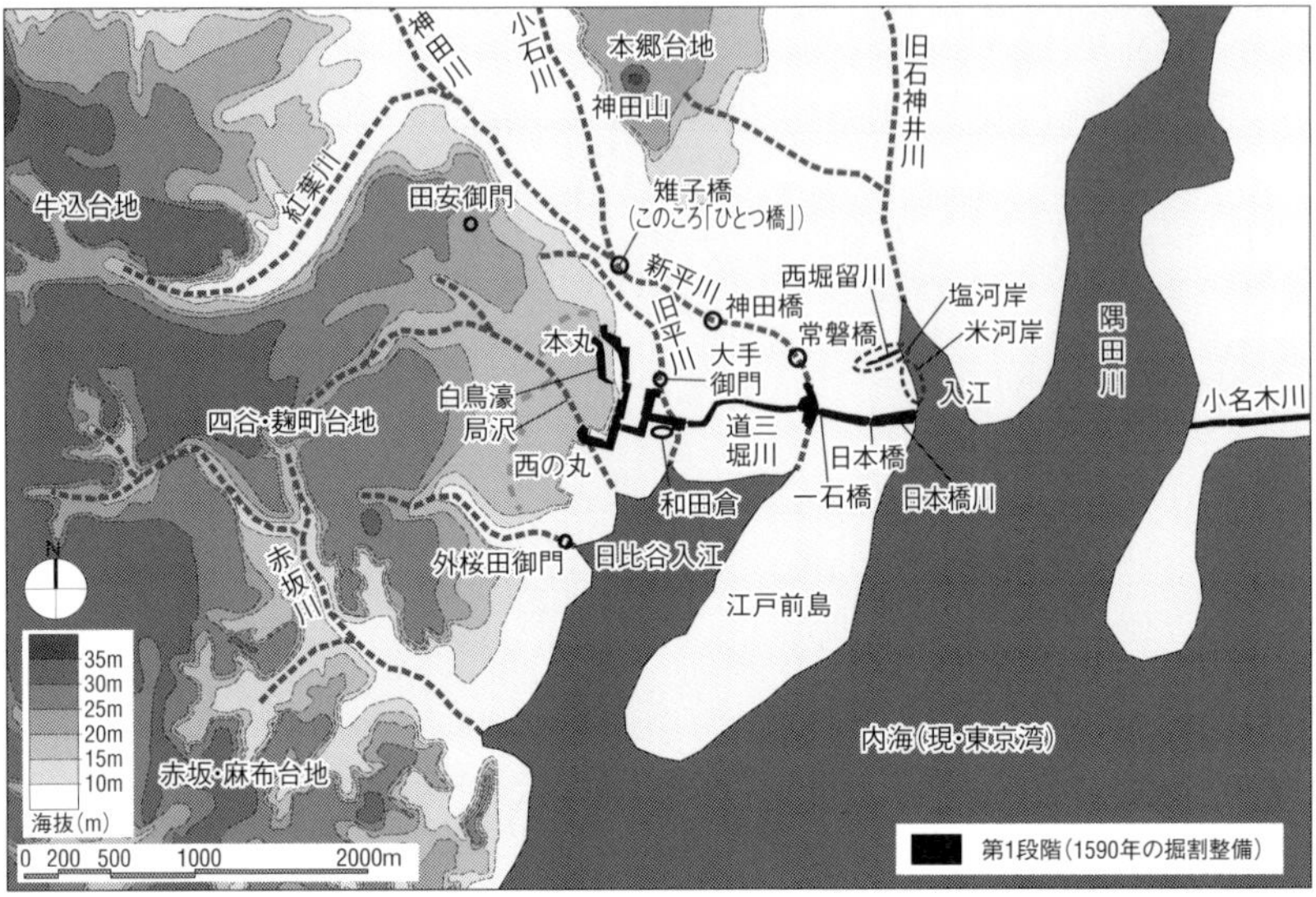

1-17　家康が入府して間もないころの江戸（1590 年）

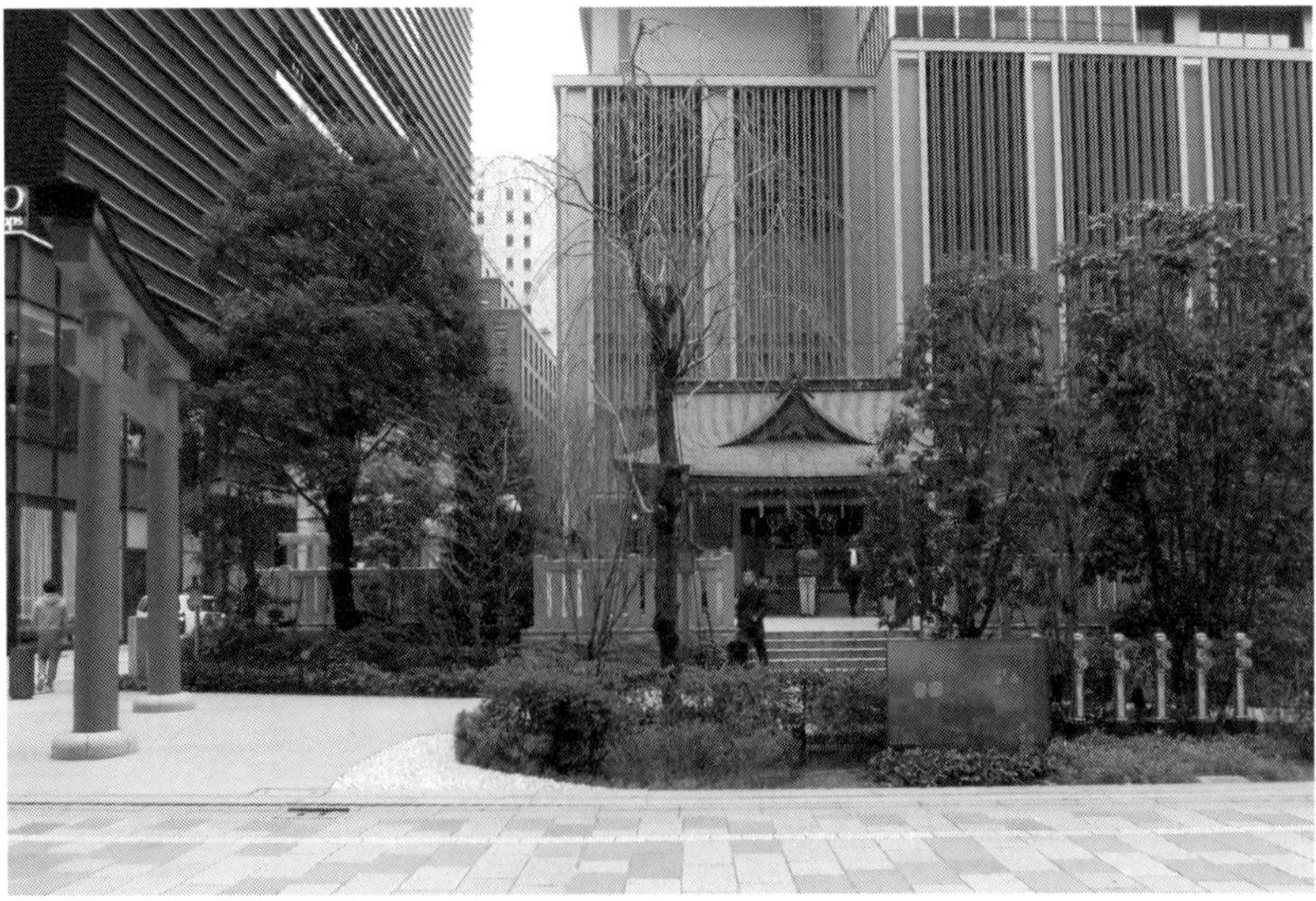

1-18　再開発で立派に甦った福徳神社（撮影：2016 年）

割は埋め立てられたが、コレドの再開発で立派になった福徳《ふくとく》神社のあたりを歩くと、掘割の痕跡が見つけられる［1-18］。福徳神社境内と公園の部分がかつての掘割と理解してよい。入江の西側に面した河岸は米を荷揚げした。建設期の江戸において、人々が生活する上で最低限必要な塩と米の集積場所だった。

1-03
江戸初期の水利用のあり方

江戸で最初の上水、小石川上水

徳川家康は、太田道灌が築いた江戸城をベースに、江戸城の築城と江戸のまちづくりをスタートさせる。家康が最初に試みた土木事業は、小石川《こいしかわ》上水と江戸城東側の掘割整備。多くの家臣を抱えて江戸入りする家康はまず飲料水の確保を優先させた。

江戸は、建設当初から近い将来都市化が見込まれることから、それを可能にする最優先課題の一つが飲料水の大量確保だった。本郷《ほんごう》台地と小石川・目白《めじろ》台地に挟まれた谷筋を流れる小石川が上水新設の水源となる［次頁1-19］。治水に長けた家臣の大久保忠行《ただゆき》（生年不詳〜1617）が家康の命で

1-19　小石川上水の推定河道

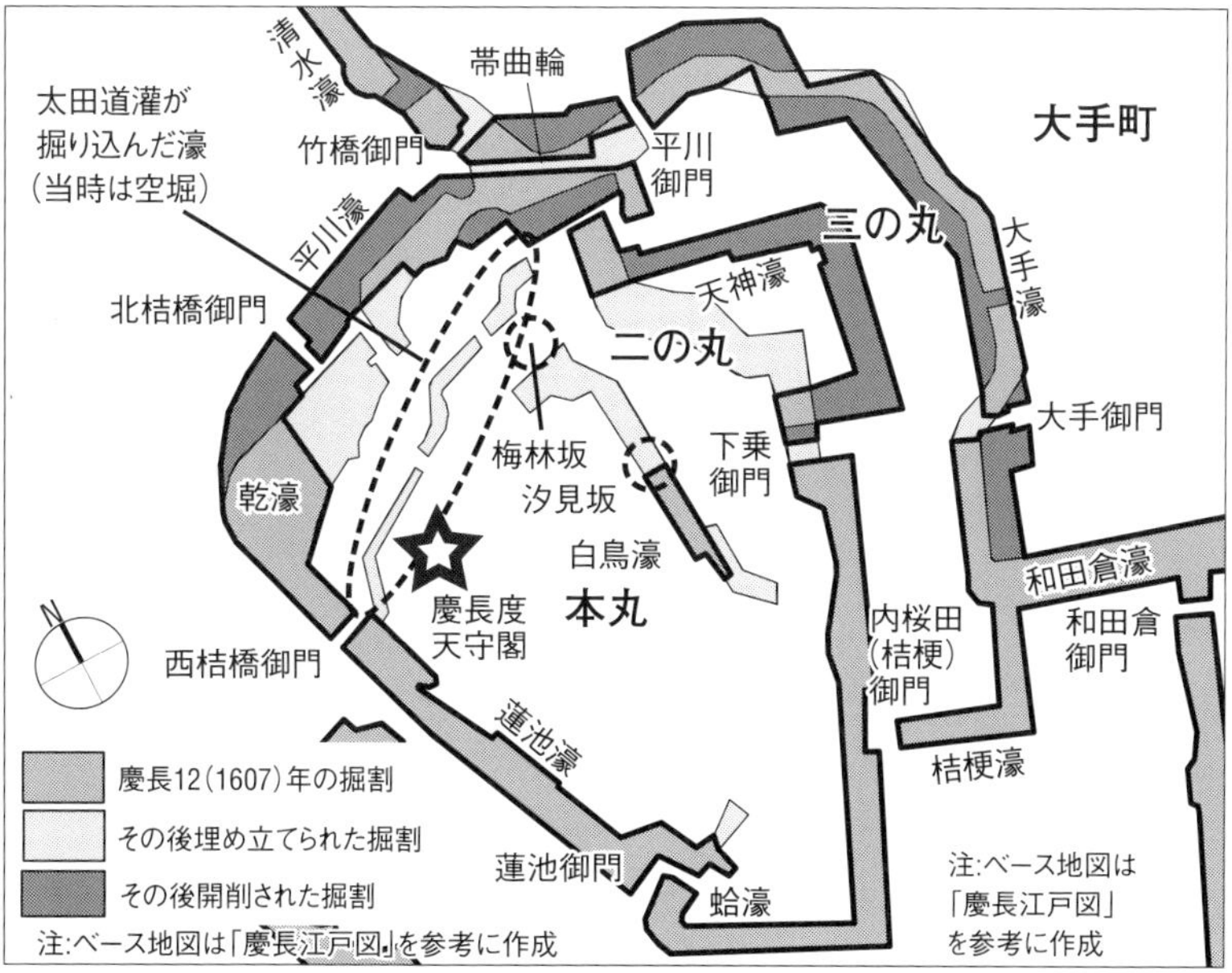

1-20 慶長12（1607）年の掘割とその後の掘割比較

小石川上水の整備を担当した。

この上水は、小石川・目白台地の東側台地下から神田小川町《かんだおがわまち》あたりの武家地まで引水され、さらに江戸城下で最初に開発された町人地の本町一帯に飲料水を供給する。この時点で、神田川は現在の飯田橋駅《いいだばしえき》からさらに南下して日比谷入江に注いでいた。小石川が神田川と合流する場所は現在の雉子橋《きじばし》（古くはここが「ひとつばし〈一ッ橋〉」）付近 **[25頁1-13参照]**。ここではじめて2つの川が合流する。

小石川上水は、後に寛永《かんえい》6（1629）年完成の神田上水、承応《じょうおう》3（1654）年完成の玉川上水へと、上水網の規模を拡大していくその第一歩となる。上水の供給範囲は主に江戸城北東部の低地にある武家地や町人地のごく限られたエリアにすぎない。それでも、江戸が城下町として出発する最低限の役割を小石川上水が担うことで、本郷台地の突端、駿河台下《するがだいした》周辺には家康の家臣団を大規模に配せた。

1-21　汐見坂から見た現在の白鳥濠（撮影：2020 年）

1-23　白鳥濠とその先の汐見坂（撮影：2014 年）

1-22　梅林坂、この坂を上がると本丸（撮影：2020 年）

江戸城初期の姿を残す白鳥濠

慶長12（1607）年の絵地図には、大手町から本丸の西端まで、東西に一筋、南北に三筋の掘割が描き込まれている【35頁1－20】。東西方向の一筋は、梅林坂《ばいりんざか》を上がったあたりから本丸の南西にある西桔橋《にしはねばし》御門に向けて延びる。これは、道灌が掘り込んだ空堀である。

北から南に掘られた堀割は三筋ある。そのうち、大手町側の一番東にある筋は、幅や形状に変化が見られるものの、大手濠などの掘割が現存する。真ん中の筋は、寛永13（1636）年に二の丸が新設され、掘割の形を大きく変えた。新しく掘り込まれた掘割の一部が天神濠《てんじんぼり》として現存する。一番西側の筋、本丸と二の丸の境界部分には、家康の築いた当時からの石垣を現在に残す白鳥濠《はくちょうぼり》がある【1－21】。この3つ目の筋が第1段階の掘割整備（1590）の時に誕生した。

第1段階では、2つの異なる掘割機能が意図して計画される【32頁1－17参照】。その一つが「城を守る濠」の機能として、白鳥濠などの掘割が本丸東側斜面下に掘り込まれた。白鳥濠は、江戸城建設時に整備された最も古い形態を残す。白鳥濠を含む北から南に延びる掘割には、はじめ本丸に上る汐見坂《しおみざか》が設けられておらず、斜面に沿って掘割が長く延び、石垣が高く築かれた。石垣の高さ、濠の幅には、弓矢や鉄砲で攻め込む敵陣を撃退する工夫がなされた。東側の低地から台地上の本丸へは唯一梅林坂を上る【1－22】。後に、二の丸が整備されると、現在の白鳥濠を残し、あとの掘割は埋め立てられた。その際に本丸と二の丸を結ぶ汐見坂が新たに整備される【1－23】。

1-24 日本橋川の地質断面図

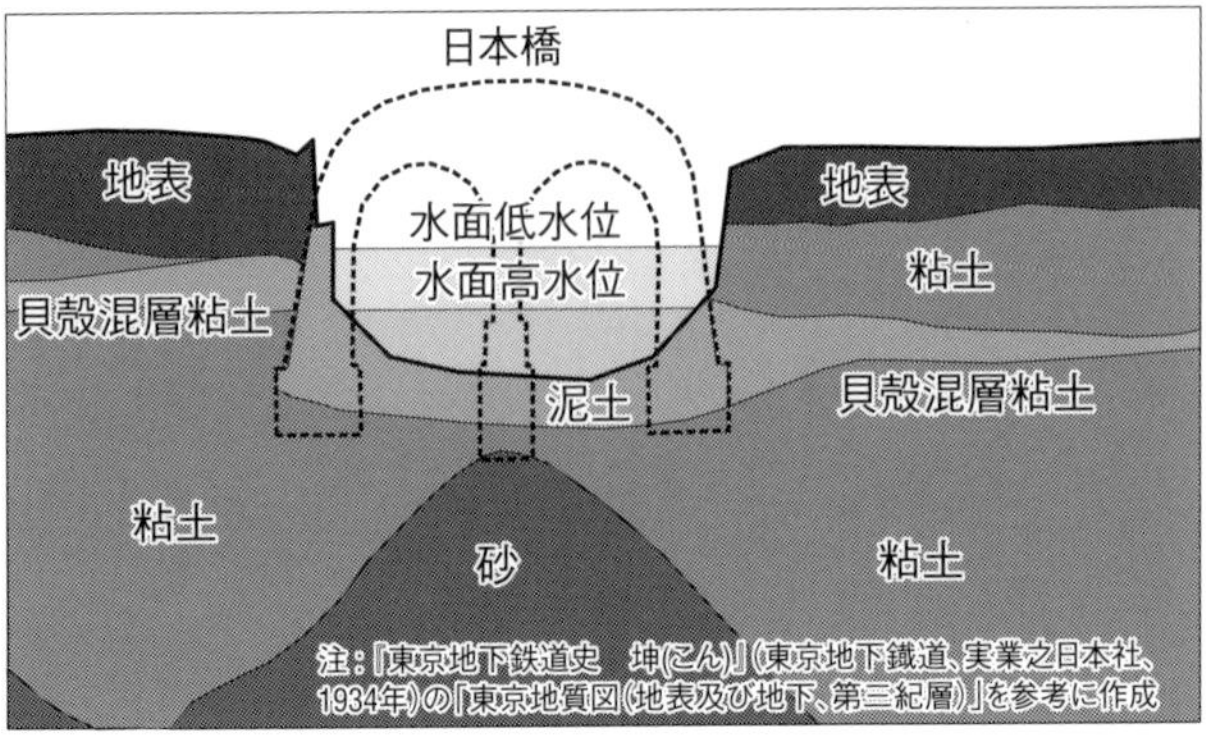

慶長度天守閣を意識した日本橋川

第1段階掘割整備の2つ目に、「城を建設する流路」としての掘割が創出された。道灌が整備した迂回路（新平川）を一石橋《いちこくばし》から東に折れ、江戸前島の砂州を切り通し、隅田川まで至る。現在の日本橋川である。開削した際、日本橋川は意図的に「く」の字に河道が曲げられた［32頁1-17参照］。

日本橋川が人工的に掘られたことを証明してくれる資料は、地下鉄銀座線の開通を記念して刊行された地下鉄銀座線建設工事の記録『東京地下鉄道史　坤《こん》』（東京地下鐵道、実業之日本社、1934年）の「東京地質図（地表及び地下、第三紀層）」である。その断面図は、江戸前島が砂州の堆積でできた安定した地盤であり、人が住める陸地だったことを示す［1-24］。

江戸城と江戸のまちを巡る掘割は、歴代の徳川将軍が時々にビジョンを描き、幾つかの段階を経て到達した江戸のかたちである。日本橋川の開削は家康が築いた慶長度《けいちょうど》天守閣（1607）より17年も早い。ただし、家康には天守閣建設の構想がこの時すでにあった。日本橋の上から慶長度天守閣に向け日本橋川の河道上に線を引くと、若干ずれているものの、天守閣に向けた軸が日本橋川とほぼ重なる［1-25］。ただ、わずかなずれが気になる。どうも、道灌の掘り込んだ空堀を避けた可能性がある［35頁1-20参照］。大坂の陣を控え、古くからある濠を埋め立てる時間的な余裕がなく、家康

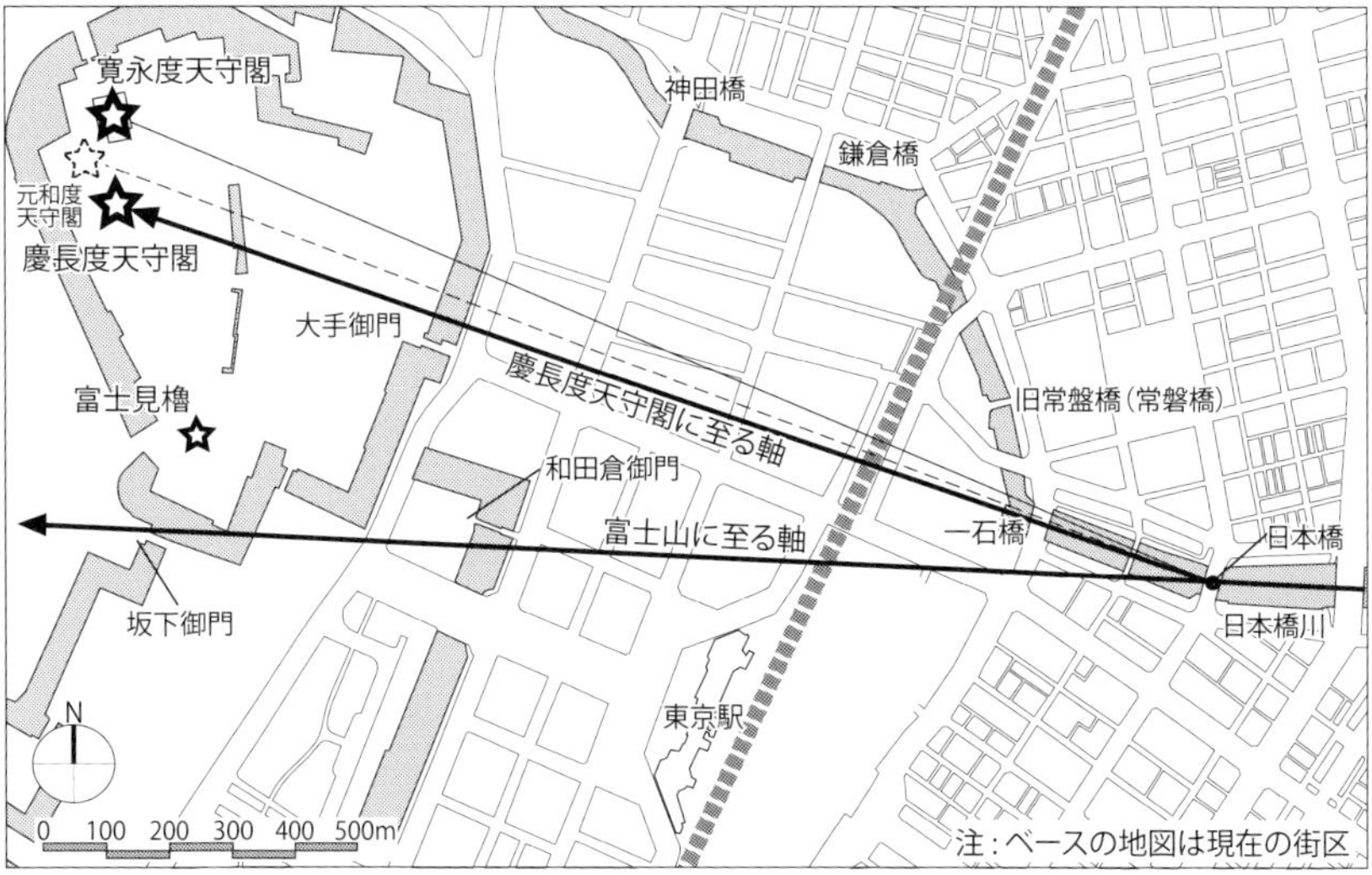

1-25　日本橋と江戸城天守閣を結ぶ軸

は大いに不満が残ったかもしれない。

家康が意識した、天守閣の「映える見せ方」

家康は船上からの天守閣の見え方を強く意識した。全国から江戸城下に物資を乗せて集まる船は、内海（現・東京湾）からまず隅田川河口へと向かう。永代橋《えいだいばし》（架橋は元禄《げんろく》11〈1698〉年であり、まだ永代橋は架けられていない）の手前では、船上から関東の霊峰筑波山《つくばさん》を前方に眺めさせた。現在だと、スカイツリーの少し右あたりに筑波山が見えるはず［次頁1-26］。ただし、いくら晴天であっても現在はビルが建ち並び、残念ながら見ることができない。隅田川から日本橋川に入り、川は大きく湾曲する。江戸橋（架橋は寛永期〈1624~44〉以降であり、まだ江戸橋は架けられていない）を過ぎたあたりでは、前方に雄大な富士山が姿を見せる。人工的に開削された日本橋川だが、真っ直ぐ掘割を通すと、富士山を正面に見せる壮大な演出が難しくなる。

さらに船が進み日本橋（架橋は慶長8〈1603〉年）に近づく。日本橋川は日本橋の下で「く」の字に右に折れ曲がる。正面には慶長度天守閣を浮き上がらせ、相撲の横綱土

1-26　永代橋、スカイツリーの少し右あたりにかつては筑波山が望めた（撮影：2015年）

俵入りで左脇にいる太刀持《たちもち》のように富士山が位置する。富士山を従え、大トリは天守閣だといいたげな演出である。建設途上だった江戸初期、掘割の幅は広く、佃沖で小舟の艀《はしけ》に荷を積み替えることもなく、大型船は直接江戸城下近くまで入っていた。船乗りたちは、船上から家康の景観演出を連続的に体験する。

天守閣の建設に先立ち、神田明神《かんだみょうじん》（１６０３）と日枝神社《ひえじんじゃ》（１６０４）を移転再配置した。天守閣の鬼門《きもん》と裏鬼門を守らせ、視覚と精神の両面で慶長度天守閣を象徴化させた。「家康の仕掛け」が整い、第１回朝鮮通信使（１６０７）を江戸城に招く。

陸上でも、家康の仕掛けが炸裂する。慶長９（１６０４）年には五街道が整備され、江戸前島の尾根筋《おねすじ》に東海道が通された。東海道を江戸城に向かう朝鮮通信使の一行は、京橋川に架かる京橋（現・銀座一丁目と京橋三丁目の境界にある橋）を渡ったところで、慶長８年に町割りがされた真新しいまち並みに入る。本建築でどれだけまち並みを整えることができたかわからないが、少なくとも舞台セットよろしく、まち並みを連続的に演出した「ストリート景観」だけは、最大の注意がはらわれた（詳細は後述）。その時、道の先に筑波山が浮かび上がり、雄大な風景が出迎える。関東の霊峰筑波山を前方に眺めながら約1㎞先に進み、日本橋川に架かる日本橋に至る。一行は、日本橋の橋上で左側に富士山を従えた、完成したばかりの慶長度天守閣を拝まされる。海上と同様に陸上からも、家康のつくり上げた壮大な景観の仕掛けが印象づけられた。

第1回朝鮮通信使が日本橋の上で見た光景から2世紀以上が過ぎた、天保《てんぽう》2〜5（1831〜34）年刊行の葛飾北斎《かつしかほくさい》画『冨嶽《ふがく》三十六景』「江戸日本橋」の構図がなかなか面白い［次頁1－27］。すでに明暦《めいれき》の大火《たいか》（1657）で寛永度天守閣（1638）が焼失して久しい時代の絵である。正面には三《さん》重櫓《じゅうやぐら》を描き、左奥に富士山を従える構図だ。だが、北斎が描いた時代、日本橋川の軸線上に三重櫓はない。寛永度天守閣が焼失して以降、現存する三重櫓の富士見櫓が天守閣の代わりとなった。その富士見櫓をわざと日本橋川の軸線上に北斎は置く。富士見櫓は、現在桔梗濠《ききょうぼり》越しに眺めることができる［次頁1－28］。北斎も同様の光景を当時見たであろう。北斎は然《しか》るべき場所に天守閣がなければと強く切望する一人だったかもしれない。

1-27　日本橋の上から江戸城方向を望む、「江戸日本橋」、葛飾北斎画『冨嶽三十六景』

1-28　富士見櫓　明暦の大火で天守閣が焼失すると天守閣の替わりとなった。奥に見える三重櫓が富士見櫓、手前右の二重櫓が巽櫓（撮影：2020 年）

1-29 日本橋道路中央に埋め込まれた道路元標のプレート（撮影：2018年）

1-04 江戸の町割りを決めた家康のこだわり

都市軸とランドマーク

多くの徳川家家臣団が住まうことになる江戸。都市経営を充実させるためにも、町人地の整備が急がれた。関ヶ原の戦いに勝ち、全国統治に目処がつく慶長8（1603）年、征夷大将軍《せいいたいしょうぐん》となった家康は、江戸の城下町建設に本腰を入れる。最初の天下普請《てんかぶしん》となるこの年、日本橋、京橋、新橋と、重要な橋が架けられた。日本橋を基点に、慶長9年から全国を陸路でネットワークする五街道が整備される。日本橋は、現在も日本の道路原点（元標《げんぴょう》）である。明治44（1911）年に竣工した現在の日本橋には道路元標のプレートが橋の路面中央に埋め込まれ、今も同じ場所にある［1-29］。

日本橋を起点とした東海道は江戸前島の尾根筋、微高地の一番高いところを通す。商人や職人が洪水などの自然災害に遭いにくい、安定した土地で商いをさせる配慮が家康にはあった。ただし、そうした措置を取らないと、本店はともかく、西方の商人が支店の江戸店すら出店してくれないという事情があった。

建設当初、江戸の町割りは何を目標（ランドマーク）に骨格となる道が引かれたのか。江戸の町人地では、山などの自然地形、城下町の象徴となる天守閣が主要な道を整備する上で目標（基準点）となった［45頁1-30］。都市軸となる道は江戸のまちの雄大さを演出する仕掛けを併せもつ。

最初の基準は、古くからの道をそのまま利用した本町《ほんちょう》通りだ。この道は当初から富士山を目標とした。日本橋地区には、本町通りと直交し、日本橋から本郷台地の方へ向かう重要な街道、中山道がある。この道は現在の神田明神が移転する前にあった小山を目標とした。神田明神の境内地は移転後平坦な土地に整地され、基準点となった小山は現在確認できない。

京橋地区は、京橋から日本橋に向けられた京橋通り（東海道）が茨城にある筑波山を目標とした。この京橋通りと交差して基準となる道は天守閣に目標をあてた現在の永代通りである。ただし、京橋地区が開発された慶長8年時点では、慶長12年に完成する慶長度天守閣はまだなく、天守閣が建つ位置を推定して道が敷かれた。

銀座地区を抜ける銀座通り（東海道）は、江戸城の未申《ひつじさる》（南西）の鬼門として位置する芝増上寺《しばぞうじょうじ》内の小山、芝東照宮《とうしょうぐう》の背後にある古墳跡が目標となった。この小山は今もある。ただし、現在は高いビルが建ち並び、小山を銀座通り（中央通り、国道15号線）から見ることはできない。それでも、真直ぐ小山に延びる銀座通りの先にある光景を想像すると、目の前のビルが消え増上寺にある小山が浮かび上がる【1-31】。想像力を全開にして、凝視してみよう。

銀座通りと直交する現在の銀座マロニエ通り（銀座二丁目と銀座三丁目の境界）は、西の丸にある紅葉山《もみじやま》の小山を目標とした。当時の江戸城内では最も海抜が高く、後に紅葉山東照宮が建立される。骨格となる道の基準点（目標）の位置には後に重要な施設が設けられた。ここまで基準点が決まると、日本橋、京橋、新橋を通る、方向を異にする3つの道の接続するポイントが決まり、江戸城下にある町人地の基本骨格が固まる。

1-30 寛永期の街路軸とランドマーク

道幅に「丈」と「京間」を混在させた家康の意図

天正《てんしょう》期（1573〜92）の京都は尺度がすでに「京間《きょうま》」（1間=約1・97m）の世界になっており、初期の江戸のまちづくりにも「京間」が採用された。しかし、家康は800年も前に京の都「平安京」（延暦《えんりゃく》13〈794〉年）をつくりあげた尺度の「丈《じょう》」（1丈=約3・03m）を同時に江戸のまちに忍

1-31 イナックスビルから増上寺方向に延びる銀座通りを眺める（撮影：2008年）

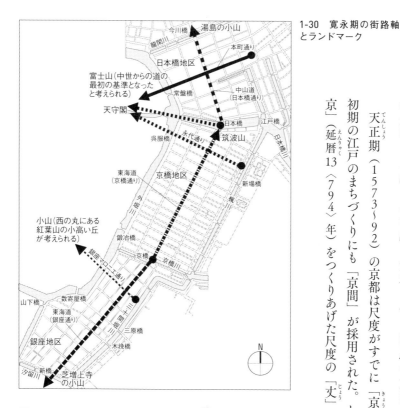

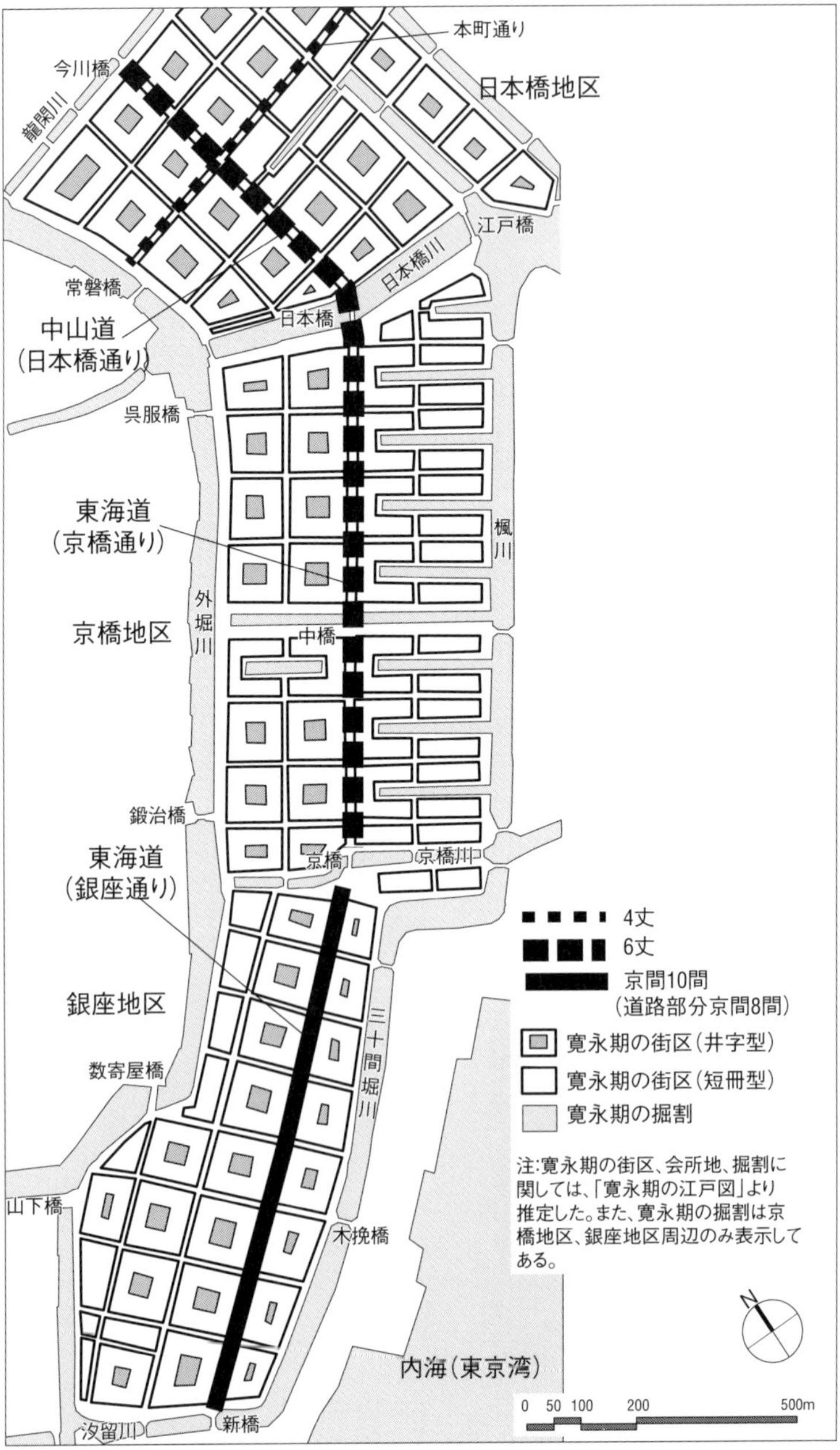
本町通り
今川橋
龍閑川
日本橋地区
江戸橋
日本橋川
常磐橋
日本橋
中山道
(日本橋通り)
呉服橋
東海道
(京橋通り)
楓川
外堀川
京橋地区
中橋
鍛治橋
京橋
京橋川
東海道
(銀座通り)
4丈
6丈
京間10間
(道路部分京間8間)
寛永期の街区(井字型)
寛永期の街区(短冊型)
寛永期の掘割
銀座地区
三十間堀川
数寄屋橋
注:寛永期の街区、会所地、掘割に関しては、「寛永期の江戸図」より推定した。また、寛永期の掘割は京橋地区、銀座地区周辺のみ表示してある。
山下橋
木挽橋
N
内海(東京湾)
0 50 100 200 500m
汐留川
新橋

1-32　寛永期の道幅と尺度

ばせ、2つの異なる時代に使われた京の尺度を江戸で共存させる。

平安京は、朱雀大路《すざくおおじ》(28丈)、二条大路(17丈)を都市の基本軸とし、その他の道が12丈、10丈、8丈(約24・24m)、4丈(約12・12m)の幅で碁盤目状に都市骨格をつくりあげた。江戸の基本軸となる道は京の都を建設した尺度の「丈」を採用するが、道幅は狭い。本町通りを4丈、日本橋通り(中山道)を6丈(約18・18m)とした【1-32】。ただし、平安京には道幅に6丈がない。8丈の下は4丈である。

家康が抱く江戸の都市計画のイメージは、メインの日本橋通りを6丈で設計し、城下の象徴として演出することだった。家康がメインの道の賑わいを意識した結果でもある。道幅が広すぎると賑わいが生まれないとし、6丈に踏み切った。広すぎず、狭すぎず。江戸の重要な道は、現在の道路規格である道幅優先ではなく、古来の歴史尺度を象徴的に使うことを重視した。

平安京が培ってきた都市の威厳と、それのみに追随しない江戸独自の都市空間規模の合理性とが家康に6丈を選ばせた。「丈」の採用が江戸の都市空間規模と整合すれば、舞台としての空間演出にはまたとない助けとなる。後は当時の一般的尺度である京間で全ての道を計画した。2つの種類の幅、京間5間と京間4間の道幅を基本とし、グリッド状にまちの骨格を整える。家康は象徴性と計画性を江戸の町人地で両立させた。

舞台としての道空間を練り歩いた朝鮮通信使

家康が執念を燃やした空間に、道沿いの庇地《ひさしち》に設けた下屋《げや》(母屋から差し出してつくられた屋根)がある。当初、日本橋地区、京橋地区は京に倣い、公有地(公儀地《こうぎち》、京間半間)と民地(京間半間)がそれぞれ半々で出し合うことで京間１間の庇地とした京の庇地の仕組みが採用された［1-33］。しかし、江戸では民地部分（京間半間）の庇地全てを提供する商人があまりにも少なく、業を煮やした家康は銀座地区に限り庇地を全て公儀地（京間１間）とし、その上で、必ず京間１間の奥行きの下屋をつくらせ、桟敷《さじき》空間を創出させた。銀座地区の東海道（現・銀座通り）の道幅は、京間８間。その幅に加え、両側には京間１間の庇地が設けられた。日本橋地区、京橋地区と異なり、母屋から出された下屋部分全てが公儀地であり、公道、庇地、宅地の曖昧な関係をなくす。

　銀座地区を通る東海道は、庇地を合わせると京間10間の幅が江戸時代から公の土地だった。これは、明治初期の煉瓦街建設に際し、道路拡幅の用地が他の地区に比べ事前に両側１ｍずつすでに確保できていたことになる。明治政府の財政難もあるが、銀座地区だけが煉瓦街建設を可能にした要因は、家康の決断によるところが極めて大きい。

　さて、家康の庇地へのこだわりは朝鮮通信使の来訪と結びつく。最初に江戸を訪れた朝鮮通信使は慶長12（１６０７）年。最後となる文化８（１８１１）年まで計12回（最後の１回は対馬止まりで、江戸には来ていない）来訪し、特に慶長12年から宝暦《ほうれき》14（１７６４）年の間は平均十数年に一度の割合で江戸城を訪れた。

　日本を統一した秀吉が朝鮮半島に出兵し、その後李氏朝鮮《りしちょうせん》王朝（１３９２〜１８９７）との国交が断絶した。秀吉に代わり全国を統治した家康の時代となり、両国に挟まれて苦慮していた対馬藩《つしまはん》の努力が実る。慶長６（１６０１）年に、家康は対馬藩の宗氏《そうし》を通じて李氏朝鮮王朝との友好を求めた。日本側は秀吉の罪を詫び、２５０名の捕虜を返還した。日朝関係修復の試みが具体化する。この友好の儀礼となる第１回の朝鮮通信使の来訪は、秀忠の二代将軍就任祝いが表向きの目的だった。

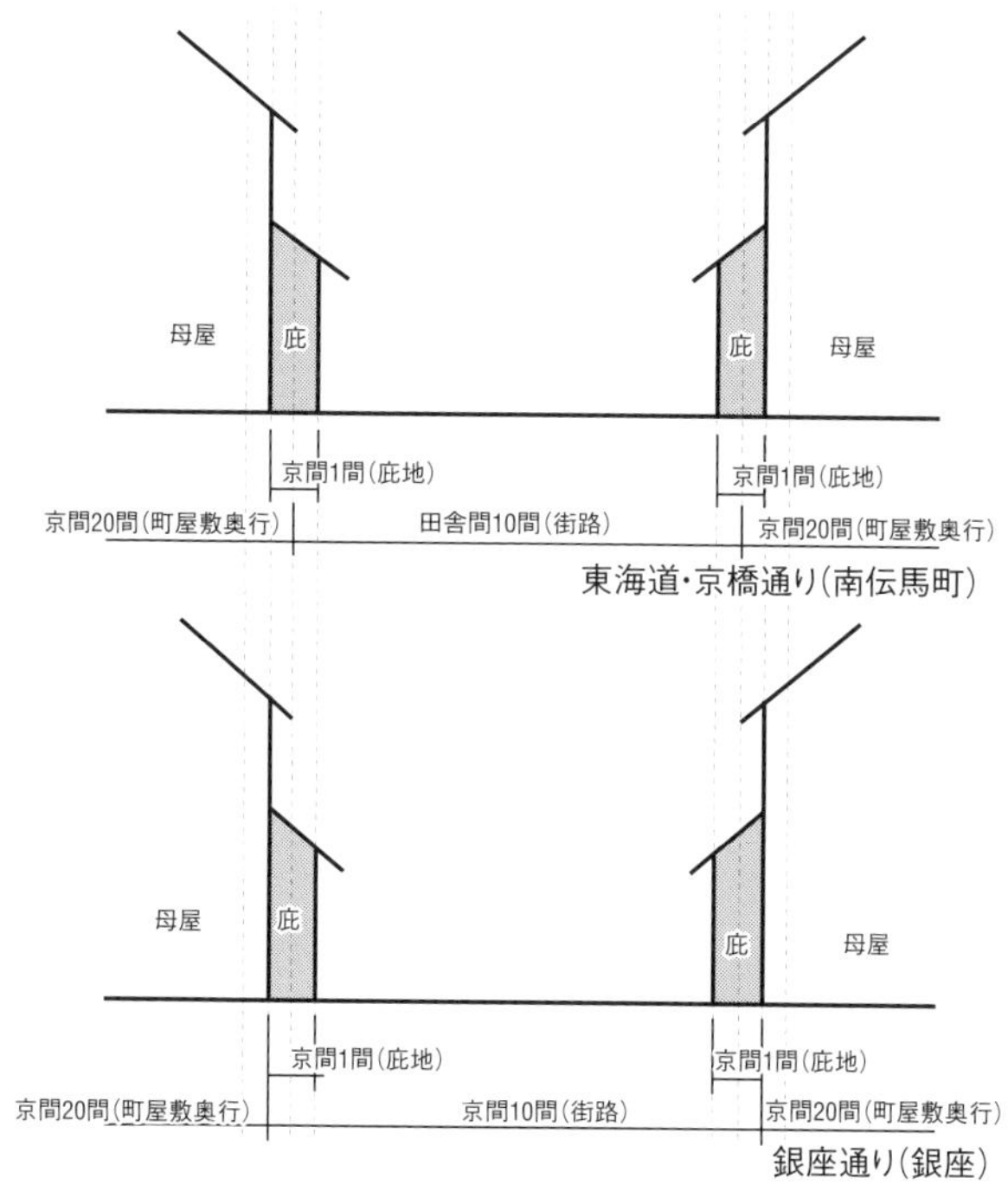

1-33　庇地と街路の関係

家康は、この日朝の国交回復による朝鮮通信使の来訪を別の視点からも捉える。全国を統一したとはいえ、不穏な状況を招く可能性が充分にあり、極め付きのイヴェントを江戸で演出し、徳川家の力を天下に示す必要があった。庇下（下屋部分）を桟敷にしたイヴェント空間が外国からの使節団を迎える［次頁1-34］。行列と桟敷で見物する人々とで織りなす華やいだ光景が繰り広げられた。徳川幕府にとって威厳を示すハレの場となる。

十数年に一度の大イヴェントだけではない。毎年行われる祭でも桟敷が活躍する。山王祭《さんのうさい》と神田祭《かんだまつり》は天下祭といわれ、祭りの際に行列の江戸城内への入場が許された。その後市中を練り歩く。これらの祭ルートもイヴェント空間となった東海道を通る。庇下の桟敷は、路上で繰り広げられるパフォーマンスを大いに盛り上げた。

日吉《ひえ》神社から出発点する山王祭の行列は、

1-34　朝鮮通信使、「朝鮮通信使来朝図」羽川藤永筆、延享 5（1748）年ころ（神戸市立博物館蔵）

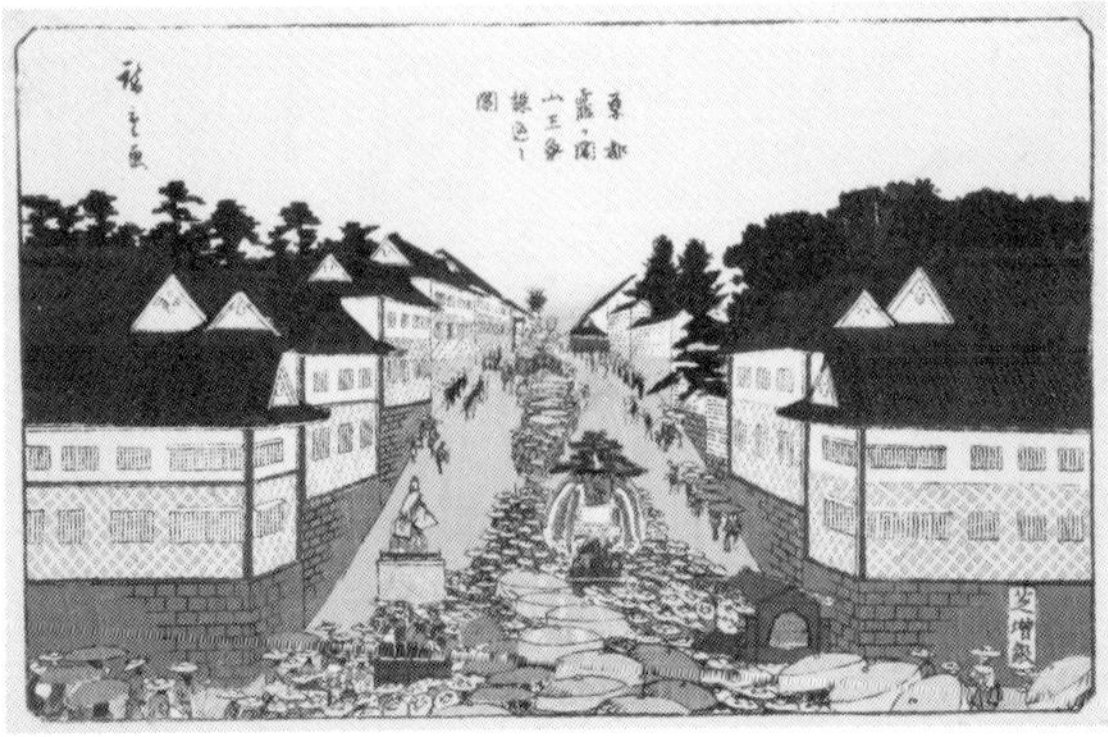

1-36　霞が関、「東都霞ヶ関山王祭練込之図」『東都名所』歌川広重、天保後期、山王祭　左側が黒田家、右側が池田家（国立国会図書館デジタルコレクション）

1-35　銀座通りを通る山王祭の行列（撮影：1994 年）

江戸城内を巡り、常磐橋から日本橋の町人地に入る。日本橋地区、京橋地区を山車《だし》が厳《おごそ》かに過ぎ、銀座一～四丁目の大通り（現・銀座通り）へ【1-35】。その後、尾張町（現・銀座五丁目）から現在のみゆき通りを通り、山下橋から霞が関の武家屋敷に進み、日吉神社に戻る【1-36】。天王祭は、庶民がもり立てる神田祭と異なり、幕府が強く介入した祭である。銀座通りをメインとする山王祭のルートからも、家康が銀座を強く意識していたとわかる。

京間60間のモデュールにこだわった武家地

家康のこだわりとして、江戸全体のまちづくりは京間60間（118・2m、京間1間＝1・97m）のモデュール（体系的に一定の寸法で整えるための基準寸法）を採用する。武家地も町人地もこのモデュールを基本とした。桓武天皇《かんむてんのう》が延暦13（794）年に平安京を計画した時の街区《がいく》（道に囲まれたひとまとまりの正方形の区画）は40丈（121.2m、1丈＝3・03m）のモデュールだが、まちがつくられる天正18（1590）年の江戸では京の都で使われていた一般的な尺度の「京間」を採用した。一辺が「40丈」で四方を道に囲まれた街区ではなく、ほぼ似通った幅の「京間60間」とした。

旗本屋敷の番町エリア（現・千代田区一番町～六番町）は、東西方向に京間60間の間隔で道を通す【次頁1-37・1-38】。道に挟まれた土地の中央を背割り線とし、2つのブロックに分割した。道沿いにできたブロックの奥行は京間30間。ブロック内にある各屋敷地の間口は、京間10間を最小単位とし、いずれも京間で15間、20間、30間と禄高により選択の幅をもたせた。屋敷地の最小規模は300坪（約1164㎡）。敷地規模が大きくなると正方形に近い奥行京間30間、間口京間30間。面積が900坪（約3493㎡）となる。

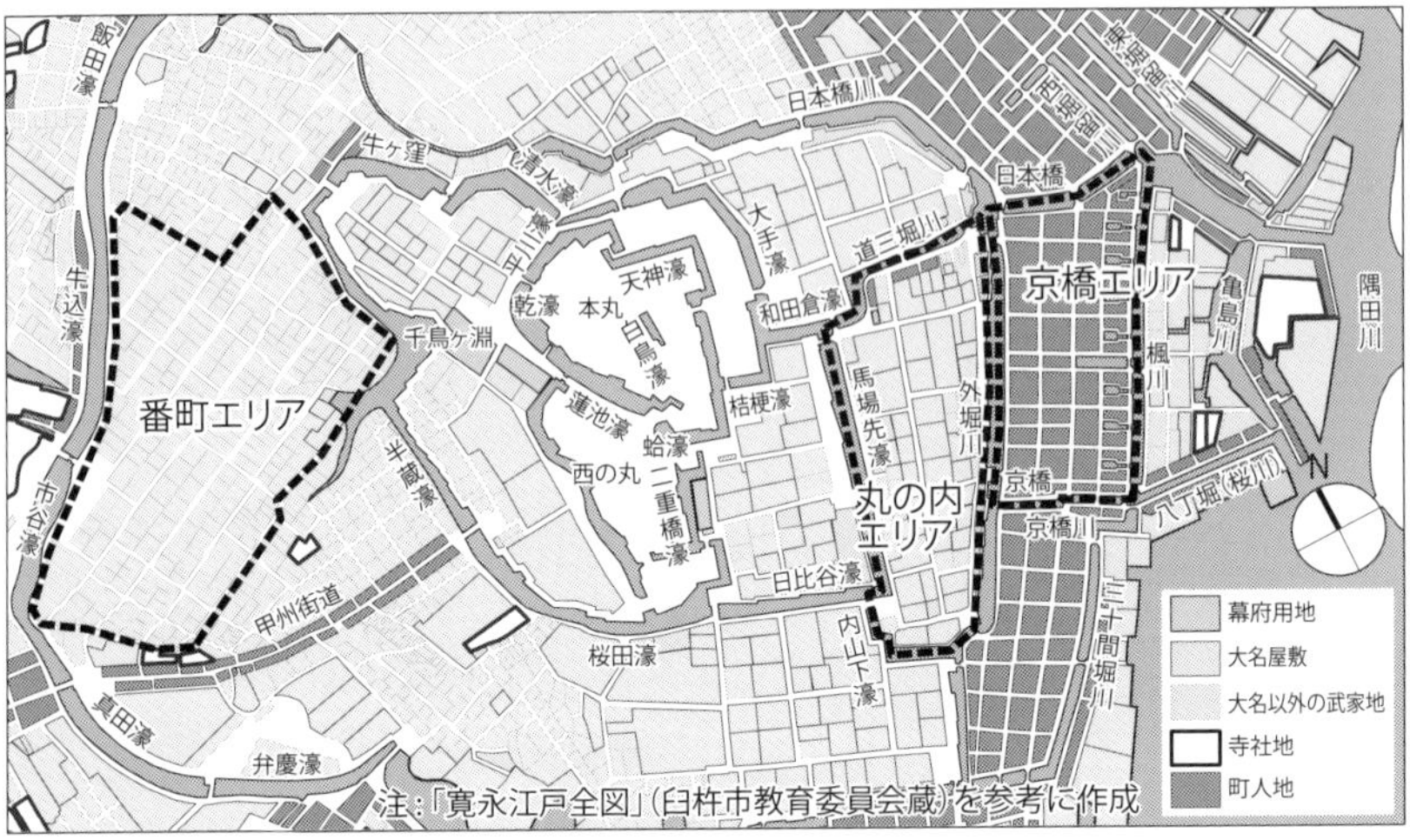

1-37　番町エリア、丸の内エリア、京橋エリア（寛永 20 年）

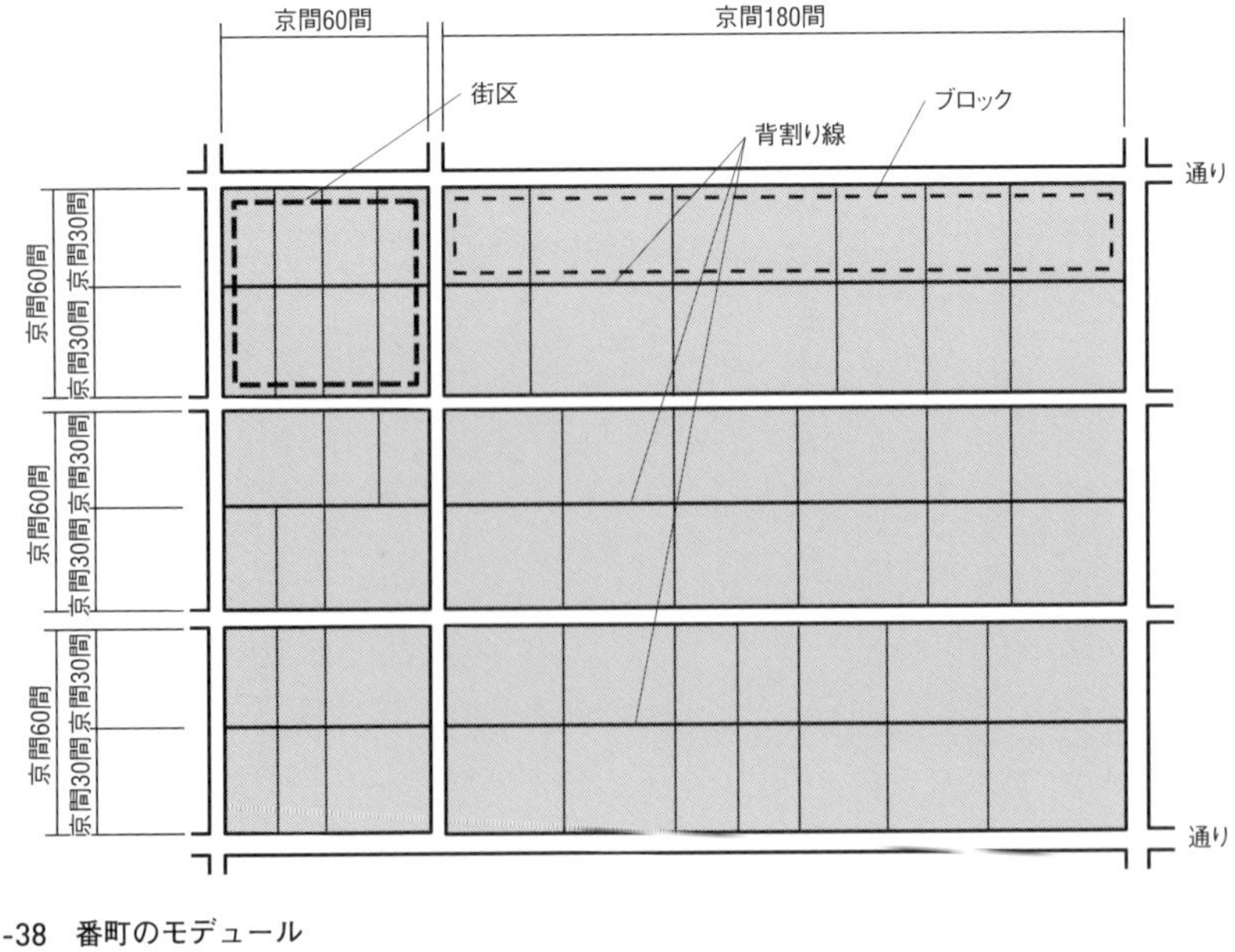

1-38　番町のモデュール

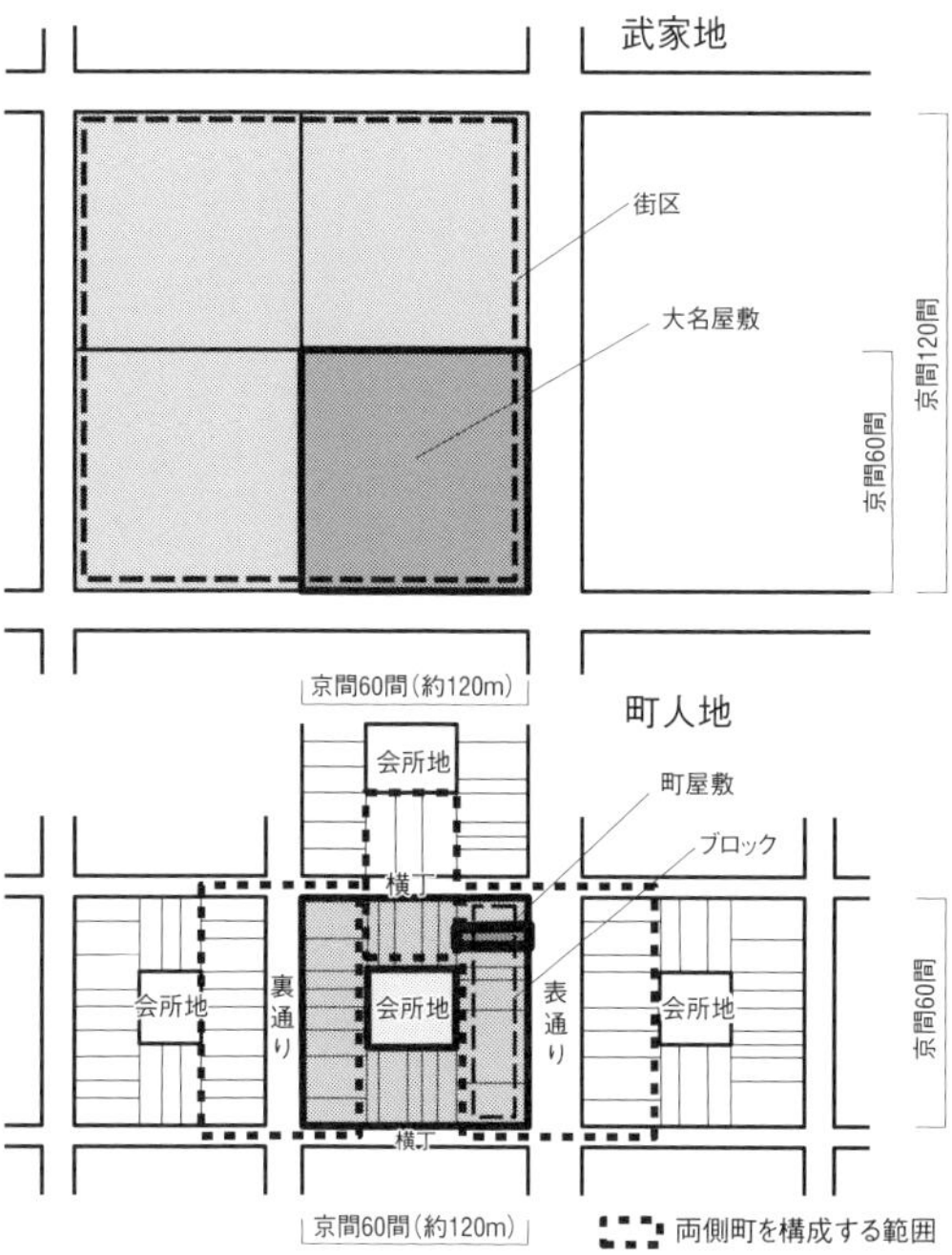

1-39 武家地の丸の内と町人地の銀座のモデュール

日比谷入江を埋め立てて誕生した丸の内は、大名上屋敷の集中する大名小路《だいみょうこうじ》（丸ビル沿いの道路は現在も大名小路と呼ばれている）の両側一帯が一辺京間１２０間を基本単位とする街区で整備された【1-39】。この街区をさらに田の字型に割り、一辺が京間60間の敷地規模３６００坪（約1万３９７１㎡）とした。敷地規模の大きい旗本屋敷の4倍の面積である。この規模を基準に、石高に合わせ屋敷規模にバリエーションをつけていく。丸の内の大名上屋敷は、1万坪クラスから２５００坪クラスと規模が様々であり、全ての街区内がきれいに田の字型に割れているわけではない。あくまで理想とする概念であって、柔軟性をもたせた。

大名屋敷、旗本屋敷のほかに、武家地には鉄砲組などそれぞれ専門の組み組織に属する下級武士が集住する組屋敷《くみやしき》（大縄地《おおなわち》）がある。道の両側に同型のブロックを配し、そのブロックをさらに短冊状に割った。規模の違いがあるものの、空間構成は町人地の両側町と似ている。

組屋敷は武家屋敷のなかで個々の敷地規模が最も小規模である。奥行京間20間、幅京間5間ないし京間10間、１００～２００坪が一般的な敷地規模だった。この組屋敷は組ごとに一つのまとまりをつくる。中央に通された道と両側のブロックで構成される組屋敷は、平坦な土地に並べることも

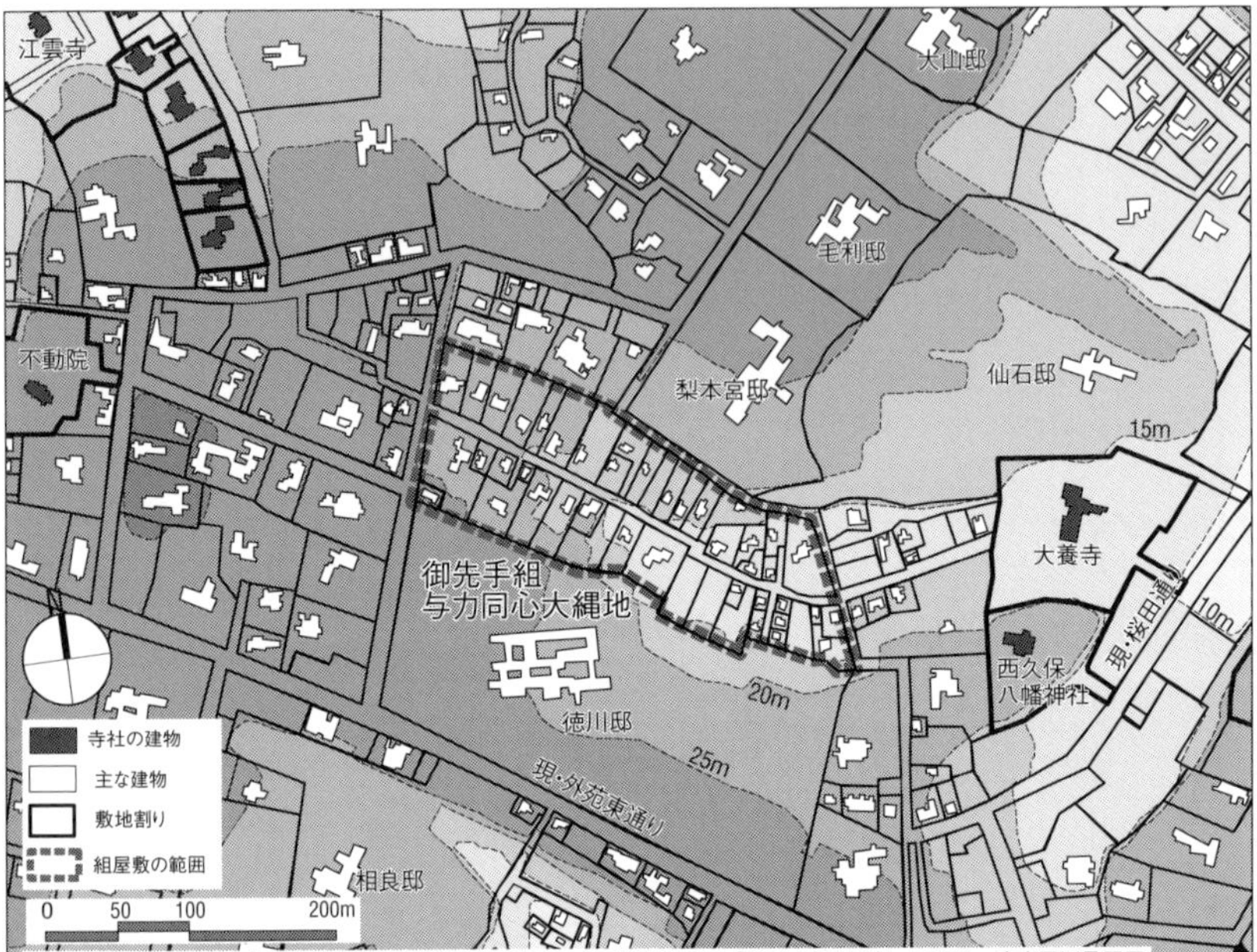

（注:図版作成において参考にした地図は、財団法人日本地図センター複製発行した「参謀本部陸軍部　五千分一東京図測量原画復刻版」（1883～84年測図）である。また、地形は東京都「縮尺二千五百分の一地形図」（昭和63年）をもとに作成した。）

1-40　我善坊谷に見られる組屋敷の空間構成（港区麻布台一丁目）

可能だが、地形が複雑で土地利用上余った窪地のスペースにも自在にはめ込めた。この自在性から、ラビリンス空間のように感じられる江戸の不思議な都市空間が出現する。かつて、外苑東《がいえんひがし》通りの北側に我善坊谷《がぜんぼうだに》（港区麻布台一丁目）と呼ばれる袋状の谷があり、そこに組屋敷の仕組みが残されていた［1-40］。近年大規模な再開発が行われ、すっかりその姿が失われてしまう。

現代に甦る江戸の町人地

町人地は、一つの町を構成する通りの長さが京間60間。これは大名屋敷の標準となる敷地規模と同じである。町と町の間には横丁（表と裏の通りをつなぐための道）が通され、通りと横丁に囲まれた京間60間四方の街区がつくられた。それは現在でも銀座を写した空中写真で確認できる［1-41］。京間60間四方の街区は町人地の基本骨格をなす規模だが、街区

1-41　銀座を俯瞰する（2017年、国土地理院）

内は大名屋敷のように単純ではない。幾つかの異なるルールを組み合わせて街区内が構成された。

道を挟んだ両側の街区内がブロックに割られ、道を挟んだ両側にあるブロックが一つの町（「両側《りょうがわ》町《ちょう》」と呼ぶ）の単位となる［53頁1-39参照］。ブロックの規模は、通り側が幅京間60間、奥行京間20間となる。次に、横丁側も両側町で構成され、幅京間20間、奥行京間20間で割られた。このように町割りがされたことで、街区の中央には京間20間四方の「会所地《かいしょち》」が残る。銀座の場合は、この会所地に能役者の座が置かれるなど、公共性の高い土地利用だった［次頁1-42］。また、現在でいう土地にかかる税金が間口の長さで徴収されており、町屋敷の奥行は不公平がないように京間20間を基本とした。

通りの両側にあるブロックは、さらに細かく分割された。庶民が生活の場とするコミュニティの最小単位の敷地、町屋敷をつくりだす。町屋敷の敷地間口は京間5間を基本とした。敷地内は、通りに面して町家が並び、建物と建物の間に路地が通る。路地の中ほどに共同井戸、共同便所、路地の両側には長屋を中心とする生活空間が設けられた［57頁1-43］。

現在の銀座七丁目、銀座通り西側を見て歩くと、４００年以上の歳月を経て、家康が描こうとした空間の仕組みが体感できる［58頁1-44］。銀座は今

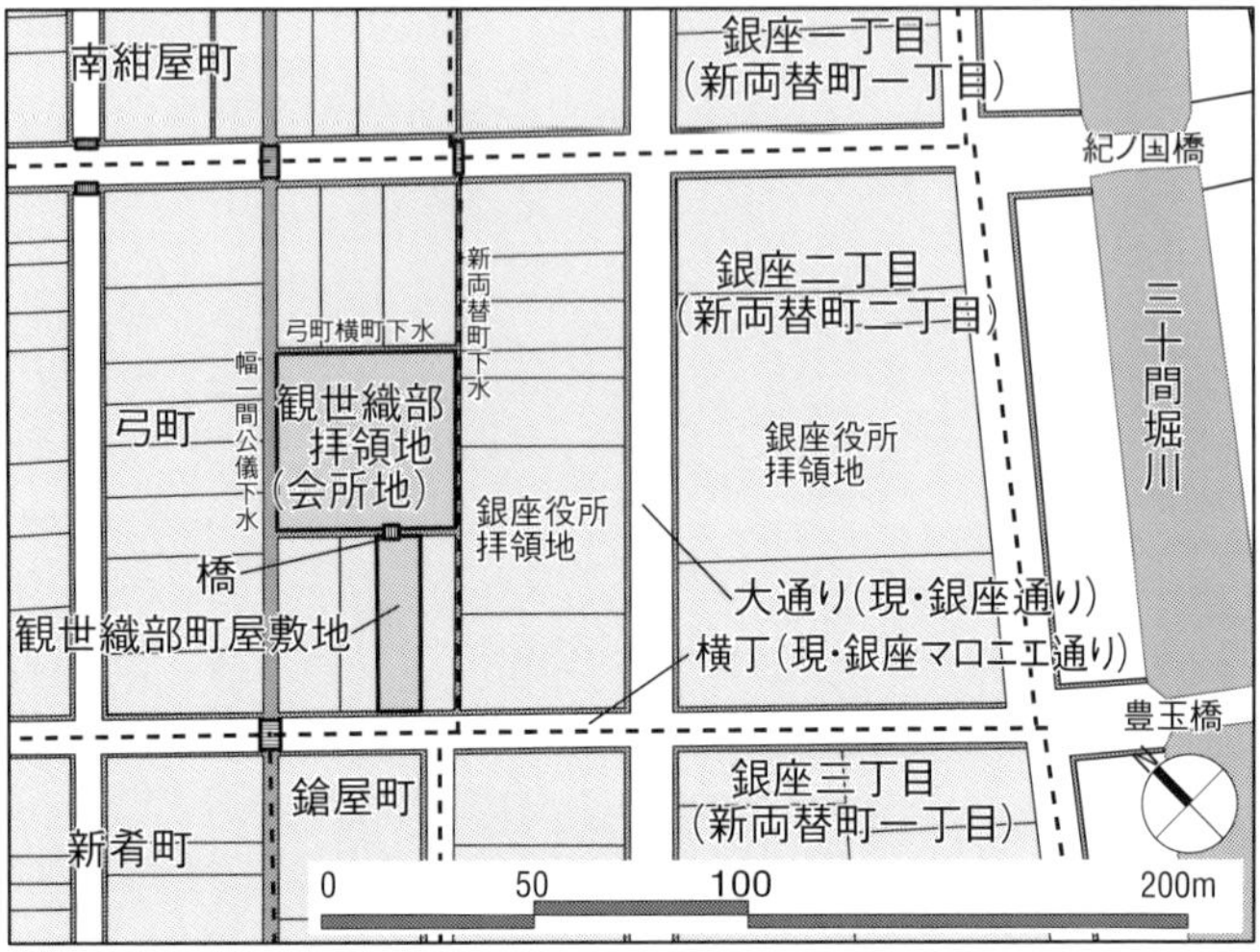

1-42　能役者観世が拝領した会所地（延享元〈1744〉年）

でも間口10mのビルが多く、町屋敷の京間5間と重なる。銀座の特徴の一つとして、ビル内中央に通りから裏通り（江戸時代の新道）に抜ける路地がある【58頁1-45】。これは町屋敷内に通された江戸時代の路地に似ていて面白い。間口が京間2間ほどのビルは江戸時代の町家の間口規模である。世界的な繁華街として知られる銀座には、江戸時代の空間の仕組みが今も生き続ける。

家康は、京の都の権威を江戸の都市計画に染み込ませ、江戸特有の地形構造に組み込む。そこには、新しいまちでありながら、京の尺度で江戸のまちがかたちづくられた。主要な道からは天守閣、富士山、筑波山、増上寺の小山といったランドマークが、江戸のまちの雄大さを景観演出する。家康のこだわりが江戸のまちに表現された。

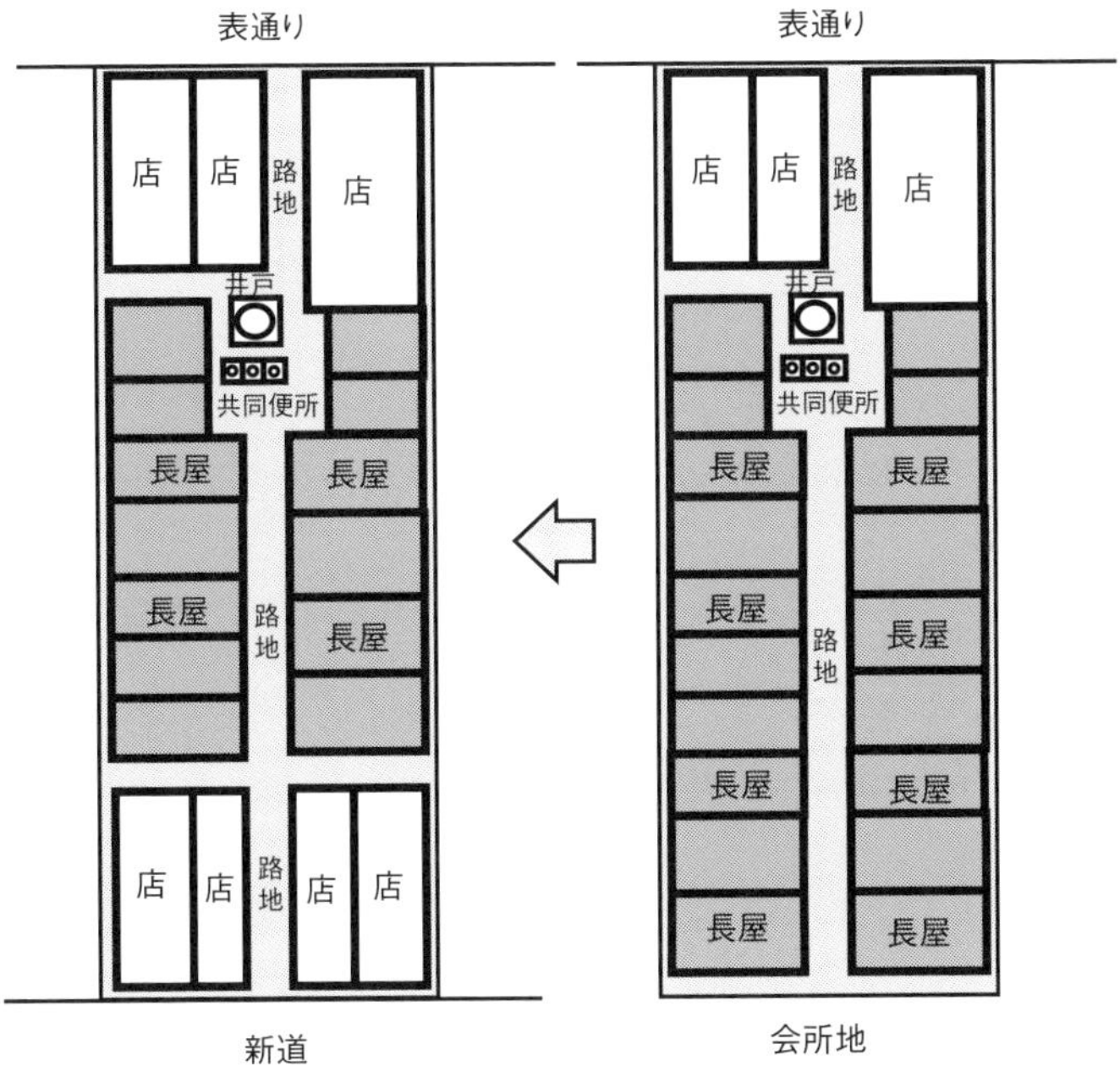

注:左図は内藤昌著『江戸と江戸城』(鹿島出版会、1975年)をもとに作成した。また、右図は左図を基本にし、「天保13(1842)年南鍋町一丁目居住形態図」を参考に裏店がないケースを想定して作成した。

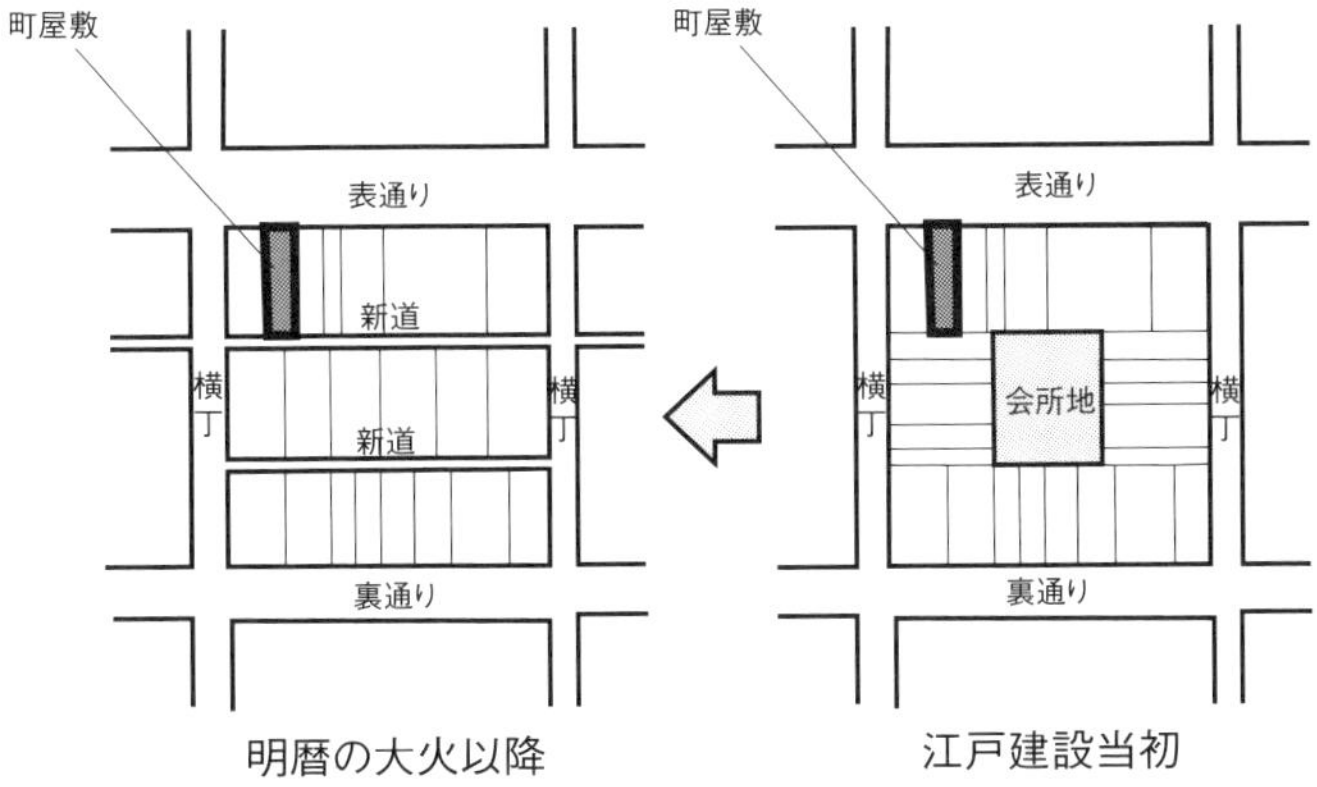

1-43 町屋敷内の構成

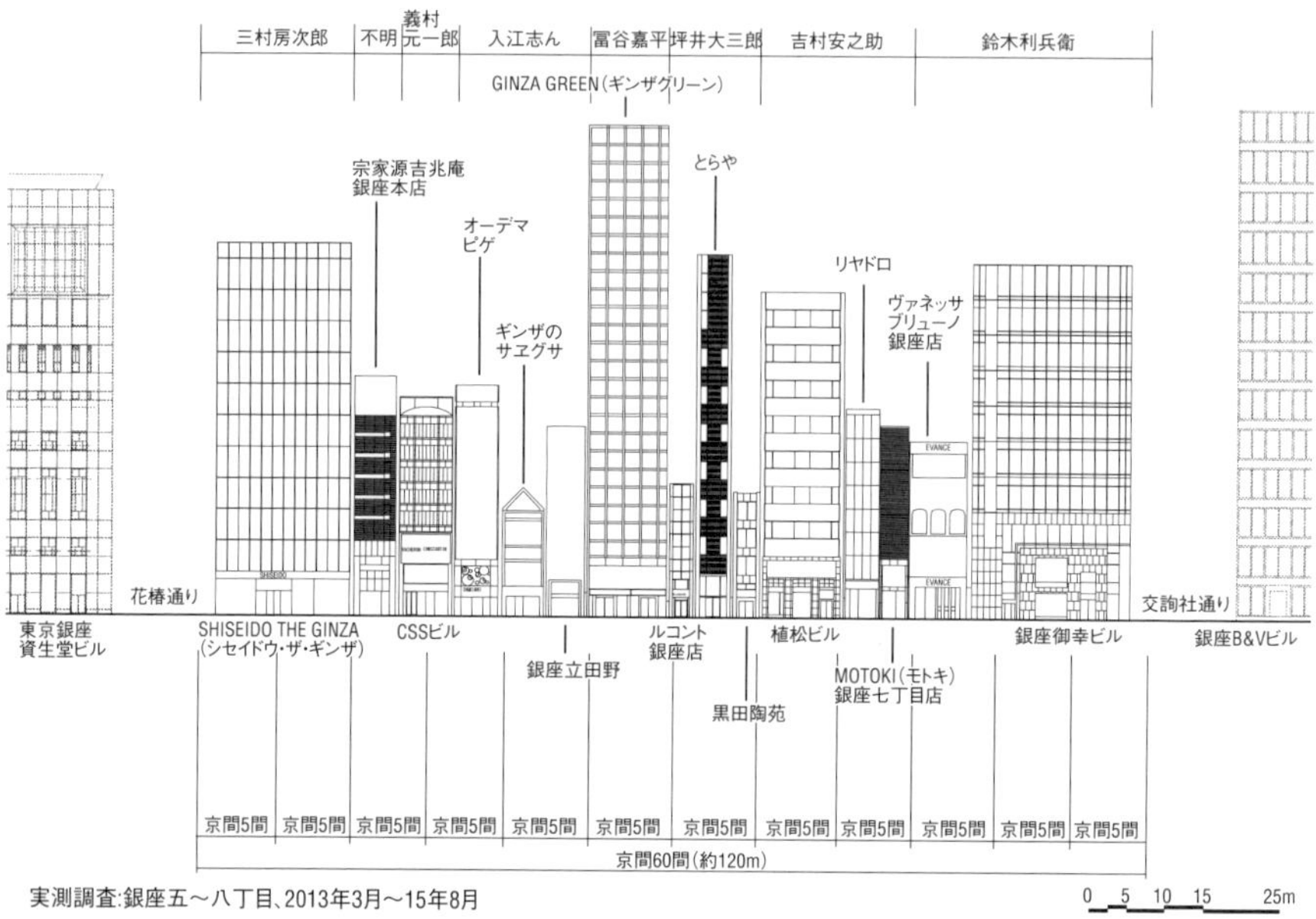

実測調査:銀座五～八丁目、2013年3月～15年8月

1-44　銀座七丁目、銀座通り西側の連続立面（図内上の名前は明治5年「第壱大区沽券図」に記載された土地所有者）

1-45　ビルの中の路地（撮影：2004年）

2章

二代将軍秀忠をサポートする大御所家康の時代

家康の存在を示す西の丸

秀忠の兄弟関係について

家康の三男である秀忠《ひでただ》（１５７９〜１６３２、在職１６０５〜２３）には、２人の兄、長男の信康《のぶやす》（１５５９〜７９、母：築山殿《つきやまどの》〈１５７９年没〉）と次男の秀康《ひでやす》（１５７４〜１６０７、母：長勝院《ちょうしょういん》〈１６２０年没〉）がいた。だが、信康は切腹というかたちでこの世を去る。秀康は人質同然の養子となり、徳川将軍家を引き継ぐ身分から外れた。秀忠に思いがけず御世継ぎ一番手のカードが巡ってくる。

秀忠の生母である西郷局《さいごうのつぼね》（１５８９年没）は、徳川家の居城が駿府から江戸に移る前年に亡くなる。以降は六男忠輝《ただてる》（１５９２〜１６８３）の生母茶阿局《ちゃあのつぼね》（１６２１年没）が秀忠の養母となった。これは、秀忠と忠輝の仲が拗《こじ》れる前のこと。２人の間にはまだ四男忠吉《ただよし》（１５８０〜１６０７、母：西郷局）と五男信吉《のぶよし》（１５８３〜１６０３、母：下山殿《しもやまどの》〈１５９１年没〉）の兄弟が存命だった。この時期の忠輝は将軍候補の４番手にすぎず、２人の間が拗れる距離感ではない。だが、忠輝が成人するころは、忠吉も信吉もこの世を去り、歴史は思いがけない方向へと二人を追いやる。

ちなみに七男松千代、八男仙千代は早世した。後に御三家となる九男義直《よしなお》（１６０１〜５０、尾張徳川家）、十男頼宣《よりのぶ》（１６０２〜７１、紀州徳川家）、十一男頼房《よりふさ》（１６０３〜６１、水戸徳川家）は、忠輝が改易となる元和２（１６１６）年ころ、まだ徳川将軍家の政《まつりごと》に口を挟む年齢ではない。

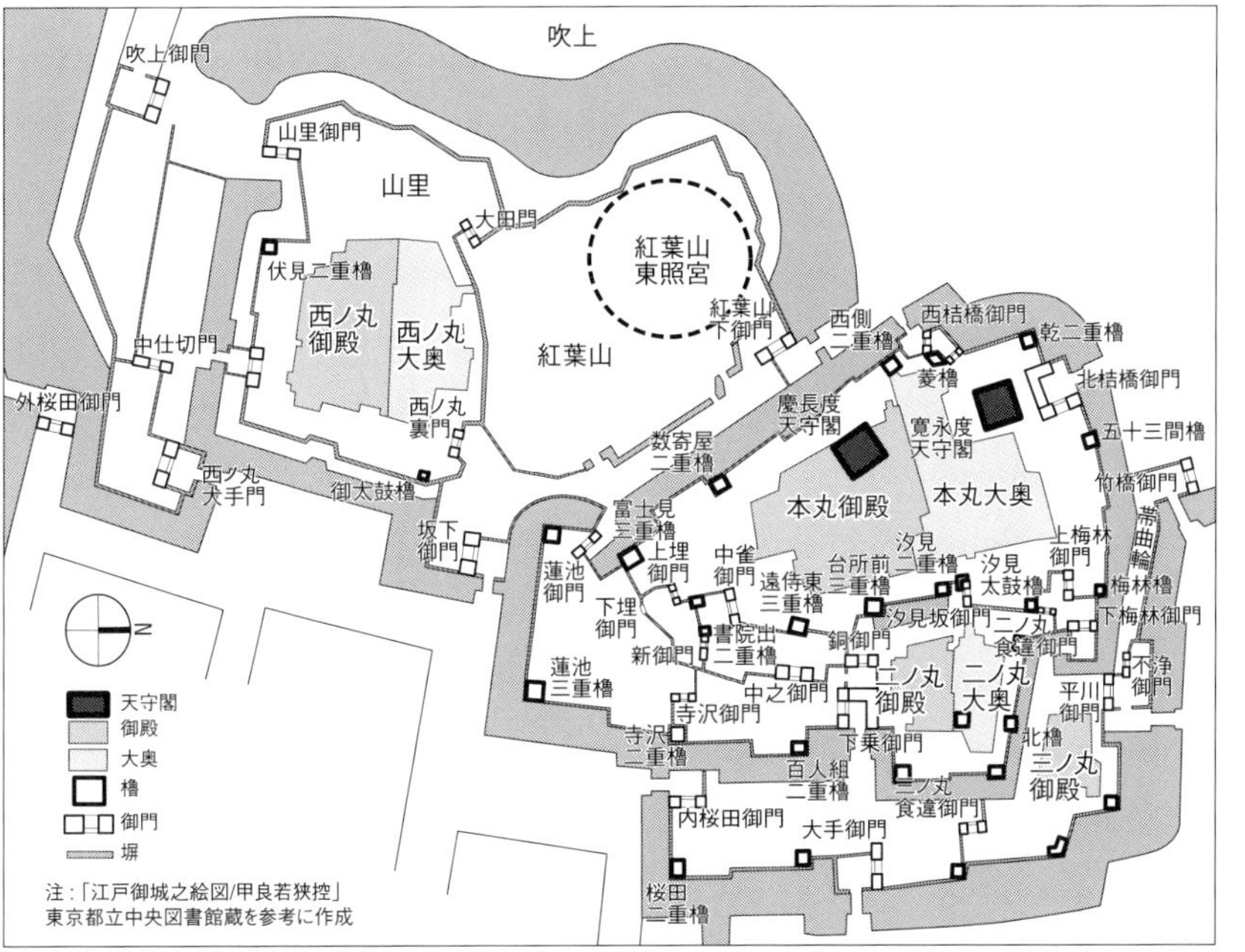

2-1 江戸城の本丸と西の丸の配置

江戸城本丸と、それ以上の存在感を誇った西の丸

江戸城本丸御殿の新築は、関ヶ原の戦い（1600）が終わり、征夷大将軍《せいいたいしょうぐん》となった家康が慶長8（1603）年に幕府を江戸に開いてからである。秀忠が二代将軍就任後の慶長11（1606）年、豪華《ごうか》絢爛《けんらん》たる大建築が江戸城内に建つ。翌年には慶長度天守閣が築かれた。李氏朝鮮《りしちょうせん》王朝との和解にこぎつけ、第1回目（1607）の朝鮮通信使を迎えるハレの舞台が家康の仕掛けた江戸城で整う。

西の丸は本丸の2倍近くの面積があり、0・24㎢と広い。オープンスペースも広く取られ、敷地の半分は「山里」「紅葉山」と呼ばれる広大な庭園が広がる。後年に制作された図面だが、甲良家《こうらけ》が保存していた「江戸御城之絵図／甲良若狭控」（東京都立中央図書館蔵）からその状況が推察できる[2-1]。ちなみに、紅葉山は海抜25ｍを超え、本丸よりも高い位置にある[17頁1-1参照]。家康が亡くなると、紅葉山東照宮が創建された。
家康は形式上、慶長10（1605）年に将軍職を子の秀忠に譲る。ただし、強大な勢力を保持する豊臣氏を滅ぼす課題が残されており、その後も実権は家康が握り続けた。家康は大坂方に睨みをきかす目的から、大半は駿府城《すんぷじょう》（現・静岡市）に身を置く。そのためにも、天下の城下町となった江戸には家康の存在感を示す「西の丸」の隠居所が重要だった。西の丸は、象徴としての意味をなし、対外的に威圧感を与えた。同時に、秀忠も少なからず重圧を感じていたはずで、家康の権威が二代将軍秀忠の背後から覆い被さる。

2-02

上水の確保と城の守り

飲料水確保のためにつくられた2つの溜池

26歳で二代将軍となる秀忠は、19年間将軍の座にあった。ただし、家康の大御所時代を除くと8年と短い。将軍職の半分以上は家康の強い影響下に置かれた。家康が存命だった関ヶ原の戦い（1600）から大坂の陣（1614・15）までの間に、2回に分けて大規模な掘割整備（第2段階と

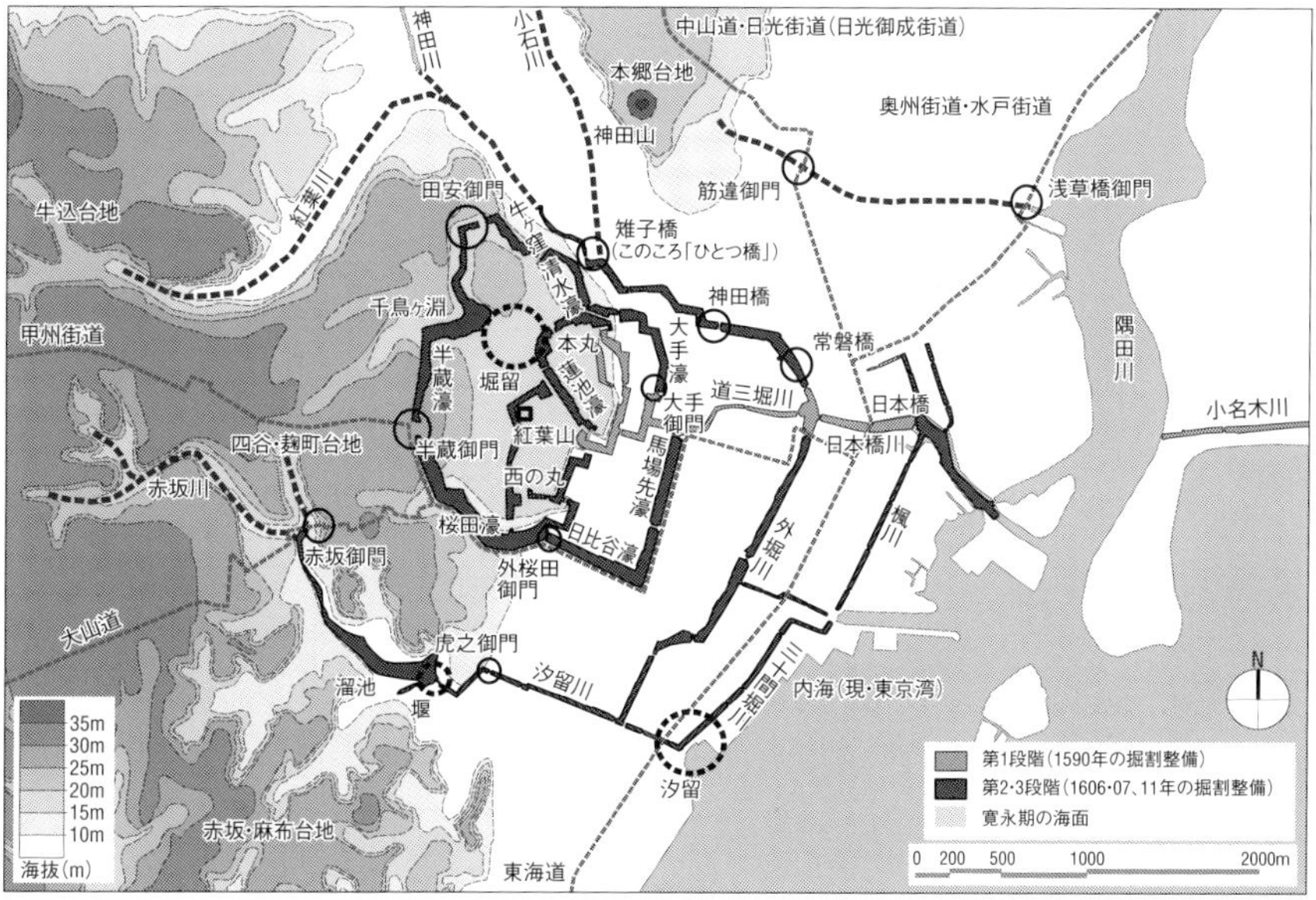

2-2 第2段階、第3段階の掘割整備

第3段階）がなされる［2-2］。

第2段階（1606・07）の掘割整備は、巨大化する江戸を維持する生活用水として、2つの溜池《ためいけ》（貯水池）が計画された。江戸城北西の千鳥ヶ淵《ちどりがふち》と江戸城南西の赤坂溜池である。江戸城周辺に配された大名や旗本は、この2つの溜池を主な水源とした。千鳥ヶ淵は、江戸城周辺のハケから清水が湧き出し、幾つかの川筋に沢水が流れ込み、溜池をつくりやすい自然地形だった［17頁1-1参照］。

霞が関など城の南西部にある武家地に対しては、永田町《ながたちょう》と赤坂の間に溜池をつくり、飲料水を確保する。時を同じくして、江戸前の海に流れ込む汐留川《しおどめがわ》から海水が逆流しないように汐留とした［2-2］。汐留は、再開発で誕生した巨大複合都市汐留シオサイトとしてその名が残る。赤坂溜池を貯水池とし、真水を維持するために、溜池の東側には浅野幸長《よしなが》（1576〜1613）が慶長11（1606）年に堰《せき》を設ける［次頁2-3］。堰から流れ落ちる音から「ドン」と呼ばれた。堰《せき》で止められた溜池の水は、現在の新宿区若葉町あたりを源流

2-3　幸長が設けた堰、歌川広重「虎の門外あふひ坂」『名所江戸百景』（国立国会図書館デジタルコレクション）

させた［2-5］。江戸城の北側は千鳥ヶ淵を溜池とするために局沢に通じる水の流れを止め、局沢を独立した蓮池濠（4m）とする［2-6］。現在の皇居東御苑《こうきょひがしぎょえん》（本丸跡）と北の丸公園の間は、台地を断つように乾濠（6m）と平川濠（3m）が掘り込まれ、濠の本丸側には聳《そび》え立つような石垣が設けられた［17頁1-1、21頁1-8参照］。自然地形をここまで改変させ、全く別の空間にするパワーには驚かされる。地形の形状に何か違和感を感じながらも、平川濠越しに北の丸側から見る本丸の石垣は実に見事だ［68頁2-7］。

北桔橋《きたはねばし》御門近くから平川濠周辺を見渡すと、武蔵野台地が北の丸を経て本丸に近づくあたりは、

とする赤坂川からの水である。赤坂川はいくつかの支川からも水を集め、赤坂にある紀州藩邸内に流れ込み、途中清水谷の湧水の流れと合流し、溜池に注がれた［2-4］。まだ外濠が整備される以前のことである。

大坂の陣に間に合わせた初期江戸城惣構

第2段階の掘割整備では、単に溜池の千鳥ヶ淵を誕生させただけでなく、旧外濠（現・内濠）の本格的な土木事業にも向かう。番町あたりを水源とする千鳥ヶ淵（海抜15m、以下同）からの水の流れは、牛ヶ窪（3m）、清水《しみず》濠（0・25m）の方へ迂回

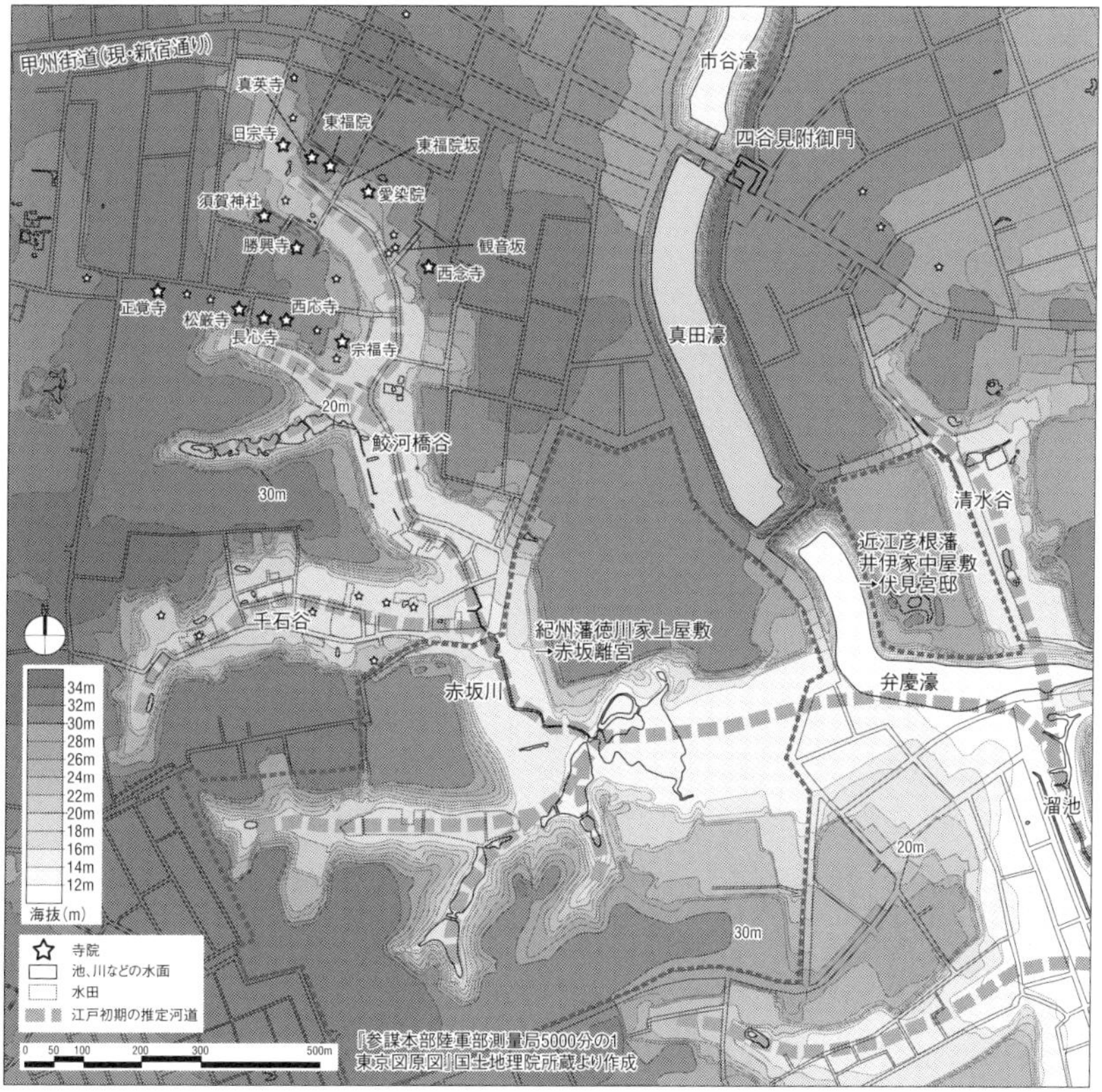

2-4　赤坂川と溜池周辺の地形（明治16〈1883〉年）

2-6　富士見多聞櫓から蓮池濠を望む（撮影：2020年）

2-5　九段坂から見た牛ヶ窪（撮影：2020年）

2-7　平川濠とパレスサイドビル、濠の右側が江戸城本丸（現・皇居東御苑）（撮影：2020年）

台地が急に盛り上がるように見える。乾濠と平川濠を10m以上も掘り下げ、それらの土を使い本丸側に盛り土した。この不自然さは連続する台地を遮断し、北の丸よりも本丸の方の地盤を遥かに高く見せる工夫である。自然地形とは全く異なる人工的な景観が威圧感を大いに増す。

慶長16（1611）年には、江戸城の西側から南側にかけて第3段階の掘割整備がなされた。武蔵野台地を切断するように半蔵濠《はんぞうぼり》が掘り込まれる。半蔵濠近くの桜田濠も台地を掘り割った。もう少し南に行くと、外桜田御門の方へ下っていた旧河道と出合い、ここからは川の跡を濠とした。旧河道側が盛り土され、川の流れを止める。川が流れていた時の痕跡を消し、江戸城の濠として景観を整えた。自然の川をベースにしながらも壮大な濠に変貌させる［24頁1-11参照］。ただし、濠から少し陸側に入った現在の国立国会図書館と最高裁判所との間、三宅坂の交差点から上がる青山通りはかつて川が流れていた跡であり、高低差に自然地形の痕跡を残す。

半蔵御門周辺（現在の麹町あたり）は海抜が江戸城周辺で最も高い。このあたりで敵が陣営を張ると、江戸城の本丸と西の丸を見下ろせた。家康はこれまでの戦いで勝ち続けてきたわけではない。どのような状況でも、戦いに敗れた後の守りを重視する武将であり、結果生き残ってきた。その守りの弱点を解消する工夫として、新しく掘り込まれた半蔵濠沿いの江戸城内側にかなりの高さまで土が盛られた。明治16年の地図に描かれた等高線から、盛り土の様子がはっきりと読み取れる［17頁1-1参照］。ここでも、視覚面での自然地形の大きな改変がなされた。

第2段階と第3段階の掘割整備により、旧外濠（後の内濠）による江戸城の守りがほぼ完成し、大坂の陣に間に合う。大坂の陣は常に大坂城近くが主戦場だが、家康はいざという時の江戸の守りを急がせた。上杉氏などの東北からの脅威とともに、家康が劣勢に立たされた時を想定した掘割整備だった。

2-03

海洋都市国家を夢見た家康

リーフデ号の漂着と天下分け目の時期

慶長5年3月16日（1600年4月19日）、リーフデ号に乗ったウィリアム・アダムス（1564〜1620、三浦按針《みうらあんじん》）たち一行は豊後国《ぶんごのくに》（現・大分県）臼杵《うすき》領内の佐志生《さしう》に漂着した。想像を絶する過酷な大西洋、太平洋の航海後である。リーフデ号は300ｔクラスの洋式帆船。オランダの港から5隻の船で船団を組み出航した時、リーフデ号の乗組員は総勢110人ほど。船団全体では約500人もいた。だが、日本に到達した時点の生存者はわずか24名。唯一日本に到達できたリーフデ号の生存率は4分の1以下だった。

リーフデ号の生き残りは、アダムスのほか、ヤン・ヨーステン（1556ころ〜1623、耶楊子《やようす》）、船長のヤコブ・クワッケルナック（生誕不詳〜1606）、堺で貿易商となったメルヒオール・ファン・サントフォールト（1570ころ〜1641）などの顔ぶれが現在でも知られ、水夫たちもいた。彼らは一文無しで日本の地に放り出されたわけではない。徳川家康からは最低限の生活が保障され、主に江戸や浦賀などに定住し、日本人女性と結婚した。生活をより豊かにするために長崎や堺で貿易に従事する者もいた。

リーフデ号の持ち物の価値は巨額だった。リーフデ号は重装備しており、最先端の武器を大量に搭載していたからだ（フレデリック・クレインス著『ウィリアム・アダムス　家康に愛された男・三浦按針』

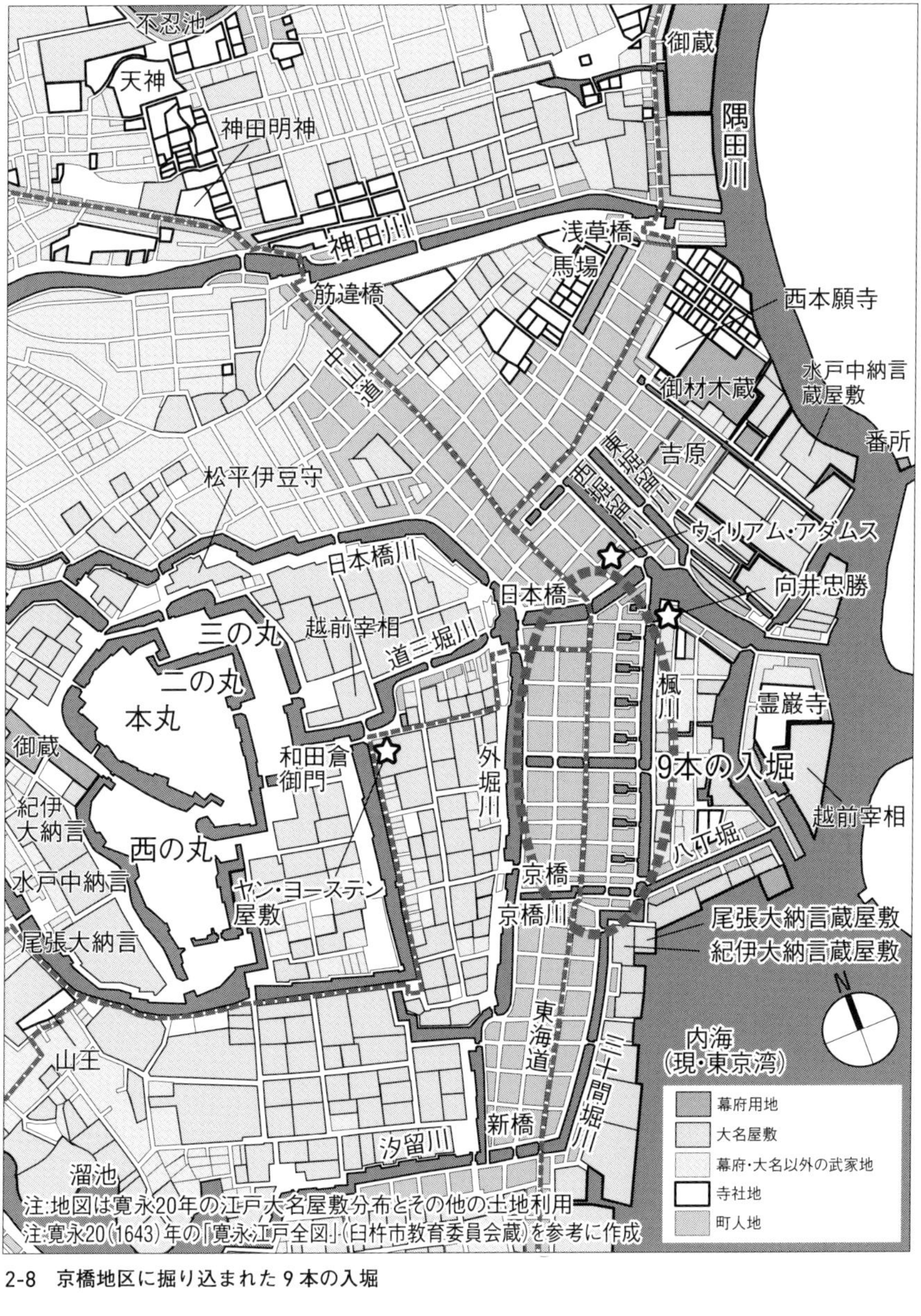

2-8 京橋地区に掘り込まれた9本の入堀

ちくま新書、2021年)。当然敵となる武将の手に彼らが拘束されては一大事。家康は彼らを手厚く保護した。

アダムスたちが豊後国臼杵に漂着したころ、豊臣秀吉(1537〜98)亡き後の日本は、水面下で激しい主導権争いが繰り広げられていた。ただし、慶長4(1599)年には力関係を大きく家康に傾かせる出来事が起きた。家康よりはるかに人望を集める前田利家《まえだとしいえ》(1539〜99)が亡くなる。水面下の攻防が表面化し、関ヶ原の戦い(慶長5年9月15日〈1600年10月21日〉)へと進展した。家康がまさに天下取りを完成させつつある時期とリーフデ号の漂着時期が重なる。

家康は、目の前の戦いにとらわれていただけではない。その先にヨーロッパを凌ぐ海洋都市国家の構想があった。この広大な夢にリーフデ号の生き残り、特にアダムスがピタリとはまる。関ヶ原の戦い後から家康が亡くなるまで、不明点が多い江戸の都市計画について読み解く上でも、彼はキーパーソンであり、家康が夢見た構想の核心にいた。

家康がもう少し長生きしていれば、江戸の都市空間はより鮮明になったとの思いがある。だが、それは無い物ねだり。それでも、アダムスを当時の江戸と重ねることにより、未知の部分に切り込んでみたい。それが京橋地区に掘り込まれた不可解な「9本の入堀」の意味を探り出す手立てにもなる[前頁2-8]。

造船技術者ウィリアム・アダムスに着目した家康

関ヶ原の戦いへと発展する時期、家康はウィリアム・アダムスとヤン・ヨーステンを囲い入れ、江戸に住まわせた。2人のうちの一人、アダムスはヨーステンのような商人ではない。航海士であ

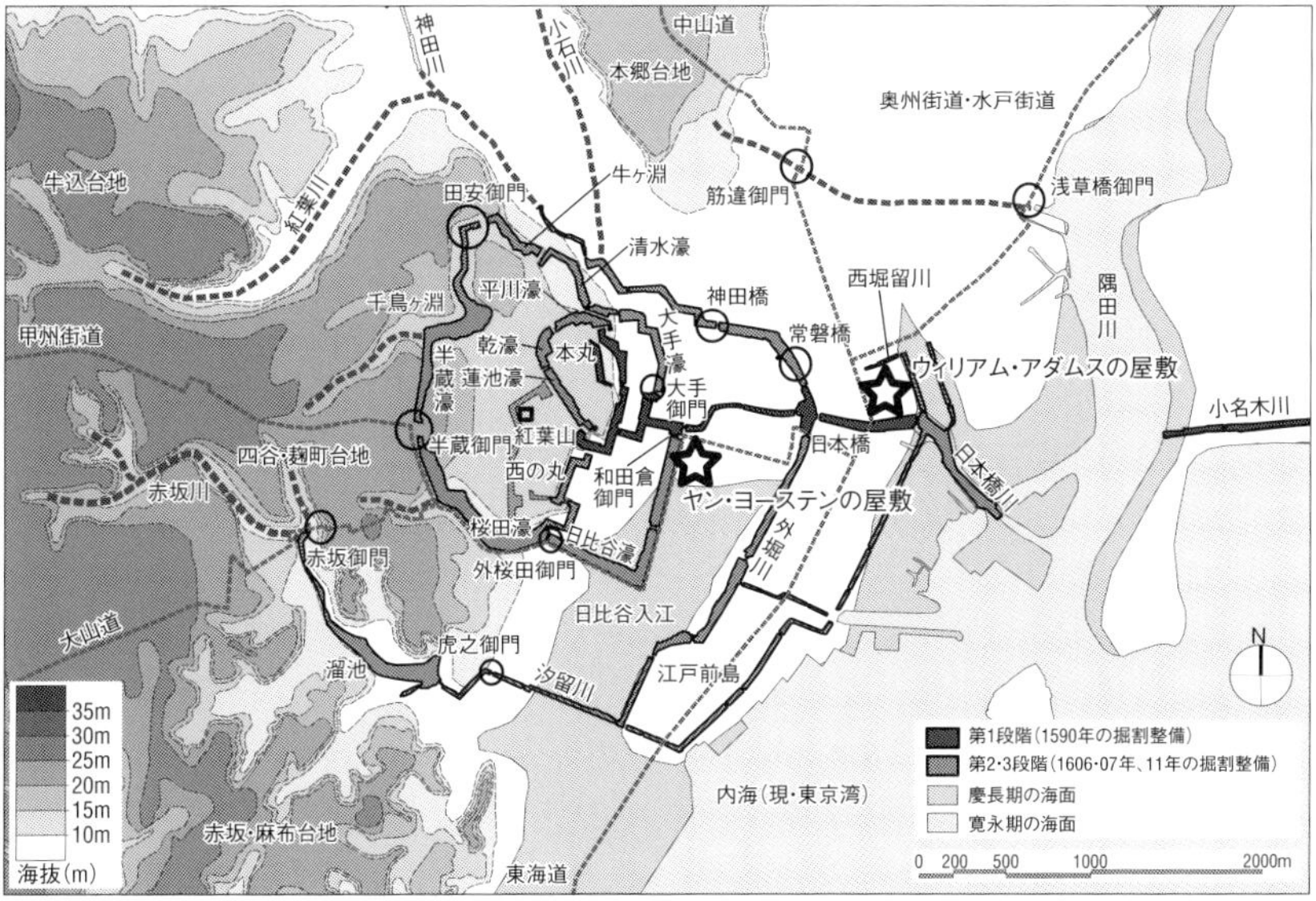

2-9　ヤン・ヨーステンとウィリアム・アダムスの屋敷の位置、日比谷入江が埋め立てられる前後の比較

り、乗組員で唯一技術者としての能力を持ち合わせていた。冷静な判断力も家康が気に入る。アダムスは相模国三浦郡逸見村《いつみむら》（現・横須賀市）に２００石の領地と江戸日本橋に屋敷を与えられた。屋敷は現在の日本橋室町一丁目あたり［2-9］。昭和初期まで「按針町」と呼ばれ、今でも「按針通り」の名が残る。ちなみに、２００石は旗本と御家人のボーダーライン上の与力クラス。贅沢をしなければ充分に暮らせた。ただし、与力程度だと大手町や丸の内の武家地に大名並みの屋敷が与えられたとは考えにくい。拝領した屋敷は一等地だが、町人地だった。

　家康の1章でも述べたが、西堀留川はL字に折れ曲がる。その折れ曲がった先の掘割と平行して南側に日本橋川が隅田川に抜ける。この間にアダムスの屋敷があった。L字に折れ曲がった掘割（後の西堀留川）は、まだ小さな入江であり、そこから江戸前島側に掘割が掘り込まれた［32頁1-17参照］。この掘割が後に、建設が進む江戸城や新興の町に塩を供給する河岸となる。入江の西側、アダムスの屋敷がある東側河岸には関東一

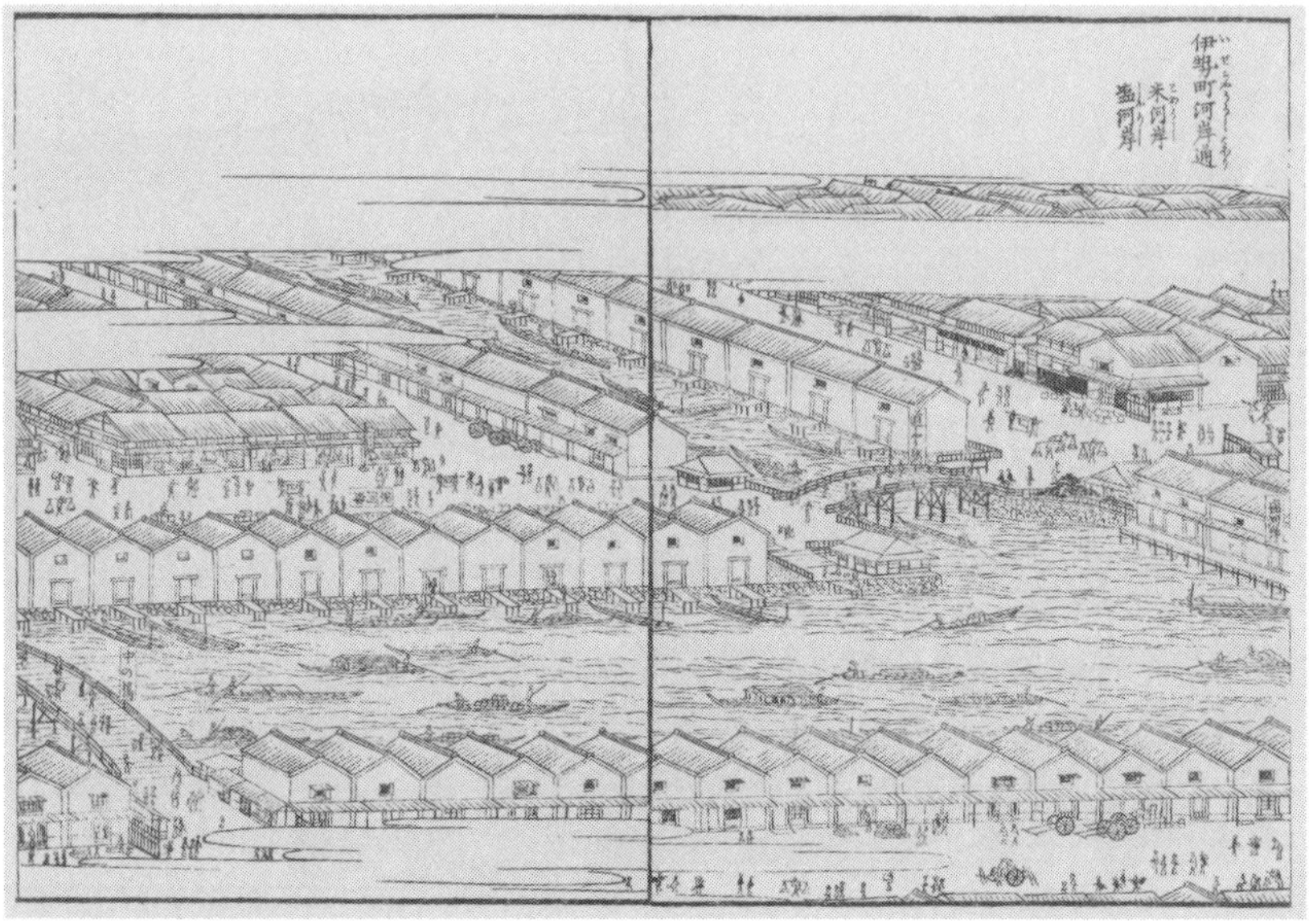

2-10　西堀留川米河岸、絵の左上あたりがウィリアム・アダムスの賜った屋敷、絵の手前が米河岸、『江戸名所図会』より

円から集められた米が荷揚げされた［2-10］。まさに、物流の拠点にアダムスの屋敷地があった。

後に、日本橋川の南側の京橋地区に9本の入堀が掘り込まれる。京橋地区は江戸城本丸を中心に、旗本屋敷の番町、大名屋敷の丸の内、町人地の京橋と、京間60間モデュールをベースに、家康が理想とした街区を構成したエリアである［52頁1-37参照］。その理想の形状を崩してまで、家康は京橋地区に9本の入堀を整備し、湊とした。それは、「兵站《へいたん》」（戦闘部隊の後方で、人員・兵器・食糧などの支援にあたる機能）を重視した秀吉の考えが背景にある。後北条氏への小田原城攻めで、家康はその補給体制の威力を目の当たりにした。江戸での湊づくりは大坂の陣に活かされたはずだが、これまでほとんど語られておらず、史料的な裏付けもない。ただ、かすかながらも唐突に掘り込まれた9本の入堀に拠り所を求めたい。

大坂の陣に向けて、京橋地区に9本の入堀が開削され、ヨーロッパに見られる巨大なドック（船の建造・修理・係船・荷役作業などのために築造された施設）を建設した。この計画にはアダムスの知見が大いに役立つ。アダムスの知識に興味があった家康は、アダムスから数学や地理学を学び、重臣たちに砲術や航海術、天文学を指南させた。慶長9（1604）年、伊豆伊東の松川河口（静岡県伊東市）では洋式帆船がアダムスにより建造された。80tの帆船と120tの大型船だった（『慶長見聞集』三浦浄心［茂正］他著、明治39〈1906〉年に冨山房が芳賀矢一校訂の『慶長見聞集』を出版。国立国会図書館デジタルコレクション）。これらの船を江戸で係留する湊（ドック）が必要となる。

建造された船は「最終的に、浅草川（隅田川）の入り江に停泊するようになった」と、フレデリック・クレインス著『ウィリアム・アダムス　家康に愛された男・三浦按針』に書かれている。この入江はどこを指しているのか。その場所は、堀留となる前の江戸湊の小さな入江ではないかと思われる［73頁2-9参照］。アダムスが拝領した屋敷の目の前である。

太平洋を渡った使節団

慶長14（1609）年、前フィリピン総督ドン・ロドリゴの一行がサン・フランシスコ号でヌエバ・エスパーニャ副王領（現・メキシコとその周辺、スペイン語で「新スペイン」という意味）に帰る途中、太平洋上で台風に遭遇する。強い風に流された船は常総国岩和田村《じょうそうのくにいわわだむら》（現・千葉県御宿町《おんじゅくまち》）の海岸で座礁・難破し、地元民に救助された。家康は、アダムスに命じて慶長12（1607）年に建造させていたガレオン船（大型帆船）、サン・ブエナ・ベントゥーラ号（120t）を遭難した一行に贈る。

ロドリゴの一行は、家康から贈られた船で慶長15（1610）年夏に相模国浦賀《うらが》（現・神奈川県横須賀市）を出航しヌエバ・エスパーニャ副王領へ向かう。浦賀はすでに外洋船が出港寄港できる湊だった。この船には家康からの公文書を携えた京都の貿易商田中勝介《しょうすけ》（生没年不明）が乗船した。日本人として初めてアメリカ大陸に渡り、太平洋を往復した人物である。勝介は答礼使《とうれいし》（感謝の意を伝えに行く使節団）のセバスティアン・ビスカイノの一行を伴い、翌年の初春に西海岸沿いの港町アカプルコを発ち、70日かけて浦賀に着いた。『駿府記《すんぷき》』（国立公文書館蔵）の「慶長16年7月22日条」には、家康に葡萄酒（ワイン）と羅紗《らしゃ》（厚手の紡毛糸で織られた織物）を献上したと記されており、日本とエスパーニャ（スペイン）との交流がはじまる。

伊達政宗《だてまさむね》（1567～1636）がこのことに大いに刺激された。正使を政宗家臣の支倉常長《はせくらつねなが》（1571～1622）、副使をフランシスコ会宣教師ルイス・ソテロとする180人規模の遣欧使節《けんおうしせつ》を太平洋からエスパーニャ経由でローマに送る決定がなされる。常長率いる使節団は、慶長17（1612）年サン・セバスチャン号で浦賀から出航した。どうして、わざわざ浦賀からの出航だったのか。当時仙台藩領内では一からの外洋船建造が無理であり、同号は伊豆伊東の松川河口の造船所で建造された。造船所の近くで、外洋船が発着できる最適な湊の浦賀からの出航だった。

最初に試みた航海は、仙台沖で暴風に遭い座礁し遭難する。とても浦賀まで戻れる距離ではなく、石巻方面に向かう。その後、遣欧使節は現在の石巻市雄勝町あたり（はっきりした場所はわかっていない）で建造したとされるガレオン船のサン・ファン・バウティスタ号に乗り、再び慶長18（1613）年秋に月ノ浦《つきのうら》（現・石巻市）から出帆した。

ただし、これに関しては謎めいた点や不明な部分が多過ぎる。これまで仙台藩内の造船所の場所について様々に検証されてきたが、史料も残されておらず、解明もできていない。どうも、仙台藩領で建造されたはずだとする前提には無理がある。巨大な船を建造する造船所と建造技術がまだ仙

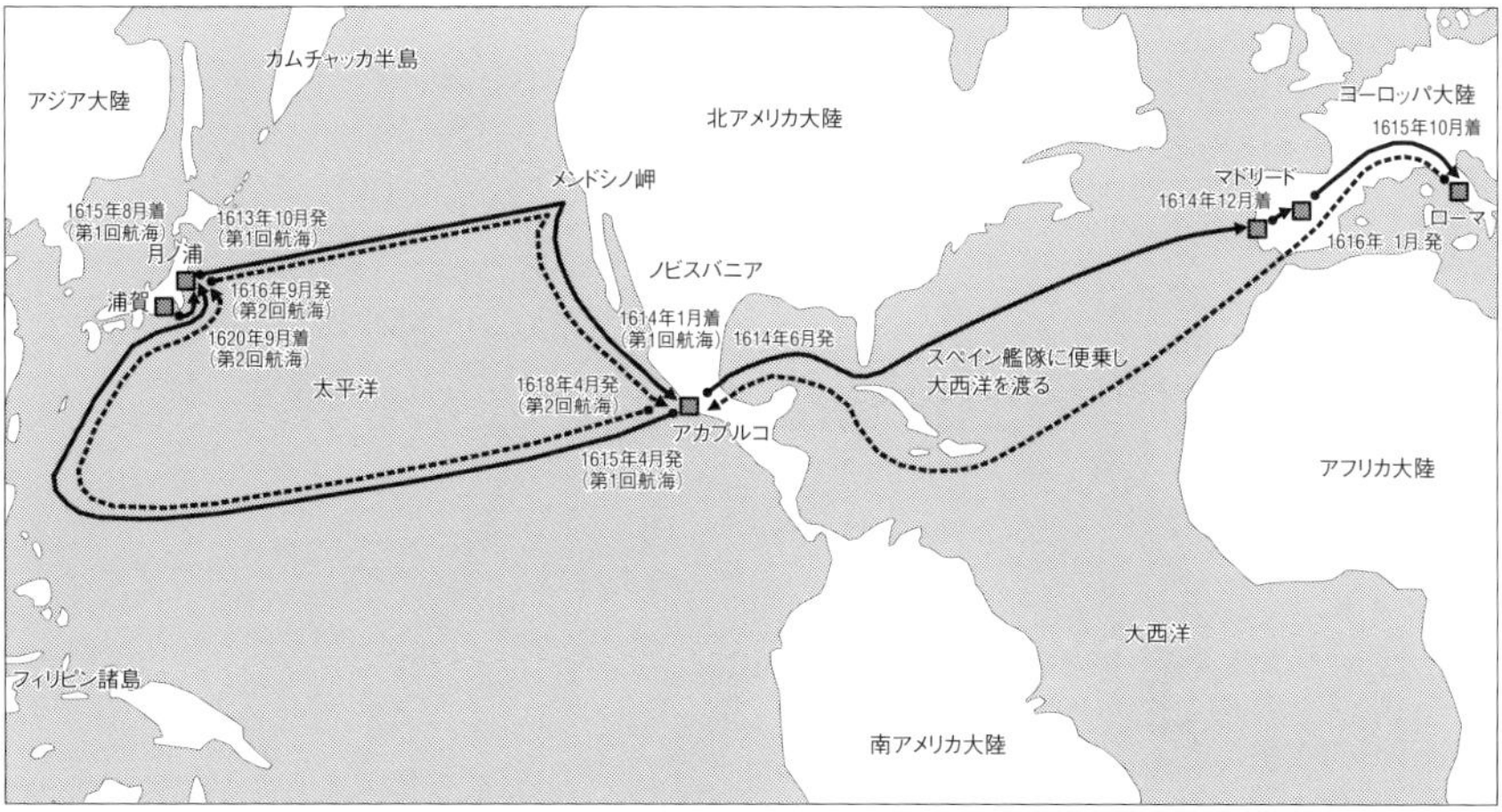

2-11　サン・ファン・バウティスタ号の2回の航海

台藩にはなく、不可能だった。サン・ファン・バウティスタ号はサン・セバスチャン号を修理し、船の名を変えただけと考えられる。船の修復には仙台藩船奉行配下があたったが、造船技術の知識に勝る幕府船奉行の向井忠勝《むかいただかつ》（1582～1641、将監《しょうげん》）とその配下の者が協力した。修理程度なら仙台藩領内（現・石巻市雄勝町）でも可能であり、幕府の助けを得て船の修理が完了した。

名を変えたサン・ファン・バウティスタ号は太平洋を2回航海する［2-11］。第1回目は常長の使節団をメキシコ（ノビスパニア）まで運ぶためだった。この時の航海には向井忠勝配下の幕府関係者が10名ほど乗船しており、航海術においても幕府の協力を得ることになった。このことからも、家康と政宗が反目していたとは考えにくい。船の建造や太平洋横断に関しては、家康と政宗の2人が協力関係にあり、お互いにもっと大きな外洋の先に夢を描いていたのではないか。

第2回目の航海は常長の使節団の帰路である。洗礼を受けた常長は、7年近くのヨーロッパ滞在を経て、元和《げんな》6年8月24日（1620年9月20日）に帰国した。常長が帰国した時は、豊臣氏が滅亡し、家康はすでにこの世の人ではない。常長のヨーロッパ滞在期間中、日本国内でキリスト教弾圧が激化し、元和5（1619）

年には「京都の大殉教《だいじゅんきょう》」と呼ばれる多数の宣教師、信者の処刑が行われた。ヨーロッパにもその情報が伝わり、通商交渉は成功していない。だが、友好関係は充分に保てての帰国だった。帰国2年後、日本でキリシタン弾圧と処刑が横行するなか、常長は失意のうちに亡くなる。

家康はなぜ建造船を気前よく贈ったのか

気になることの一つに、家康の指示でアダムスに建造させた船の数がある。慶長12（1607）年建造のガレオン船（120t）は、家康から前フィリピン総督ドン・ロドリゴの一行に贈られ、慶長15（1610）年に太平洋を渡った。この船は何艘目の建造だったのか。アダムスが建造した船についてはあまり語られていない。

慶長17（1612）年、志倉常長の使節団を乗せたサン・セバスチャン号（後にサン・ファン・バウティスタ号と名を変える）も伊豆伊東の松川河口の造船所だとすると、2隻の外洋船が大坂の陣前にすでに建造されていた。この船には180人規模の遣欧使節が乗り込んでおり、110人が乗るリーフデ号は300tである。サン・セバスチャン号はより大型の船だった。松川河口の造船所ではかなりの大型船も建造できたようだ。さらにそれ以前、『慶長見聞集』に出てくる80tの帆船と120tの大型船が慶長9（1604）年に建造されていた。記された年月に問題がなければ、9本の入堀が整備されるころには少なくとも4隻が建造されたことになる。

アダムスによる船の建造には、幕府の役人や日本の船大工が加わっており、もっと多くの船が建造されていたのではないか。あくまで推測に過ぎないが、家康はすでに充分な洋船の数を確保しており、その内の一隻をドン・ロドリゴに贈ったとすれば、家康の行為は向こう見ずな振る舞いではない。

三浦按針ことウィリアム・アダムスの生まれ故郷は、イギリス東部のジリンガムである［2-12］。ロンドンにも近く、櫛状になったロンドンの巨大ドックの存在を知る人物だ。大坂の陣以前に、櫛状の9本の入堀が京橋地区に掘られたとしても不思議ではない［71頁2-8参照］。発掘調査では、この入堀は板で土留めされただけの簡易なものだったとされる。ただし、規模だけでも巨大なドックの存在は大坂方を充分威圧したであろう。そこに数多くのガレオン船が停泊している光景はさぞかし圧巻だったと想像される。同時に、突然誕生する9本の入堀の存在も腑に落ちる。

だがそれ以上に、家康は大坂の陣後の海洋国家としての日本の青写真を9本の入堀に刷り込ませていたとの思いが強い。家康があと5、6年存命だったら、9本の入堀の護岸はしっかりと石組みされた西洋式の立派なドックに変貌していたのではないか。後世の歴史で、そこに多くの西洋船が出入りする光景は一般的になっていたのではと想像を膨らませてしまう。

私たちは、鎖国後の一枚帆で一本マストの千石船の印象があまりにも強烈にインプットされすぎている。しかも、家康が亡くなってからは外洋へと思いを馳せる史料

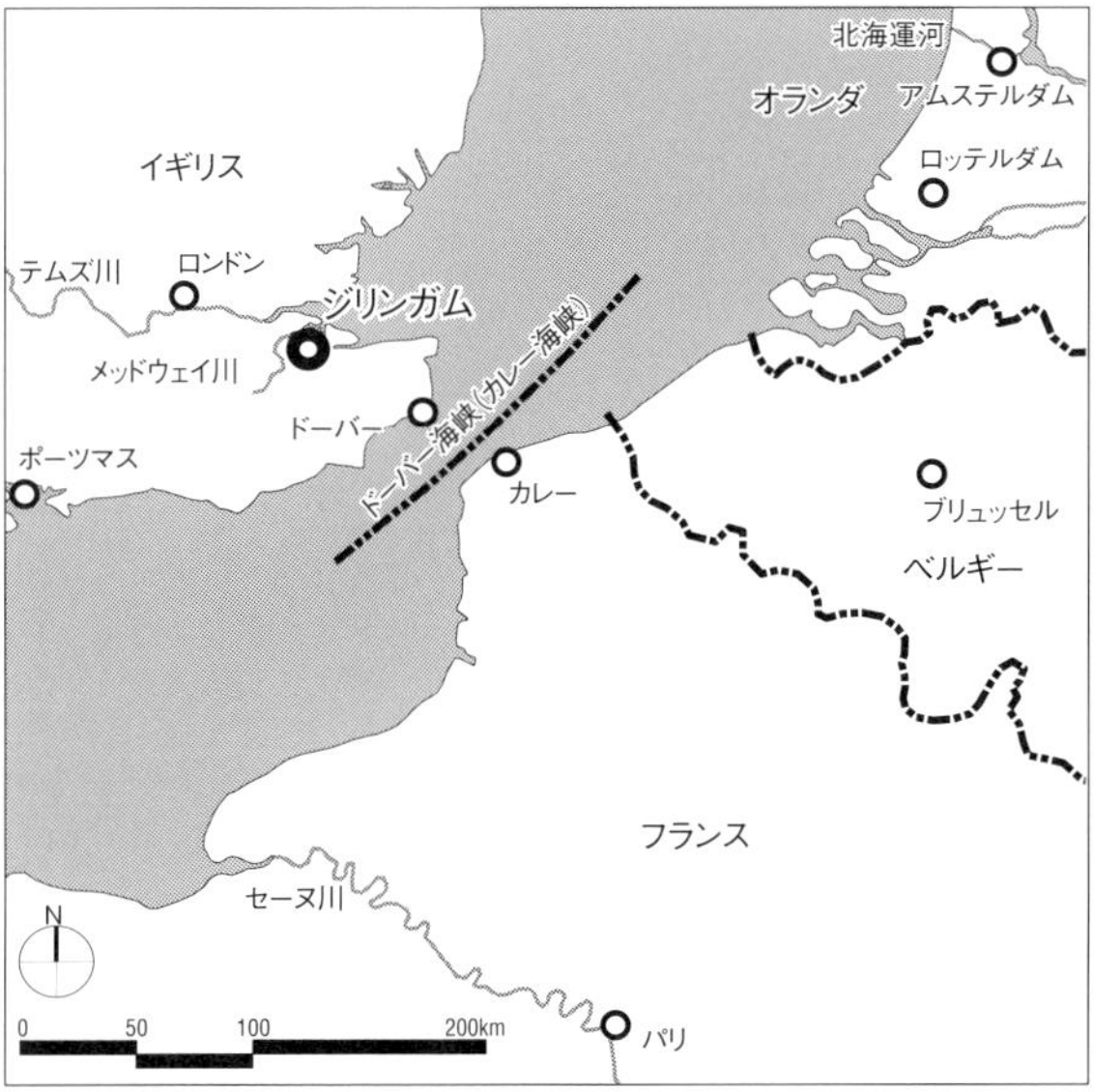

2-12 ウィリアム・アダムスの故郷ジリンガムと港町ロンドン

が幕府側から見えてこない。家康が描き、見ていた光景を後世の人たちによりかき消された歴史があるからだ。

9本の入堀の残像

大坂の陣の終焉と家康の死により、ウィリアム・アダムスとヤン・ヨーステンは二代将軍秀忠から疎まれていく。徳川幕府の政策の完全な方向転換があり、一枚帆で一本マストの和船に限定された世の中では京橋地区の巨大ドックの意味も失われた。

しかし不思議なことに、ドックの形式は元和6（1620）年に整備された蔵前の米蔵に採用される［2-13］。家康が描いた夢とは程遠いとしても、全国から船で運ばれてくる大量の米を効果的に陸揚げできる優れた機能であり、ドック形式による整備がなされた。浅草御蔵《あさくさおくら》は、隅田川西岸、神田川北側の一画（現在、南が浅草柳橋二丁目から、北が浅草蔵前三丁目にかけての範囲）にある。その規模は、弘化《こうか》年間（1844～48）にもっとも拡大し、3万6000坪ほどあった。東京ドームが2つは楽に入る広さである。

隅田川の川端を埋め立てて創建された浅草御蔵は、江戸幕府が管理する米蔵として、日本最大の米の収容量を誇った。飯島千秋著『江戸幕府財政の研究』（吉川弘文館、2004年）によると、米蔵は幕府の直臣団《じきしんだん》である旗本・御家人に対する切米《きりまい》・扶持米《ふちまい》の支給を主な役割とした。その管理は、蔵奉行（浅草蔵奉行）をはじめとする諸役人が出納《すいとう》の任にあたり、蔵奉行は4～12人程度が任命された。江戸前期、収納された年貢米は兵糧米《ひょうろうまい》の性格が強く、蔵奉行全員が武官の系統である番方の大番《おおばん》から選ばれた。

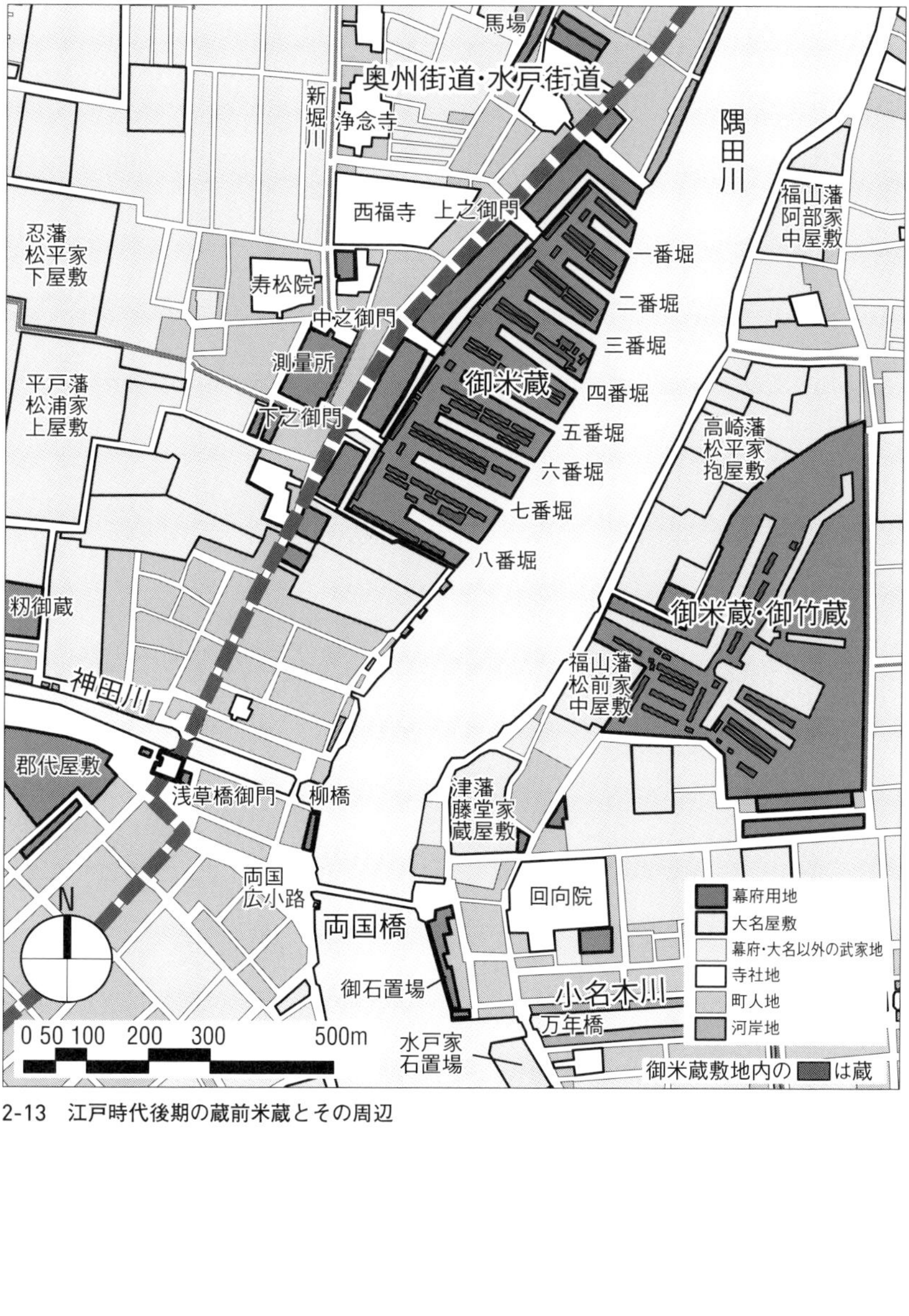

2-13　江戸時代後期の蔵前米蔵とその周辺

日本が鎖国状態となった貞享《じょうきょう》4(1687)年以降も、この形態は江戸時代を通して継続され続けた。だが、およそ半数が勘定所役人、文官の系統である役方からの任命に変わる。五代将軍綱吉《つなよし》は歳入歳出の漏れをいかに少なくするかに神経を研ぎ澄ませた人物であり、勘定所役人の配備が重視された。

家康は、京橋地区の9本の入堀を巨大米蔵と位置付けていたわけではない。後々世界との貿易を視野に入れるのであれば、巨大港湾をイメージしていたはずである。家康の構想は、300年近い歳月を経て、隅田川河口の築港計画で再び日の目を見る。鎖国が解かれ、近代日本として船出する時代、明治13(1880)年の第七代東京府知事松田道之《まつだみちゆき》(1839~82)による「東京中央市区略図」、渋沢栄一《しぶさわえいいち》(1840~1931)の水都計画(明治18〈1885〉年)では、あたかも家康の構想が甦ったかのようにドックが描かれた［2-14］。これらの構想も近代港として先行する横浜港の猛反発にあい不発に終わるが、水都計画の図を見ていると不思議な感慨にとらわれる。家康が知れば、遅いと一喝したかもしれない。

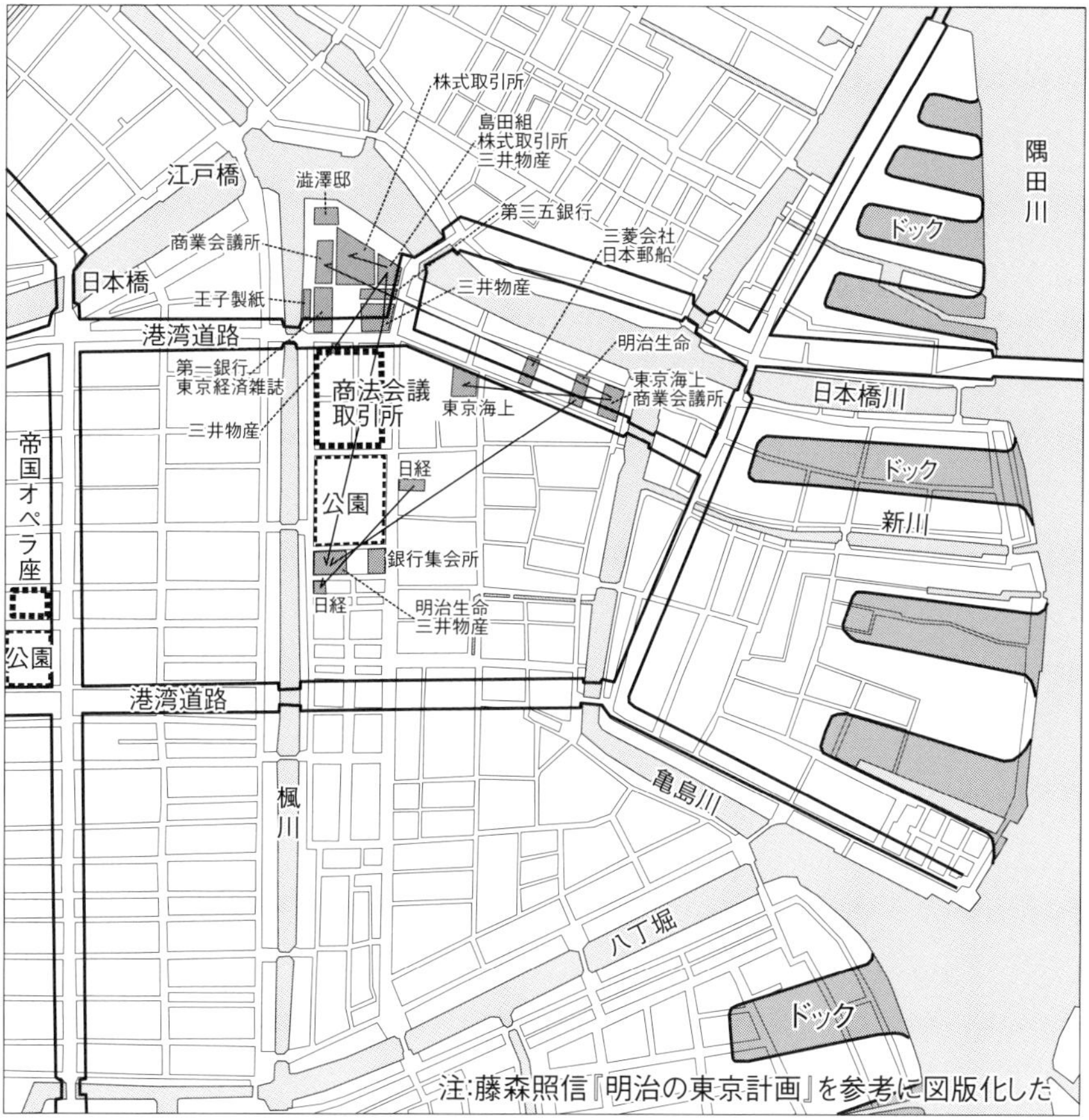

2-14　渋沢栄一の水都計画

3章

家康亡き後、二代将軍秀忠の時代

3-01

キリシタンの脅威

キリシタン政策を大きく変えた家康の死

キリスト教を禁ずる法令「キリスト教禁止令」がまだ家康存命の慶長17（1612）年とその翌年に徳川幕府から出され、教会の破壊と布教の禁止が命じられる。はじめは、江戸・京都・駿府などの直轄地にエリアが限られた。翌年には、直轄地に出された禁教令が全国へと広がる。ただし、大御所の家康は交易によるメリットを重視した。キリスト教を公的に禁止しただけで、キリシタンを処刑する徹底した策は打っていない。京都所司代の板倉勝重《いたくらかつしげ》（1545～1624）も、京都で半ば黙認状態のキリシタンに対し比較的寛大な態度で接した。

家康が亡くなり、キリシタンに対する幕府の態度に変化が起きる。それは優れた手腕から名奉行と謳われた勝重の困惑した態度にもあらわれた。元和2（1616）年、キリスト教の信仰を禁じる「キリシタン禁令」と、ヨーロッパからの船の来航を長崎と平戸の2つの港に制限する「二港制限令」が出される。秀忠は同時に家康が許可していた関東での西洋人居住を否定した。貿易よりも、国内の治安に秀忠の軸足が移る。元和2年は秀忠が弟の忠輝を改易した年にあたる。3年後の元和5（1619）年にも「禁教令」が出され、幕府はキリシタンに対して強い態度で臨む。

キリシタンの処刑を行った秀忠

家康が存命のころにはあり得ないことが起きはじめ、勝重は困惑する。これ以上キリシタンを黙認することができず、秀忠のお目こぼしを後で得ようとキリシタンを一旦牢屋へ入れ、秀忠に緩やかな判断を下すよう願い出た。だが、秀忠は勝重の態度に逆上する。秀忠は直々に火炙《ひあぶ》りによるキリシタン処刑を命じた。何か突発的な苛立ちとも思えるが、家康との考え方の違いが鮮明になる。元和5年の「京都の大殉教」と呼ばれる処罰では、京都市中引き回しの上、宣教師、信徒52名が鴨川沿いの京都六条河原で処刑された。

翌年、日本に潜入していた宣教師2名が発見される。「平山常陳事件《ひらやまじょうちんじけん》」と呼ばれるこの一件が発覚し、キリシタンに不信感を高める幕府はキリスト教徒を大量に捕らえはじめた。元和8(1622)年には捕らえていた55名の宣教師、信徒を長崎西坂(現・長崎市西坂町西坂公園)において処刑する。このころからさらに弾圧が激化した。

元和9(1623)年には50名を超える宣教師を含むキリスト教信者たちが江戸で処刑された。彼らは日本橋小伝馬町の牢から江戸市中を引き回され、東海道沿いの札《ふだ》の辻《つじ》(現・田町駅付近)から品川に至る小高い丘で火炙りの刑に処される。江戸には三大刑場(小塚原《こづかはら》刑場、鈴ヶ森《すずがもり》刑場、大和田《おおわだ》刑場)があるが、見せしめとして江戸市中に近く、人通りの多い東海道筋であえて処刑した。秀忠が将軍職を家光《いえみつ》に譲り大御所となった年である。

徳川幕府にとって南蛮貿易の膨大な利益は、一方で国内において政治と宗教が結びつく危険性をはらむ。ヨーロッパで起きた宗教戦争のように泥沼の争いとなる恐れがあった。日本への宗教的な圧力は大きなマイナスになりかねない。秀忠は鎖国というかたちで、国内の安定を図ろうと舵を切った。それは、600万両ともいわれる家康の埋蔵金とともに、当時世界最大規模の佐渡金銀山の最盛期が秀忠、家光の時代であるなど、充分な財力を背景にした鎖国への決断だった。キリシタン弾圧に向かっていたエネルギーは、江戸での様々な事業へと進むことになる。

3-02

秀忠の戦後処理と江戸城の強化

大坂夏の陣の終焉により豊臣氏の滅亡が決定づけられた年から2年後、大坂の陣勝利による国内平定を祝賀するため第2回朝鮮通信使（1617）が再び江戸城を訪れた。使節団の一行は、わずか10年の間に、新橋から京橋の間、荒地だった銀座地区のまち並みが新たに加わり、巨大化する江戸を実感する【3-1】。沿道では数kmに及ぶ庇下の桟敷から多くの人たちが朝鮮通信使の行列を盛り上げた。家康が執念を燃やした庇地《ひさしち》に設けられた桟敷《さじき》空間は朝鮮通信使の一行を驚かせたに違いない。町人地における家康の成果の一端が盛大に披露された。

大坂夏の陣から家光が次期将軍となるまでの8年間に、江戸のまちにおいて、二代将軍秀忠により5つの事業がなされた。一つ目は「東照宮の建立」、2つ目は「神田川の付け替え」、3つ目は「江

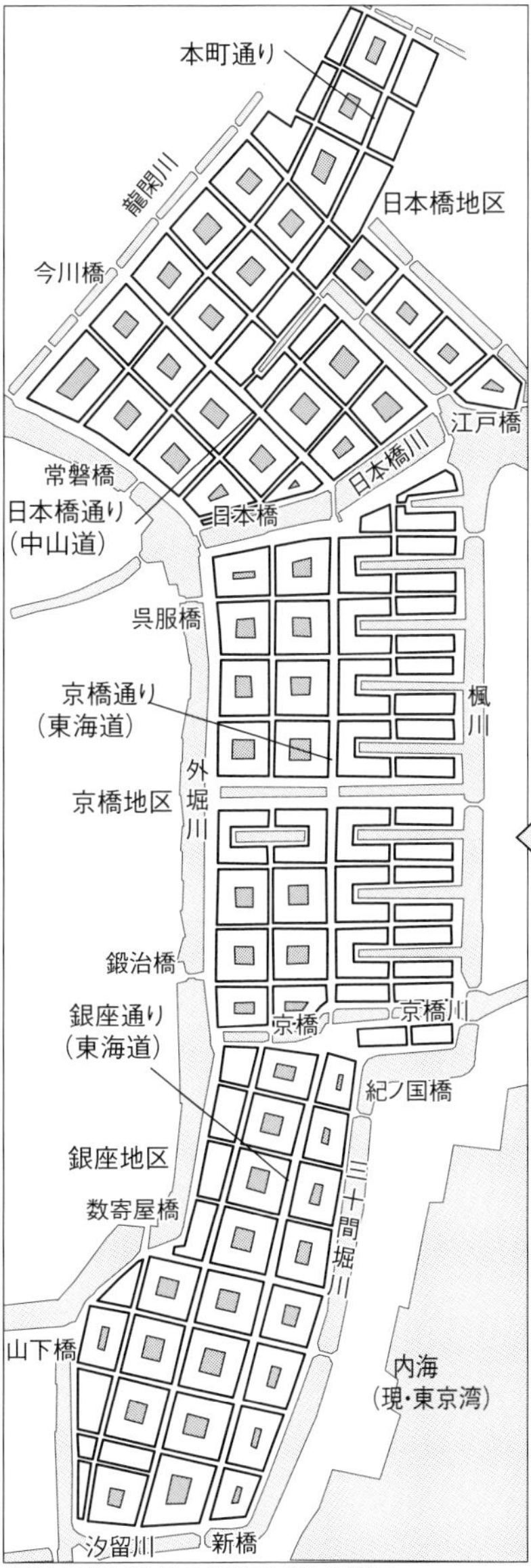

慶長17(1612)年の街路骨格と町割り

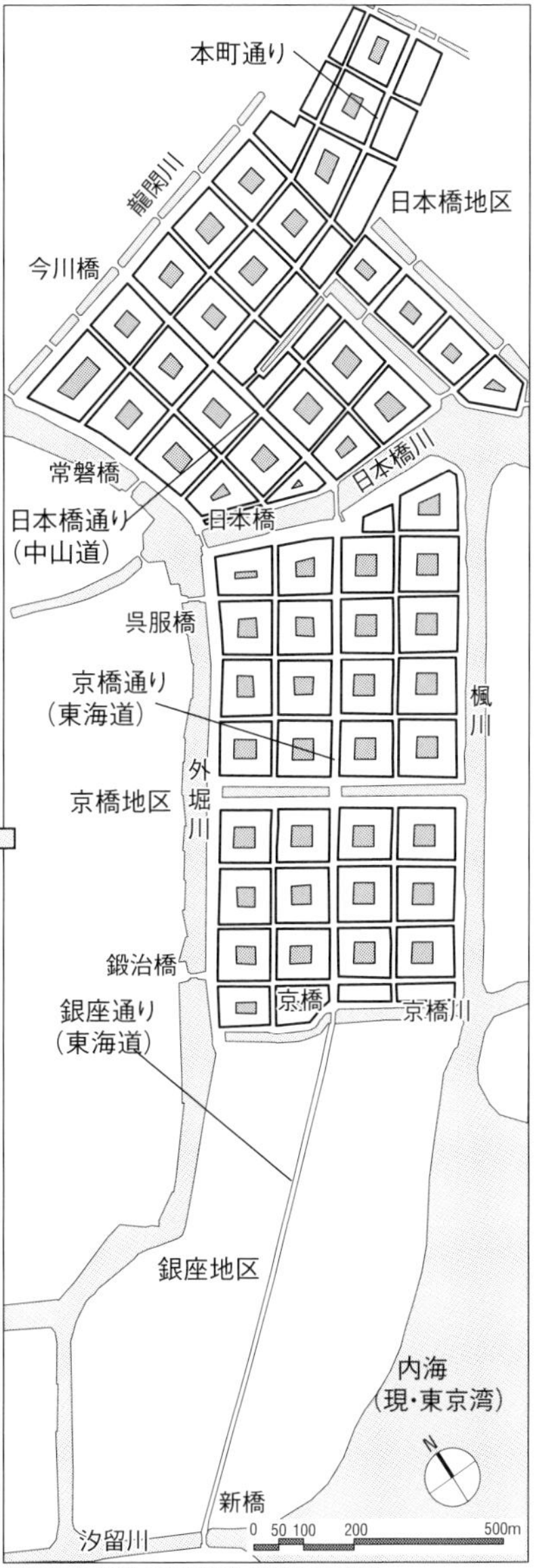

慶長8(1603)年の街路骨格と町割り

3-1　町人地における慶長期の変化

3-2　増上寺の芝東照宮（撮影：2012年）

3-3　寛永寺の上野東照宮（撮影：2021年）

戸城西の守りとしての四谷大木戸整備」、4つ目は「秀忠の精神的な居場所づくり」、5つ目は「秀忠の視覚的な居場所づくり」である。

死して江戸を守る家康の東照宮

将軍秀忠が試みた最初（一つ目）の単独事業は、元和3（1617）年に行われた。日光に家康の霊を神として祀る東照宮《とうしょうぐう》を建立することだった。その時、輪王寺《りんのうじ》の本堂が日光二荒山《ふたらさん》神社の社務所付近に移され、東照宮の別当寺《べっとうじ》となる。輪王寺は古寺だが、天海大僧正《てんかいだいそうじょう》（1536ころ〜1643）が貫主《かんじゅ》（住職）となり復興した寺院である。後に、家光が眠る霊廟がこの境内地に建立された。

江戸にも、東照宮が散りばめられる。上野東照宮と芝東照宮。これらは久能山東照宮を加え、家康を祀る四大東照宮に数えられた。死してなお、家康は全国の諸大名に睨みを利かす。芝東照宮の社殿は、増上寺の境内に元和3年建立された。増上寺の広大な境内の多くは明治6（1873）年に公園化したことで、東照宮は現在芝公園内の一角にある［3-2］。ただし、場所は変わっていない。

芝東照宮の御神体は、家康が慶長6（1601）年の還暦を記念して自ら彫らせた「寿像」。家康の遺言により、その「寿像」を祭神とする社殿が増上寺境内に建てられ、芝東照宮となる。寛永寺境内にも上野東照宮が置かれた。

3-4　江戸城西の丸内の紅葉山東照宮、『江戸図屏風』部分（国立歴史民俗博物館蔵）

こちらは藤堂高虎《とうどうたかとら》（１５５６〜１６３０）が寛永４（１６２７）年に建立したものである。近年改修されてきらびやかな金箔を纏《まと》う姿が甦る［3-3］。令和３（２０２１）年に訪れた時、創建された当時はさぞ眩いばかりの光景だったろうと驚かされた。

いま一つ、江戸城西の丸にある紅葉山にも元和４（１６１８）年に紅葉山東照宮が創建される。三代家光の時代に制作された「江戸図屏風」には、神聖な場所として江戸城西の丸内にある紅葉山東照宮が描き込まれた［3-4］。この紅葉山東照宮には、家康のほか、二代将軍秀忠から六代将軍家宣まで、順次個別の霊屋《たまや》が造営された［次頁3-5］。紅葉山の霊屋は全部で６ヵ所。将軍の命日には「お宮御社参」の名で、選ばれた者だけが紅葉山東照宮を参拝できた。まさに徳川将軍家の威信を示す、幕府の公的な儀式の場が紅葉山東照宮となる。

家康の霊屋は、御門から西に向かう参道を進み、途中右に折れてからさらに北に真直ぐ延びる参道を上った先にある。江戸城内で最も海抜が高い場

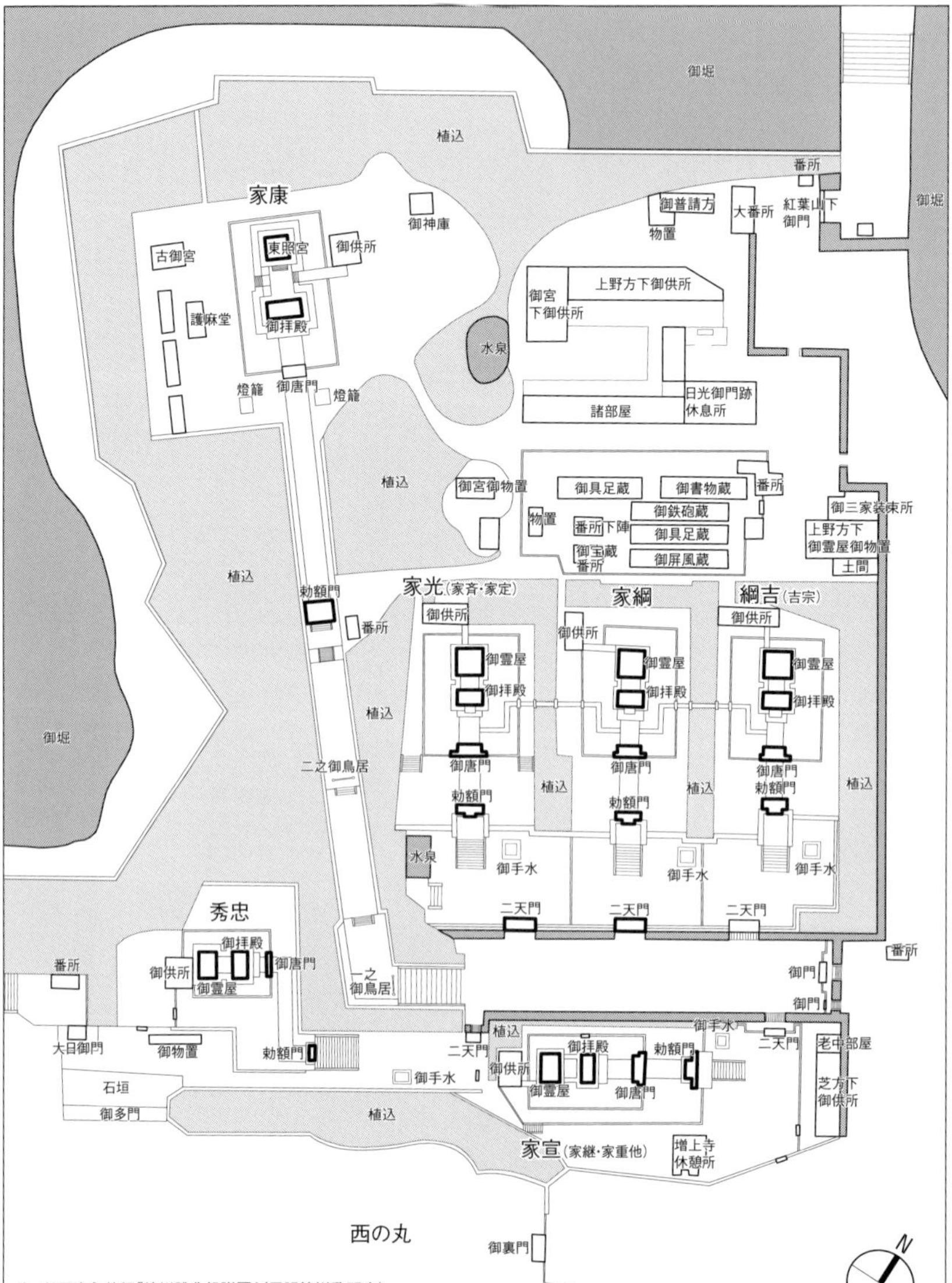

注：松平慶永他編『徳川禮典録附圖』（尾張徳川黎明会）の「紅葉山絵図」を参考に作図

3-5　紅葉山東照宮配置図

所につくられた。秀忠の霊屋は家康の霊屋に向かう最初の階段の手前で左に折れ、二天門を潜り右に曲がったところ。家康よりも海抜が遥かに低い。家光、家綱、綱吉の3代は、表門を抜けた参道の右側にあり、奥の家光から順に霊屋が3つ並ぶ。家宣の霊屋は参道反対側、霊屋の向く方向は秀忠と同じである。

七代目以降の将軍は、既存の霊屋に合葬された。紅葉山の規模が限界にきていたとしても、幕府財政の苦しさが映し出される。紅葉山東照宮には、十三代将軍家定《いえさだ》が最後となった。この東照宮は江戸開城後に明治政府によって撤廃された。

合葬する際、それぞれの将軍の相性を考えたのだろうか。よくわからないが、秀忠と家綱の霊屋は他の将軍が合葬されず単独のままで、家光の霊屋には家斉《いえなり》、家定が入る。気難しい綱吉の霊屋には、綱吉の経済政策を高く評価した吉宗《よしむね》が入った。寛永寺の霊廟も隣同士である。家宣の霊屋には家継《いえつぐ》、家重《いえしげ》、家治《いえはる》、家慶《いえよし》と4人の将軍が合葬された。かなりの人気である。家宣の子の七代将軍家継はわかるとして、やさしい性格の家綱の霊屋に一人くらい合葬されてもよかったのではと思ったりもする。

神田川の付け替え

2つ目の事業は、江戸城周辺にある武家地の各エリアの格付け、特に丸の内に対し霞が関のエリアを空間として格下になるよう差別化した。それに関連して神田川の付け替えが行われる。元和2(1616)年、事前に神田明神を現在地へ動かし、掘割整備の第4段階である神田川付け替え工事(1620)が大坂の陣後に着手された[次頁3-6]。この「差別化」と「付け替え」は全く別の試

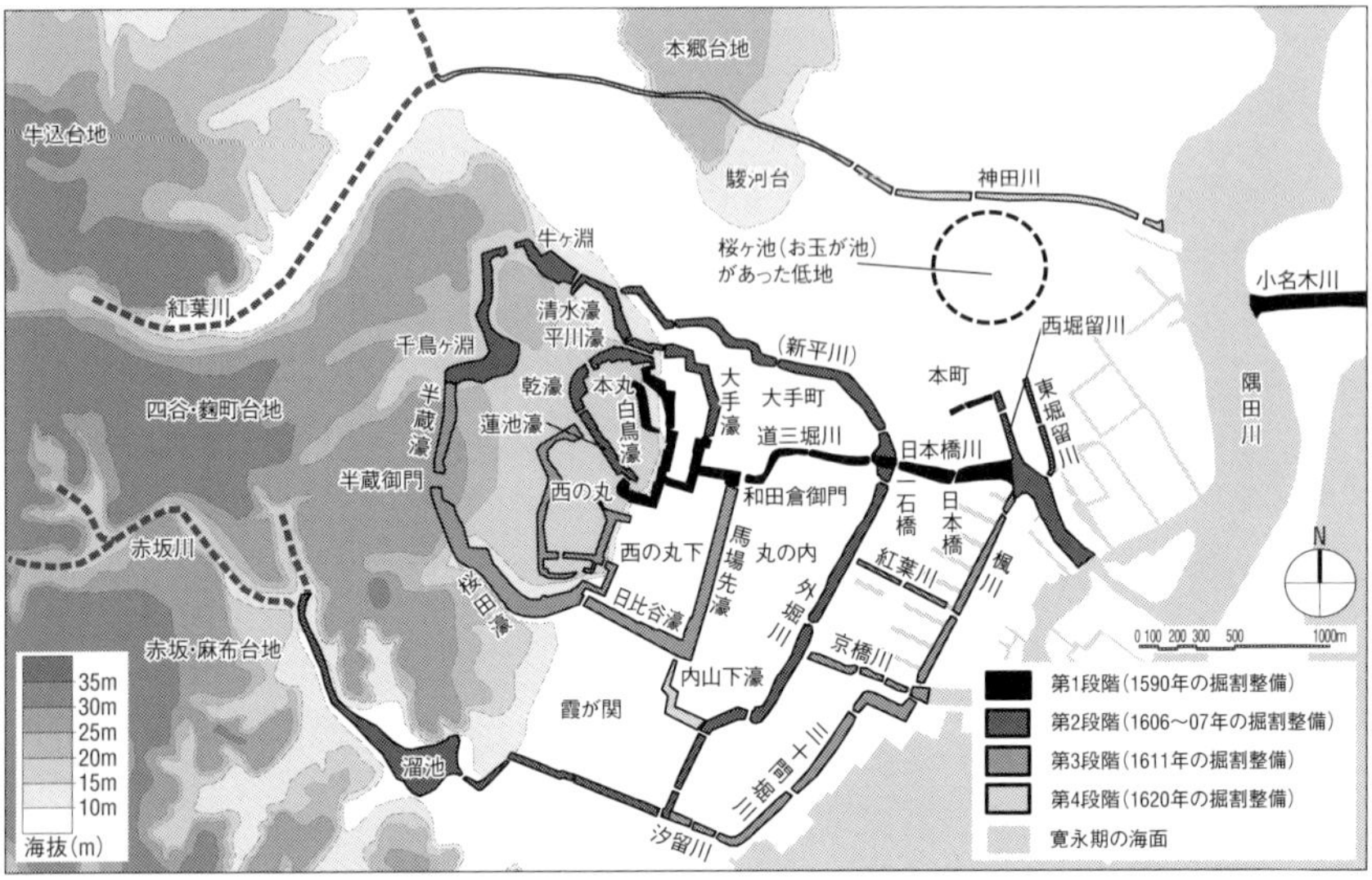

3-6　江戸の掘割整備（第１～４段階）

みのように見えるが、一つの糸でむすばれている。

神田川の付け替えには、「霞が関」に敗者である西軍（豊臣方）武将たちを封じ込める狙いがあった。大坂の陣の戦後処理対策といってよい。屋敷を江戸市中に分散配置させることは防備上危険と考え、西軍だった主な大名を霞が関で集中管理した。萩藩毛利家、鹿児島藩島津家、佐賀藩鍋島家などが名を連ねる［3-7］。

霞が関にプレッシャーをかけるエリアとして丸の内が浮上し、対置させた。丸の内をしっかりと守りの場とするには、日比谷入江を埋め立てたこの低地が水害を起こさず、安定した土地への改善が望まれた。それには、大量の水が丸の内に流れ込まないように、旧神田川を付け替える工事が必要となる。その結果、洪水のリスクを回避した丸の内は、「外様」から「譜代」中心の大名エリアに変化する。

さらに、丸の内をサポートする体制も強化したい。丸の内の背後に徳川家家臣団を分厚く配備させるために、お玉が池などの湿地を開発する狙いも加わる［3-6］。どうしても江戸の中心部から神田川を切り離し、神田川の水を江戸の外の隅田川に出さなければならなかった。

3-7　寛永 20（1643）年の大名配置（親藩、譜代、外様の各上屋敷）

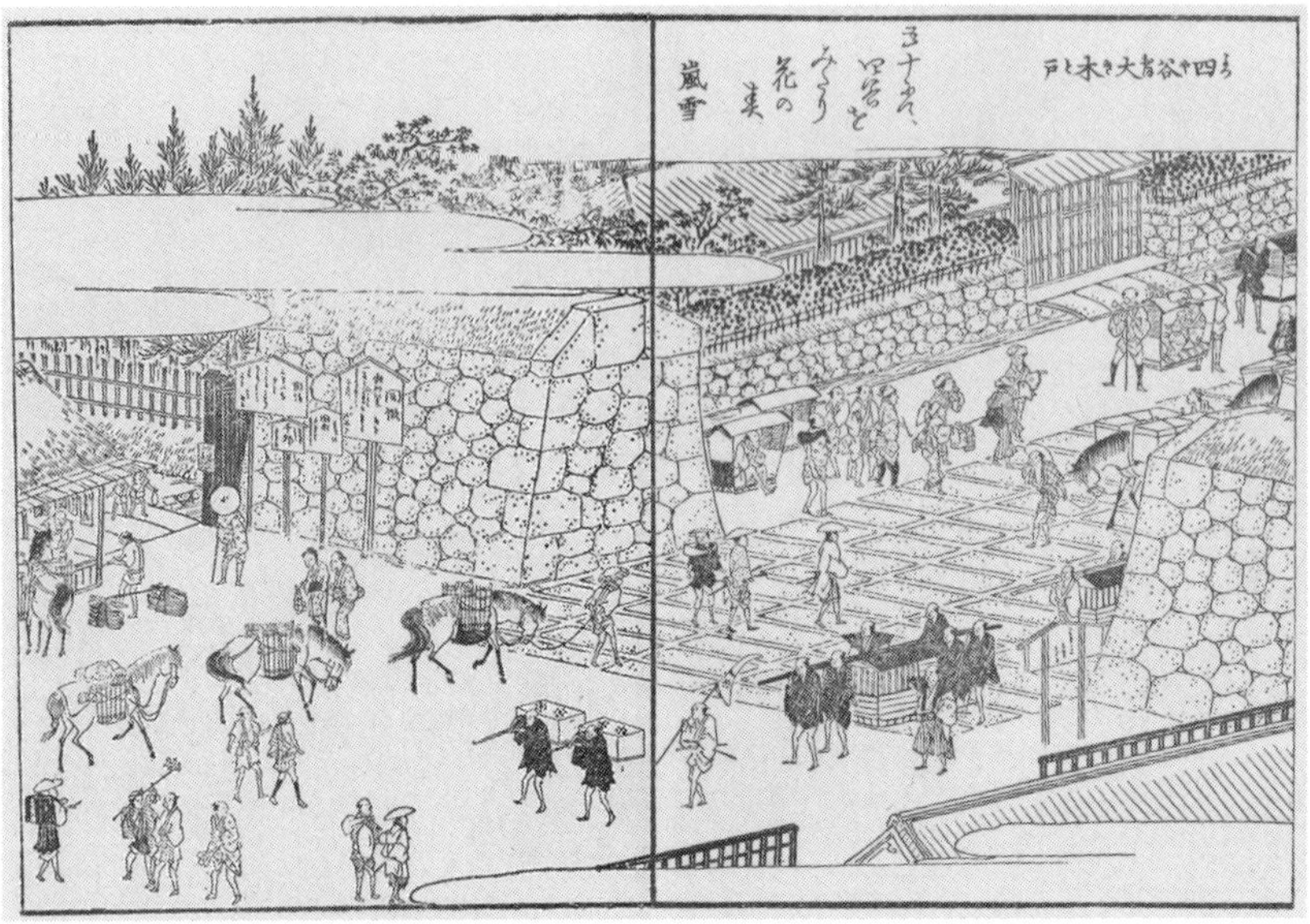

3-8　四谷大木戸跡、『江戸名所図会』より

この神田川の工事により、大手町、丸の内、日本橋、神田のエリアは洪水にあいにくい環境をつくり出せた。同時に、家康が思い描いた「の」の字状に発展してきた江戸城と江戸のまちづくりが一段落する。

江戸城西の守りとしての四谷大木戸

3つ目の事業は「江戸城西の守りとしての四谷大木戸整備」。大坂夏の陣（1615）が終わり、家康が亡くなる元和2（1616）年、甲州街道に面した四谷の地に、通行人や出入りする荷物を取り締まる関所「四谷大木戸」（現・四谷四丁目交差点付近）が設けられた。地面には石畳が敷かれ、木戸の両側には立派な石垣を築く。寛永13（1636）年に四谷御門が完成して以降の寛政《かんせい》4（1792）年に木戸は取り払われるが、その後も石畳と石垣は残り続けた。江戸後期刊行の『江戸名所図会』にも描かれる［3-8］。

大坂夏の陣が終わるまで、家康は駿府にあって江戸との二元政治の体制をとり、大坂城や西国大名に睨みを利かせた。西側の脅威に対して、家康という歯止め

3-9　桜田濠、半蔵御門から永田町方面を望む（撮影：2010年）

があった。しかし、家康が亡くなり、江戸が一元政治の舞台になると、江戸城西側の守りの弱さが改めて現実のものとなる。そうした背景から、西の守りを強化する事業が四谷の地を中心に具体化した。その時、不可解にも「四谷《よつや》」の文字が突然あらわれる。四谷大木戸は地名として初めて「四谷」の名が冠された。それまで「四谷」と名づけられた土地はない。

江戸城惣構《そうこう》のうち、半蔵濠《はんぞうぼり》、桜田濠《さくらだぼり》といった内濠《うちぼり》（当初は外濠《そとぼり》）は大坂の陣（1614・15）を前に完成されていた［3-9］。しかし、西側の新たな外濠（弁慶濠《べんけいぼり》、真田濠《さなだぼり》、市谷濠《いちがやぼり》、飯田濠《いいだぼり》）は未着手のまま。まだ考えてもいなかったかもしれない。新外濠の整備までには、四谷大木戸が設けられてから20年以上の歳月を要した。

江戸は天下の城下町となり多くの人たちが出入りしはじめる。しかも大坂の陣が終わっても不穏な動きも残り続けた。防御上の効果としては、後に江戸城を守る外濠と見附の四谷御門には到底見合わないとしても、まずは最も有効な場所に関所の役割を担う大木戸とともに、外濠に準じる機能を早期に明確化させる必要が

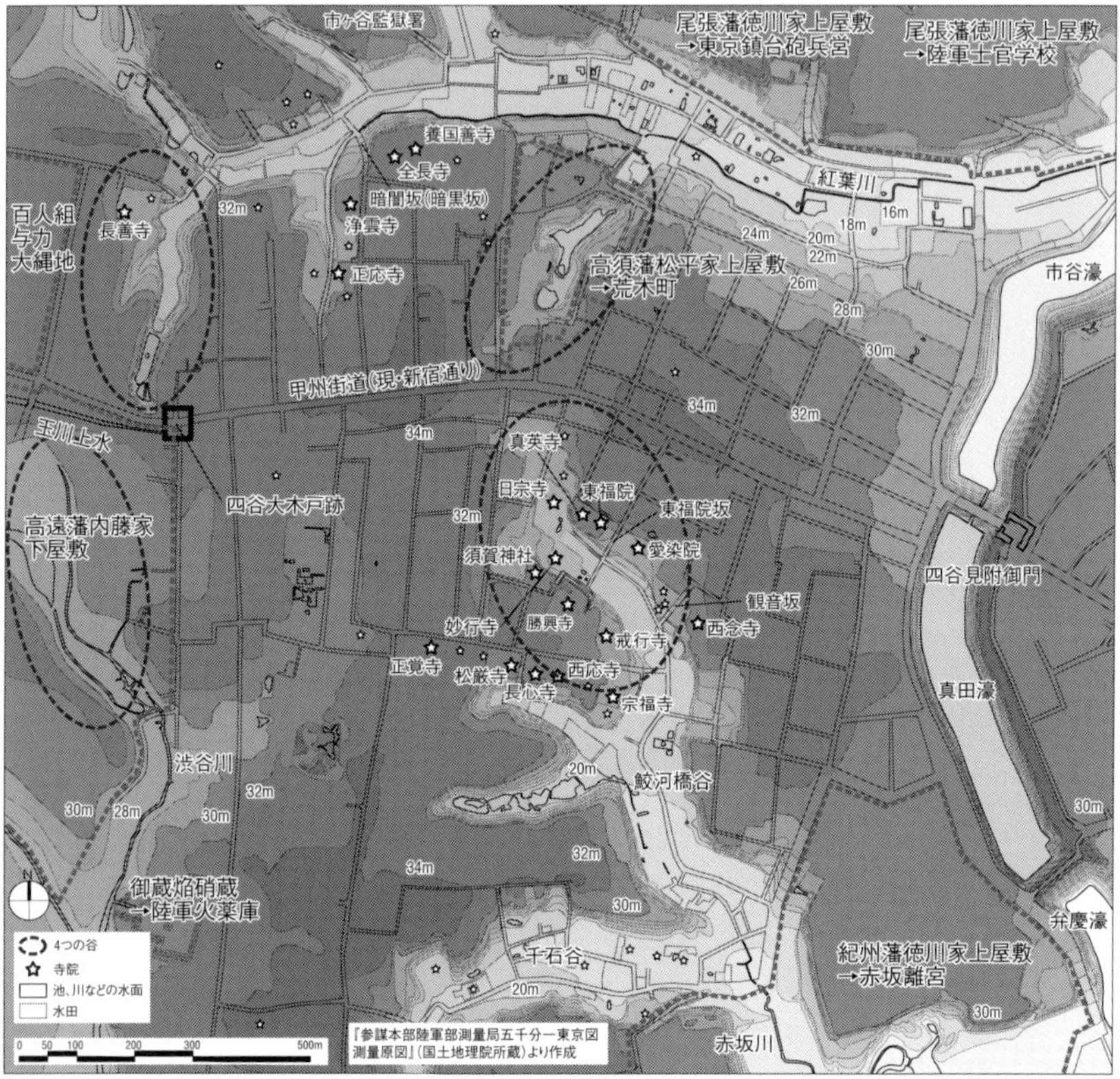

3-10　明治10年代の四谷・麹町周辺の詳細地形

あった。では、いつから四谷大木戸の構想があったのか。

「よつや」の名は暗号か

天正18（1590）年、家康に信頼の厚い内藤清成《ないとうきよなり》（1555〜1608）により、四谷付近一帯の調査が家臣に命じられた。その記述が『天正日記』（国立国会図書館デジタルアーカイブ）にある。家康は入府早々西の守りの弱さを感じ、守りを固める重要性をしっかりと頭の中に入れていた。どのように守るか。

　実地調査の際、派遣された清成家臣の道案内人が角筈村《つのはずむら》の関野五郎兵《せきのごろべ》衛《え》だった。清成の日記には関野五郎兵衛の別名を「よつや五郎兵衛」とし、「よつや」の文字が唐突に記される。『天正日記』に書き込まれた

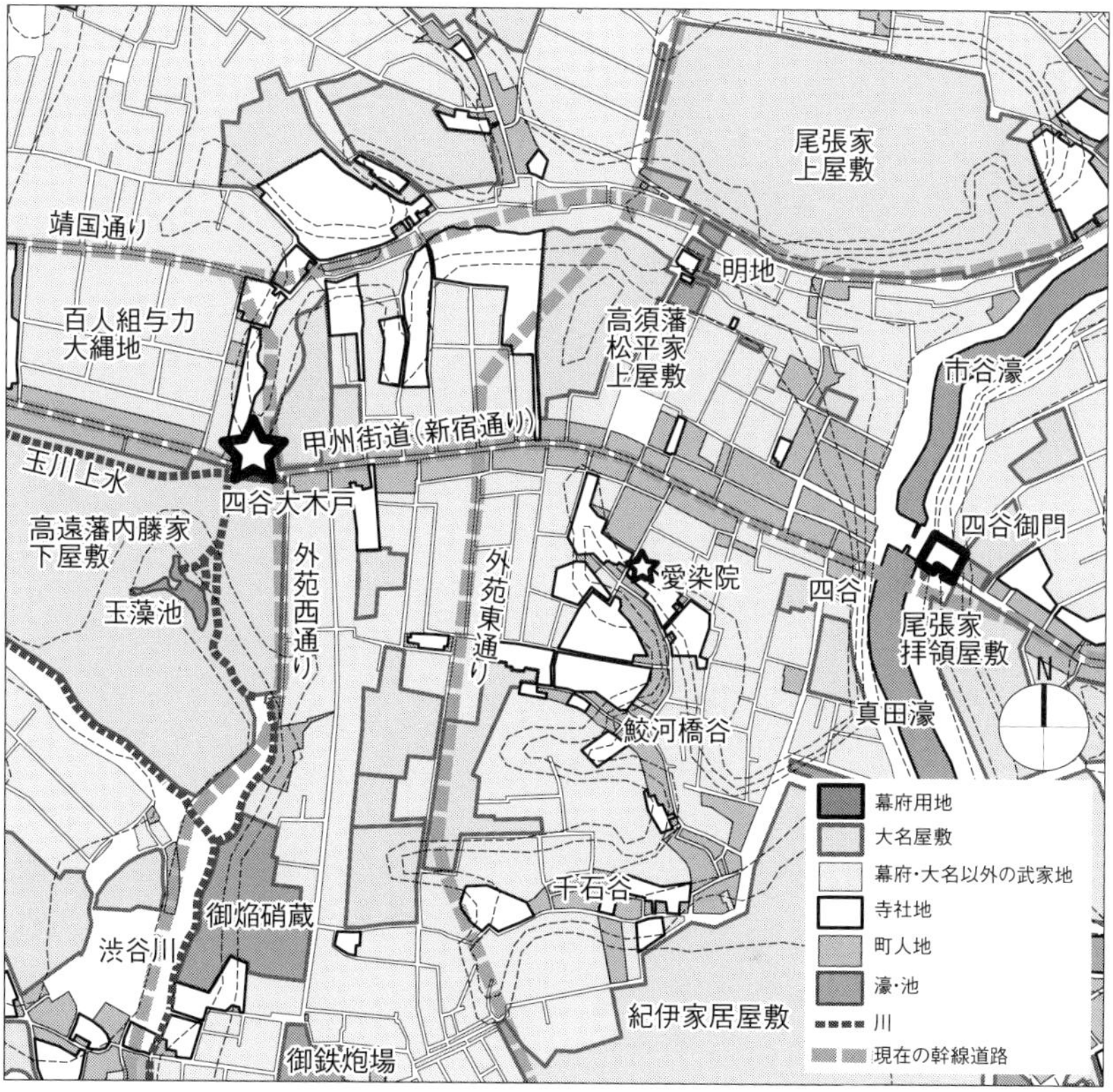

3-11　江戸後期の四谷・麹町周辺の土地利用

不可解な「よつや」だが、いくら私的な日記とはいえ、江戸を守るという当時の最高機密を一般の人たちが即座に知り得る情報にしていたとは思えない。そのような視点に立てば、関野五郎兵衛の別名「よつや五郎兵衛」は特別な意味を持つ。

ここで、明治16（1883）年の地形図で四谷大木戸の位置と四谷にある谷を確認すると、このことが納得できる［3-10］。甲州街道の西側から敵に攻められた時、なるべく防御するエリアを狭めたい。甲州街道に大木戸を設ける時、左右両側の守りを人的配備だけでなく、地形からも固めておきたい。攻め手に対して両側の谷が迫り、平坦地がより狭い方がさらによい。その最適な場所が信濃高遠藩《たかとおはん》内藤家下屋敷内に入り込む

3-12　現在の鮫河橋谷（撮影：2019年）

3-13　現在の荒木町の窪み（撮影：2017年）

渋谷川源流の谷と、紅葉川上流の西側に位置する谷だった。現在外苑西通りが北に延びるあたりの谷は、明治16年の段階でも谷の奥まった部分が溜池となっており、豊富に水が湧き出ていた。しかも高低差が8ｍもあり、濠の機能を充分に果たせた。この位置だと、甲州街道の両側に配された人的守りである清成の高遠藩内藤家下屋敷と鉄砲隊の与力《よりき》組屋敷《くみやしき》（百人組与力大縄地）とで、二重の守りが可能となる［前頁3-11］。

ただ、それだけでは家康に説明する材料として充分とはいえない。そのように清成は感じたであろう。仮の外濠をイメージする必要があった。それに関しては、紅葉川から南に入る荒木町の窪地と、千石谷と別れて北に遡る赤坂川（鮫川）によって削られた鮫河橋谷《さめがはしたに》に着目する［3-12・3-13］。2つの谷の間隔は狭く、高低差のある深い谷となり、この間を通らなければ江戸城に近づけない。この2つの谷は台地を掘り込み新たに真田濠、牛込濠などの外濠を完成させるまで、自然地形を活かした外濠となり得た。思わず「やった！」と清成は膝を叩いたか。それはわからない。それにしても、自然地形が実に見事に守りの急所を示す。

武蔵野台地の高い部分にある甲州街道に向かって入り込む谷は、対で2ヵ所、4つの谷だけ。そこから「よつや」の名が生まれ、自然の地形を利用した江戸時代初期の西の守りが具体化する。機転をきかせて日記に記載した清成の暗号「よつや」の文字。

「四谷」は4つの谷の意味ではないと江戸時代から指摘されてきた。現在でも理解に苦しむ言説が多い。家康と清成は後世の人たちに対して「してやったり」と思ったか。ここまでの事績は「石橋を叩いても渡らない」家康の守備に関しての面目躍如といった面があり、家康の構想が秀忠の時代に四谷大木戸として具体化したにすぎない。この時点までの秀忠は単に家康の敷いたレールをただひたすら邁進しただけで、構想力に欠けるかもしれない。

3-03

秀忠の精神的な居場所づくり

秀忠による大名改易

秀忠が将軍時代の後半に試みた10万石以上の大名改易には、弟の松平忠輝《まつだいらただてる》（1592〜1683、1616年改易）、家康を陰でサポートした福島正則《ふくしままさのり》（1561〜1624、広島藩、1619年改易）、家康の腹心だった本多正純《ほんだまさずみ》（1565〜1637、老中、1622年改易）がいた。彼らの改易を見ると、家康と深く結びついていた強者の排除ではないかと感じる。４つ目の「秀忠の精神的な居場所づくり」が表面化する。関ヶ原の戦いに遅れた秀忠は本多正純にかばってもらい「この恩は終生忘れない」といったにもかかわらず、周囲の雑音に影響されてか、心変わりして正純を改易する。あるいは、正純は秀忠が使いこなせない力量だったかもしれない。

それは福島正則にもいえる。正則は城の無断修理に関して弁明し、不備があったとはいえ修繕した。しかし、次に指摘された人質として送る嫡男忠勝《ただかつ》（１５９８〜１６２０）の出発を遅らせた行為は「万事親次第」と弁明を拒否。覚悟を決めた正則は、幕府が全国の大名に示した武家諸法度を真っ向否定する。秀忠の面子は丸つぶれ。改易は必定だが、秀忠は正則を切腹させることもできず、信濃高井野《たかいの》藩４万５０００石に減じ、転封を命じる。その後正則は忠勝に家督を譲り隠居した。秀忠は正則との格の違いを見せつけられる。

家康の六男として生まれた忠輝は、慶長11（１６０６）年に伊達政宗の長女・五郎八姫《いろはひめ》（天麟院《てんりんいん》、１５９４〜１６６１）を正室に迎える。その後順調に加増を重ね、越後国高田75万石（所領の石高は史料によって一定しない）を所領した。家康の死の直後、忠輝は兄の秀忠から度重なる失態を責められて改易させられる。伊勢国に流罪となり、後には信濃国諏訪に移された。改易の公的な理由は、忠輝の落ち度。一大名ならともかく、将軍に準じる忠輝を改易するには些細な内容に思われる。秀忠自身も関ヶ原の戦いで戦場に遅延したではないかと問いたくもなる。

また、忠輝は家康との不仲が囁《ささや》かれてきた。これに関しては、忠輝が所持していた「野風《のかぜ》の笛《ふえ》」の逸話から、家康との仲は悪くなかったとの説がある。この笛は、信長、秀吉、家康と渡った天下人を象徴する笛であり、現在長野県諏訪市の貞松院《ていしょういん》にある。家康はその笛を自身の形見として茶阿局に託し、後に子の忠輝に渡った。

忠輝はどうして改易されたのか

忠輝の改易は単に度重なる失態が理由ではない。実は「キリシタンとの関係」、「大久保長安《おおくぼながやす》との関連」が改易の大きな理由であろう。忠輝は妻の五郎八姫がキリシタンだったことから、キリスト教ときわめて近い関係にあったとする説がある。また、不甲斐なさを露呈した大坂の陣での忠輝の行動は、大坂方にキリシタンが多く、同情心からだとする説も聞かれる。忠輝には、秀忠と異なりキリシタンを排除する考えはなかった。

大久保長安（１５４５〜１６１３）との関係も大きい。勘定奉行職を兼任し莫大な財力を背景に幕府内で隠然と権力を振るう長安と近い関係から、幕府から警戒される。忠輝の重臣である花井吉政《はないよしまさ》は、娘を長安の息子の妻とし、さらに息子の妻に長安の娘を迎えた。長安自身も幕閣の諸職を兼任するなかで、慶長８（１６０３）年には、忠輝の附家老《つけがろう》に任じられる。

徳川政権を支える時代の方向性として、間接的とはいえ「キリシタン」と「佐渡金銀の管理」に深く関わった忠輝の立場は極めて悪い。キリシタンは秀忠により強い弾圧が加えられ、佐渡金銀山を手中にしていた長安の末裔は家康の手によりことごとく葬りさられた。佐渡金銀山は、家康の埋蔵金とともに、徳川幕府の重要な財源だった。ただし、秀忠は忠輝を死に追いやることはしていない。あるいは、死に追いやりたかったが、家康の圧力に手も足も出なかったのか。

長生きした忠輝と若くして自害した息子徳松

それにしては解せない点が一つある。忠輝と息子徳松の処遇の違いだ。父の忠輝は幕府から虐待されていない。流配先の諏訪において、地元の文人と交流し、諏訪湖で泳いだ話が史料として残る。忠輝は、半世紀を超える年月を厳しい監禁生活ではなく、比較的自由に過ごせた。

それに対し、忠輝の嫡男徳松だけが冷遇された。徳松は忠輝に同行することさえ許されず、別途武蔵岩槻藩藩主阿部重次《しげつぐ》（１５９８～１６５１、老中１６３８～５１）の預かりとなる。そこでは冷遇されたという。秀忠が亡くなる年（秀忠は寛永９年１月24日〈１６３２年３月14日〉に没）、徳松は秀忠の死後に住居に火をつけ、享年18歳で自殺した。

徳松を預かった重次だが、後の寛永10（１６３３）年には家光の弟忠長《ただなが》が幽閉されていた上野高崎《こうずけたかさき》にしばしば派遣され、忠長を自害に追い込む。忠輝の息子徳松と忠長の死という２つの不可解な事件に、いずれも重次が絡む。家光に深く信頼されていた重次は、慶安《けいあん》４（１６５１）年に家光が死去すると殉死した。

どうして重次が悪役に徹し、殉死したかはわかっていない。ただ、徳松と忠長の死は、徳川将軍家となる血筋を一本に集約させ、争いを根絶させようとする家光の策略が潜む。家光と男色《なんしょく》関係にあった堀田正盛《ほったまさもり》（１６０９～５１）の殉死とは異なり、重次の殉死には２つの事件の遺恨を後世に残さない選択があったと思われる。これにより、家光以降、家綱、綱吉、家宣、家継と、血筋の上では安定して将軍職が継がれた。だが、秀忠・家光と続く血の糸も七代将軍の家継で途切れる。

3-03

秀忠の視覚的な居場所づくり

御門による江戸城の威厳づくり

四谷大木戸の設置により西側の守りの弱点を補強した後、秀忠は江戸城の充実を図る。5つ目の「秀忠の視覚的な居場所づくり」が試みられる。元和8（1622）年には本丸御殿が造営された。秀忠の隠居所となる西の丸御殿の本格的な建築工事も同時になされた。本丸御殿を北に拡張した後、それに合わせるように天守閣を慶長度から少し北に移動させ、大奥内に元和度天守閣が元和9年に建つ。ただし、後で詳しく書くが、現在元和度天守閣の位置は明確ではない。その翌年には三代将軍となった家光の祝いとして3回目（1624）の朝鮮通信使が訪れる。将軍は家光だが、大御所である秀忠の威光が前面に打ち出された。

江戸城本丸・西の丸の改修に先駆け、内桜田（桔梗《ききょう》）御門から清水御門にかけて石垣と各枡形御門の修築が元和6（1620）年に一斉に行われる。江戸庶民がその雄大さを誰でもが確認できる御門の修築により、江戸城の内と外の明確化が図られた。江戸城の外側から、遠景として聳《そび》える元和度天守閣とともに、近景の御門を眺めた時、いやが上にも江戸城の壮麗さを強烈に印象づける効果があった。

濠を渡り江戸城城内に入る御門には、内桜田（桔梗）御門、大手御門、平川御門、竹橋御門などがある。これらは、江戸城の顔となる部分である。特に江戸城本丸を引き立てる興味深い御門は、大手

3-14　大手御門（撮影：2020年）

御門と平川御門・竹橋御門であろう。大手御門は、近世《きんせい》城郭築城《じょうかくちくじょう》の名手である藤堂高虎が慶長12（1607）年にまず初期段階の御門を築く［3-14］。戦いにおいて百戦練磨だった高虎の築城術は、経験値から城の姿を具現化したものだ。御門も同様である。

城を築く特徴に「石垣の高さ」と「濠の幅」がある。いずれも敵の戦闘意欲を失わせるほどの石垣の高さと濠の幅を具体的に表現した。「石垣の高さ」は土盛りまでして石垣を高く積み、見た目での威圧感を増す。「濠の幅」は弓矢が届く限界距離であり、鉄砲も命中率が落ちる50mという距離を想定し、広い濠とした。

江戸城内の三の丸、西の丸下の地盤高にはばらつきがある。だが、およそ海抜3〜4m。平成6（1994）年8月下旬から1ヵ月かけ、和田倉御門に隣接する和田倉噴水公園の改修工事があり、その工事に伴い発掘調査が行われた。この和田倉遺跡発掘調査により、和田倉噴水公園のあたりは日比谷入江を埋め立てた際に4mほど盛り土されていたことが明らかになる［3-15］。盛り土により、大手濠外側の大手町、馬場先濠外側の丸の内と比

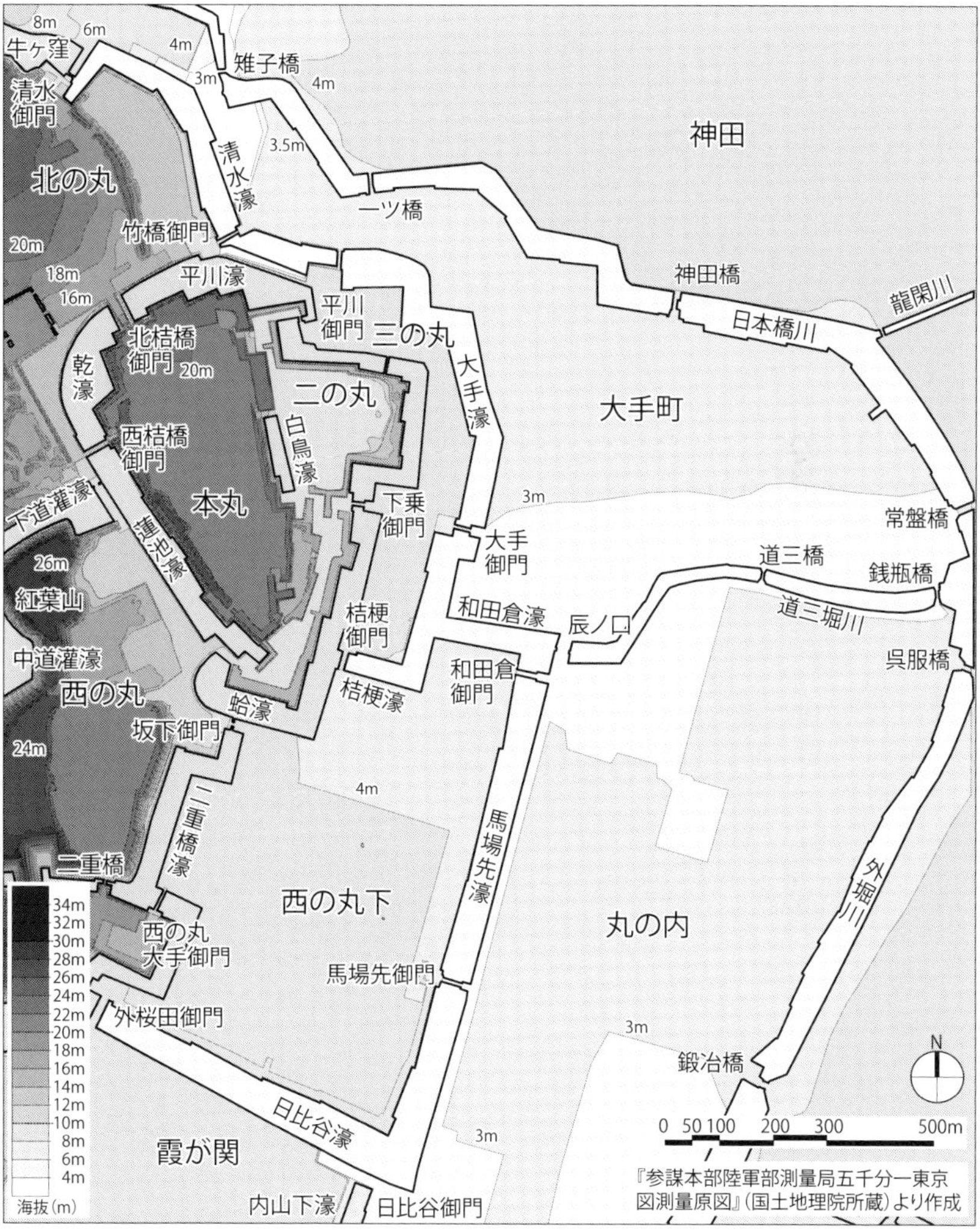

3-15 大手御門周辺の地形、明治10年代

べ、1mほどの差が生まれた。さらに、この地盤から掘割沿いに2m強土を盛った上で、大手濠、桔梗濠、馬場先濠、日比谷濠に沿って石垣が築かれた。江戸城側の石垣を大手町・丸の内側よりも3〜4m高く見せる工夫がなされる。現在日比谷公園側から日比谷濠、馬場先濠の両岸を見比べると、江戸城側がかなり高い地盤だと錯覚してしまう［3-16］。

平川御門と竹橋御門を合体した御門のあり方

家康の江戸入府以前、平川には江戸城に入る木橋が架かり、簡素な門が設けてあったにすぎない。古くは、現在の雉子橋あたりで、旧神田川と小石川が合流していた。水量の増大は、洪水を多発させる［34頁1-19参照］。太田道灌は小石川と合流した旧神田川を現在の雉子橋から迂回させる放水路として新平川（現・日本橋川）を開削した。それほど、水のコントロールが難しい場所だった。

平川（旧神田川）には元和6（1620）年、枡形の御門が構築され、平川橋を含めた一式を平川御門とした［3-17］。竹橋御門も、平川御門と一対の空間構成により同年に枡形の立派な御門になる。この年は神田川の付け替え工事が行われており、平川は神田川と切り離された。

清水濠から、大手濠、和田倉濠へと下る旧平川沿いには、太田道灌時代から3つの「蔵地」があった。竹橋は日比谷入江から遡った「第三の蔵地」にあたる［23頁1-10参照］。湊に設けられた竹で組んだ「竹舟橋《たけふなばし》」が船着場だったことから、このあたりを竹橋と呼ぶ。ただし、竹橋御門が整備される以前、竹橋はもう少し北側、上流にあった。豪雨の際に水が集中し、洪水が起こりやすい地形を避けた。江戸城の守りからも、弱点を抱えた場所であり、御門の構築には根本的な改修と大胆な創意工夫が必要とされた。

3-16　馬場先濠と西の丸下の石垣、手前の濠は日比谷濠（撮影：2021年）

3-17　平川橋と平川御門（撮影：2020年）

3-18　平川濠と帯曲輪、右手の石垣が帯曲輪、中央奥が平川橋（撮影：2021年）

元和6年に設けられた竹橋御門と平川御門との間、平川濠の中央に細長い帯曲輪《おびくるわ》が2つの御門を結ぶ［35頁1−20参照、3−18］。この帯曲輪は竹橋御門の整備に合わせて設けられ、平川御門、帯曲輪、竹橋御門が一体化する。それ以前の平川濠の幅は100m近くもあった。帯曲輪がつくられて以降は、平川濠は帯曲輪によりそれぞれ幅が30mほどの2つの濠に分けられた。これにより両方の御門が帯曲輪の通路で連絡し合えるようになる。有事の際に相互の番兵が城門の応援に駆け付けることができる工夫とされ、強固な守りとなった。それとともに、帯曲輪による平川濠の分断で洪水に遭いにくい備えも加味された。これにより江戸城側は安定した土地となる。

4章

三代将軍家光の時代

家光が将軍となるまで

春日局の捨て身の踏ん張り

徳川家光《いえみつ》（幼名竹千代、1604～51、在職1623～51）は幼少時病弱で吃音《きつおん》があり、容姿も美しくなかった。家光が生まれた翌年の慶長10（1605）年、家康は秀忠に将軍職を譲り大御所となる。秀忠が将軍となってから、弟の国千代（忠長《ただなが》、1606～34）が慶長11年に誕生した。その後、2つ違いの竹千代と国千代の間には御世継ぎ争いが生じる。宝永6（1709）年の書『武野燭談《ぶやしょくだん》』（作者不明。国立国会図書館デジタルコレクションに収録〈大正6年出版のもの〉）によると、秀忠と姉さん女房で正室のお江（1573～1626、浅井長政の三女）は、長男の竹千代より容姿が端麗で利発な次男の国千代を寵愛したとされる。大伯父の織田信長（1534～82）に容姿が似ていたことも理由の一つだった。しかも、家康はこのころ西方に睨みを利かすためにほとんど駿府城《すんぷじょう》（静岡市葵区）にいた。竹千代の乳母である福（春日局、1579～1643）は、竹千代の廃嫡が危ぶまれる状況から、家康に実情を訴える直談判に出る。

春日局の筆として伝わる「東照大権現祝詞《のりと》」（日光山輪王寺所蔵）という書き物がある。井澤潤著「東照大権現祝詞にみる徳川家光の東照大権現崇拝心理」（駒沢史学79号、2012年）において解説がなされており、「東照大権現祝詞」の内容が興味深い。病弱で3歳の時に大病した家光が家康の調薬で快復し、以後も病に臥《ふ》せるたびに家康の霊夢により快復した話が載る。核心は、春日局が竹千代を粗略に扱う秀忠夫妻に激怒し、家光を駿府に引き取り家康の養子にしてから三代将軍に就けるようにと強い口調で迫ったと記されている点にある。これは春日局の思い入れの強さがにじみ出て、額面通りには受け取りがたい。ただ、後に起きる秀忠の家光に対する態度の激変を加味すると、あながちつくり話でもないように思える。

◉家光の将軍へのプロセス

御世継ぎ争いが起きることを心配した家康は、年長者と年少者との間で守るべき順序関係を明確にし、御世継ぎを竹千代に確定した。家康による御世継ぎ確定時期がいつかは史実として明確にされておらず、その決定は一般的に元和年間（1615～24）と年代に幅がある。ただし、家康の圧力による秀忠の言動の変化を踏まえると、御世継ぎ決定年月は家康存命中で、幅を持たせても元和元年から元和2年（元和2年4月17日〈1616年6月1日〉に家康死去）、家康が死去する前であろう。

家康が亡くなってから1ヵ月後、元和2年5月には早くも竹千代の守役として酒井忠利《ただとし》（1559～1627）・内藤清次《きよつぐ》（1577～1617）・青山忠俊《ただとし》（1578～1643）の3人が家光付きの年寄（後の老中）に決まる。5ヵ月後の9月になると、60数名の少年が小姓に任命された。家光の年寄衆・家臣団が整う。1年後の元和3（1617）年、家光は家康が隠居所とした西の丸に移った。

この一連の流れから、家康の生前に御世継ぎが決定した後、家光の将軍へのレールが敷かれ、秀忠を頂点とする徳川幕府は粛々と定められた役割を進めたにすぎない状況が見えてくる。元和4年には、家光が朝廷勅使《ちょくし》を迎える公式の場にも出席する。逆に、家光の元服は家康の死去から4年後の元和6（1620）年まで延期された。家光が将軍になる3年前のこと。一般的な慣例の順序を入れ替えてまで、先行して御世継ぎを家光とする流れが公的につくりだされた。

それにしても、春日局は家康をも動かす政治家だと改めて実感する。秀忠の方は、家康の裁定で寵愛していた次男の忠長に対して手のひらを返すように突き放した。しかも、秀忠はどうして元服3年後のまだ19歳と若い家光を将軍の座に据えたのかが疑問として残る。史料からは見えてこないが、ここまでの流れには家康の強い意志が反映されており、秀忠の口を挟む余地が寸分もないようにも思える。家康と家光の間にいるはずの秀忠の存在が極めて薄い。

忠長はどうして切腹させられたのか

家光の代における大名改易は、二代将軍秀忠の時代と変わらずに多い。ただし、家光が将軍となった前半、秀忠大御所時代（1623〜32）の9年間は14件の改易にとどまり、10万石を超える大名改易はない。奥平忠隆《おくだいらただたか》（10万石）、加藤忠広《かとうただひろ》（51万石）、徳川忠長《とくがわただなが》（50万石）の改易は秀忠が亡くなる年だが、月日まで見ていくと、秀忠が亡くなった後の改易とわかる。その後、家光単独の将軍時代に35件の改易があるが、秀忠の死後1年にも満たない寛永9（1632）年に6件もの改易が断行された。その多さが際立つ。しかも、半数が10万石を超える大名改易だった。

改易されて切腹する忠長は、寛永3（1626）年に従二位権大納言《じゅにいごんのだいなごん》の位を授かり、表面上将軍家光をサポートするナンバー2の地位を得ていた。しかし、その忠長は忠輝のように流配ではなく、切腹による死へと追い込まれる。

忠長の死は、秀忠の心変わりにあり、秀忠の小心さゆえの悲劇でもあった。忠輝の処遇と比較すると、そのような考えになる。秀忠は、参謀となる有能な人材を一人ずつ排除し、消し去ってきた過去がある。だが、最後は後継《あとつぎ》の家光に自身の権威を消された。その象徴的な出来事がいまだに場所さえはっきりしない元和度天守閣の消滅である。

家光が手中にした将軍の地位は、弟を死に追いやることで完結した。もし家康が家光の父であるとすれば、秀忠の血は忠長の死で途絶えたことになる。秀忠が家光の父であったとしても、家光以外からは男系子孫の血は派生しない。

忠長改易の理由には「加藤忠広の改易に関与」（新井白石著『藩翰譜《はんかんふ》』〈1702〉）、「大坂城と畿内55万石の所領を求めた」（林鳳岡《ほうこう》著『寛永小説』〈1718〉）との説がある。これらが本当であれば、忠長の謀反が浮上する。しかし一方で、幕府公式史書『徳川実紀《とくがわじっき》』（1844年に正本完成、国立国会図書館デジタルコレクション収録）に見られる家光による計画的な排除説が捨てがたい。

秀忠は、忠長の一連の行動に対し即座に勘当し、忠長の処分を家光に一任する。秀忠の行動があまりに頼りなげだ。家康はすでに亡くなっており、自身が徳川幕府のトップである将軍、その後も大御所として君臨する。家康が忠輝にしたように、忠長を救える人物は父秀忠しかいないはずだが。ただし、忠長の死は秀忠が亡くなってからのこと。家光が秀忠の意志を無視したとも考えられる。

後世に残る史料からは、家光の全く異なる2つの顔が浮かぶ。一つは、最後まで弟の忠長を思いかばった顔だ。家光は、将軍となった後も酒井忠世《ただよ》（1572〜1636）・土井利勝《どいとしかつ》（1573〜1644）を忠長のところに再三遣わし、2人しかいない兄弟として更生を促す。忠長は一時平静を取り戻すが、結局回復せずに寛永9（1632）年5月に甲府蟄居《ちっきょ》を命じられた。家光は蟄居の状態でもなお領地である駿府への帰還を認めていたという。忠長も誓詞《せいし》を提出したが、状態が悪化して改易となる。この一連の流れからは、家光の表面上の誠意しか感じ取れない。そして、寛永10年12

月6日（1634年1月5日）に高崎の大信寺（群馬県高崎市通町）でついに切腹した。この時点で秀忠は亡くなっており、お江（崇源院）も6年前の寛永3（1626）年にこの世を去り、切腹する息子の姿を知らない。

いま一つは、初めから忠長を計画的に排除する家光の顔だ。先にも触れたように、家光に重用された阿部重次は、寛永10（1633）年に忠長が幽閉されていた上野高崎にしばしば派遣され、忠長を自殺に追い込んだとの説がある。忠長はその年に切腹した。全く異なる話だが、忠長に対する家光の計画的な排除説に傾く。

4-02

将軍家光と大御所秀忠の共同事績

元和9（1623）年に19歳で三代将軍となった徳川家光。将軍の時期は29年間だが、秀忠の大御所時代を除くと20年間である。秀忠が大御所だった前半（1623~32）、家光が真に将軍として君臨した後半（1632~51）の2つに時期区分し、それらの事績の違いを見ていきたい。前半の9年間（秀忠が寛永9年1月24日〈1632年3月14日〉に亡くなっていることから、前半を9年間とした）は、天下の城下町として北高南低の江戸の都市空間を明確化した。その業績として3つ取り上げる。

4-1　両大師堂に移転された本坊正門（撮影：2016年）

一つ目は「寛永寺の充実と元和度天守閣の建設」、2つ目は「江戸城北側の上水確保」、3つ目は「丸の内と霞が関の位置付けの違いを視覚上具現化する試み」である。

寛永寺の充実と元和度天守閣の建設

家光の将軍時代前半は、寛永寺の創建とその充実が最初の試みだった。秀忠が天海僧正《てんかいそうじょう》（後に大僧正）に上野の山を与えたことから寛永寺の歴史がはじまる。創建は寛永2（1625）年の本坊《ほんぼう》建立とされ、その2年後の寛永4年に法華堂《ほっけどう》、常行堂《じょうぎょうどう》が建立された。本坊の正門は江戸城本丸の方向を向く。現在、本坊正門は両大師《りょうだいし》堂《どう》に移築されて当時の位置ではないが、建物は創建当時のままの姿である［4-1］。建設された3つの天守閣のなかで、寛永寺本坊正門からの軸にぴったりと重なる天守閣は、現時点で家光の寛永度天守閣との考えに至る［次頁4-2］。

ただもう少し考えを進めると、元和度天守閣はどこにあったのかという不明点が残る。現在はっきりしない元和度天守閣の位置が寛永寺からの軸線上にあっても不思議ではない。寛永寺から延びる軸線は秀忠が大御所時代に明確化した。しかも、慶長度天守閣と寛永度天守閣の間に元和度天守閣があったとするならば、日本

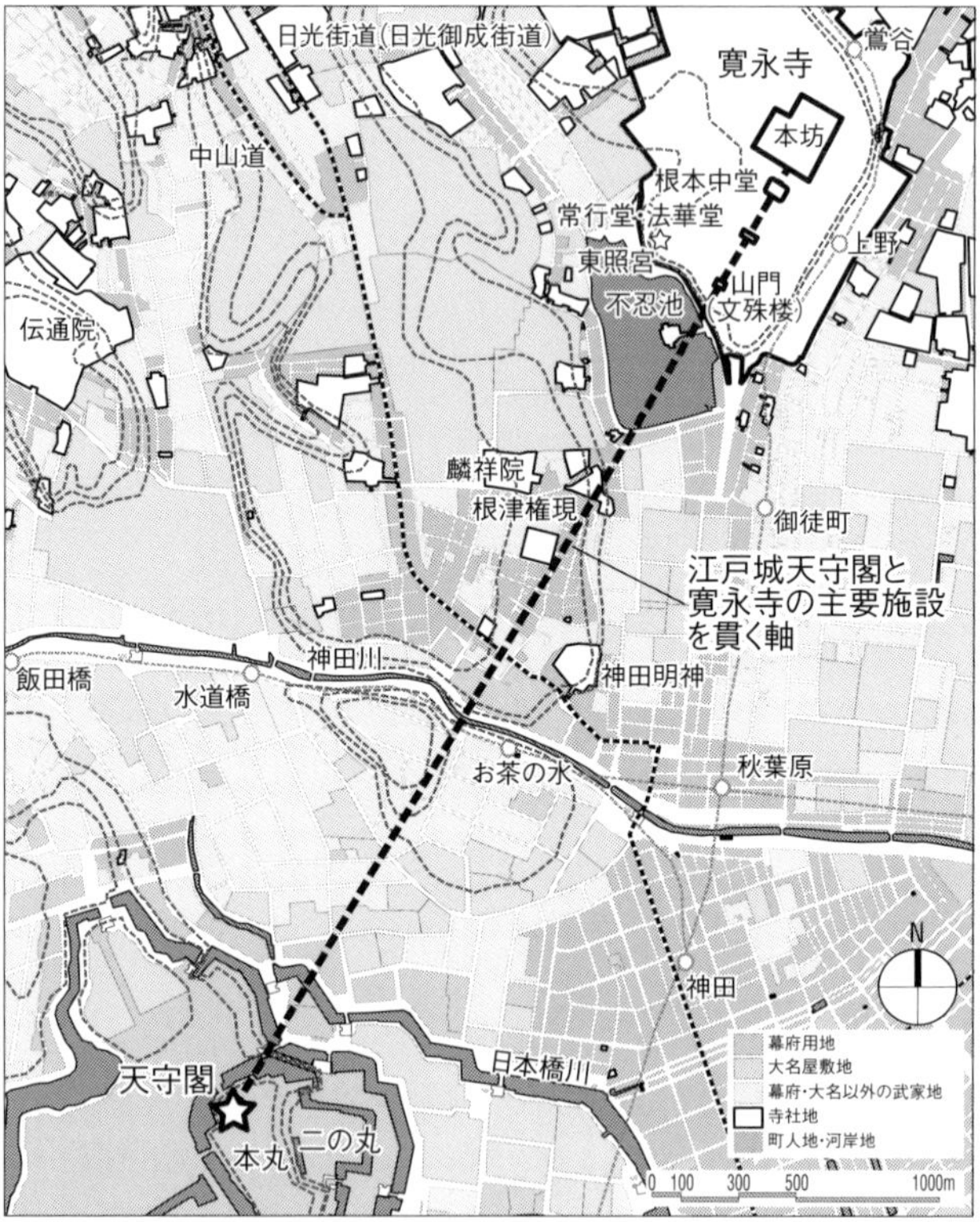

4-2　天守閣と寛永寺からの軸

橋から延びる日本橋川の軸は元和度天守閣の位置が一番符号する（39頁1-25参照）。

黒田藩（福岡藩）家臣の貝原益軒《かいばらえきけん》・竹《たけ》田《だ》定直《さだなお》が藩命により編さんした『黒田《くろだ》続家譜《ぞくかふ》』（1706年完成、福岡県立図書館デジタルライブラリーに収録）の記録では、三代目となる寛永度天守台が元和度の天守台を改め、縦横の長短を変えて築かれたとされる。ただし、元和度天守閣に対して寛永度天守閣は規模を大きくしたと記述されているだけで、天守閣の位置が具体的に示されていない。寛永度天守閣は、元和度を壊してその上に建てたとも読め、あるいは別の場所に建てたとも考えられる。

『武州豊島郡江戸庄図《ぶしゅうとしまごおりえどのしょうず》』（1632）は江戸城天守閣を描く［4-3］。これは寛永15（1638）年に完成する寛永

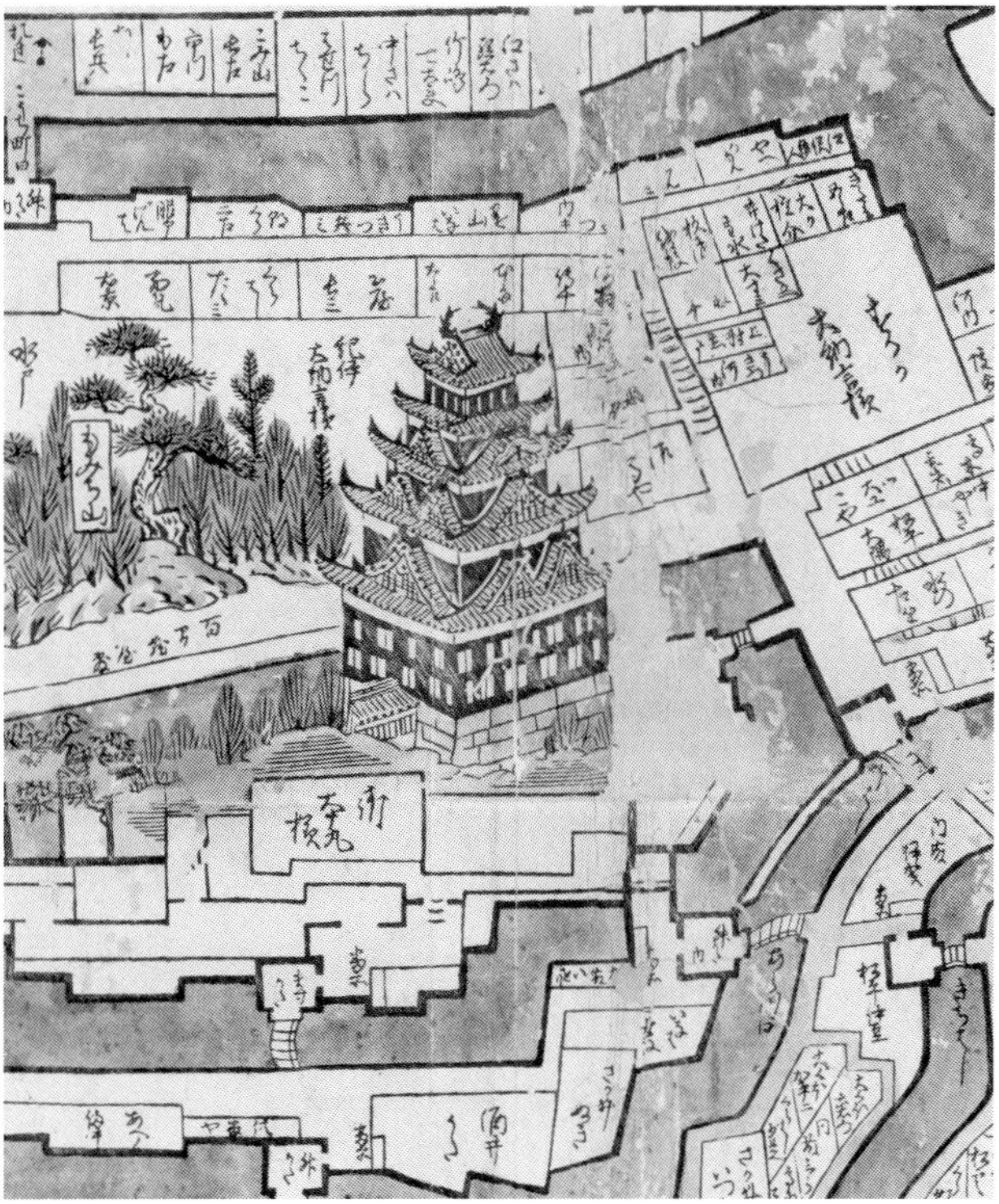

4-3 「武州豊島郡江戸庄図」に描かれている元和度天守閣（「武州豊島郡江戸庄図」部分、国立国会図書館デジタルコレクション）

度天守閣ではなく、元和9（1623）年に完成した元和度天守閣である。その位置は寛永度天守閣、あるいはその近くと推測される。絵地図を見る限り、全く別の場所に建ててはいない。

何よりも、寛永寺の建立《こんりゅう》は秀忠が力を入れており、寛永寺と天守閣の軸を意識していないとは思えない。寛永寺の創建に並々ならぬエネルギーを注いだ秀忠は、寛永寺から延びる軸を視野に元和度天守閣を建てたはずであり、寛永寺と寛永度天守閣を結ぶ軸のさらに南側に位置していたと類推できる［**次頁4-4**］。

元和度天守閣建設の御手伝普請《おてつだいぶしん》（幕府が諸大名に命じて行わせた大規模な土木事業）には、築城の名手で、広島藩初代藩主の浅野長晟《ながあきら》（1586～1632）と熊本藩二代藩主の加藤忠広《ただひろ》（1601～

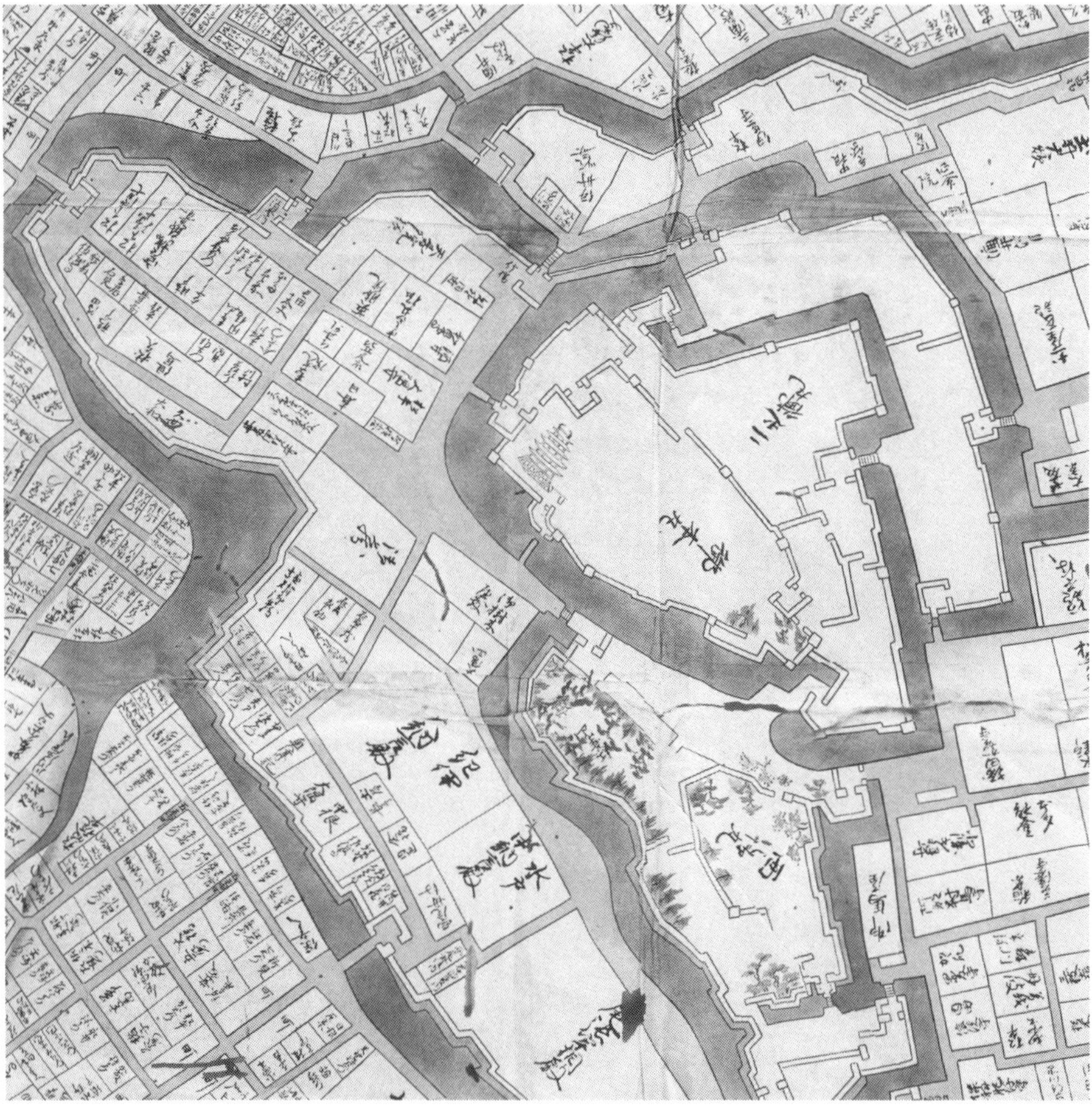

4-4 「寛永江戸全図」に描き込まれた寛永度天守閣
（「寛永江戸全図」部分、臼杵市教育委員会蔵）

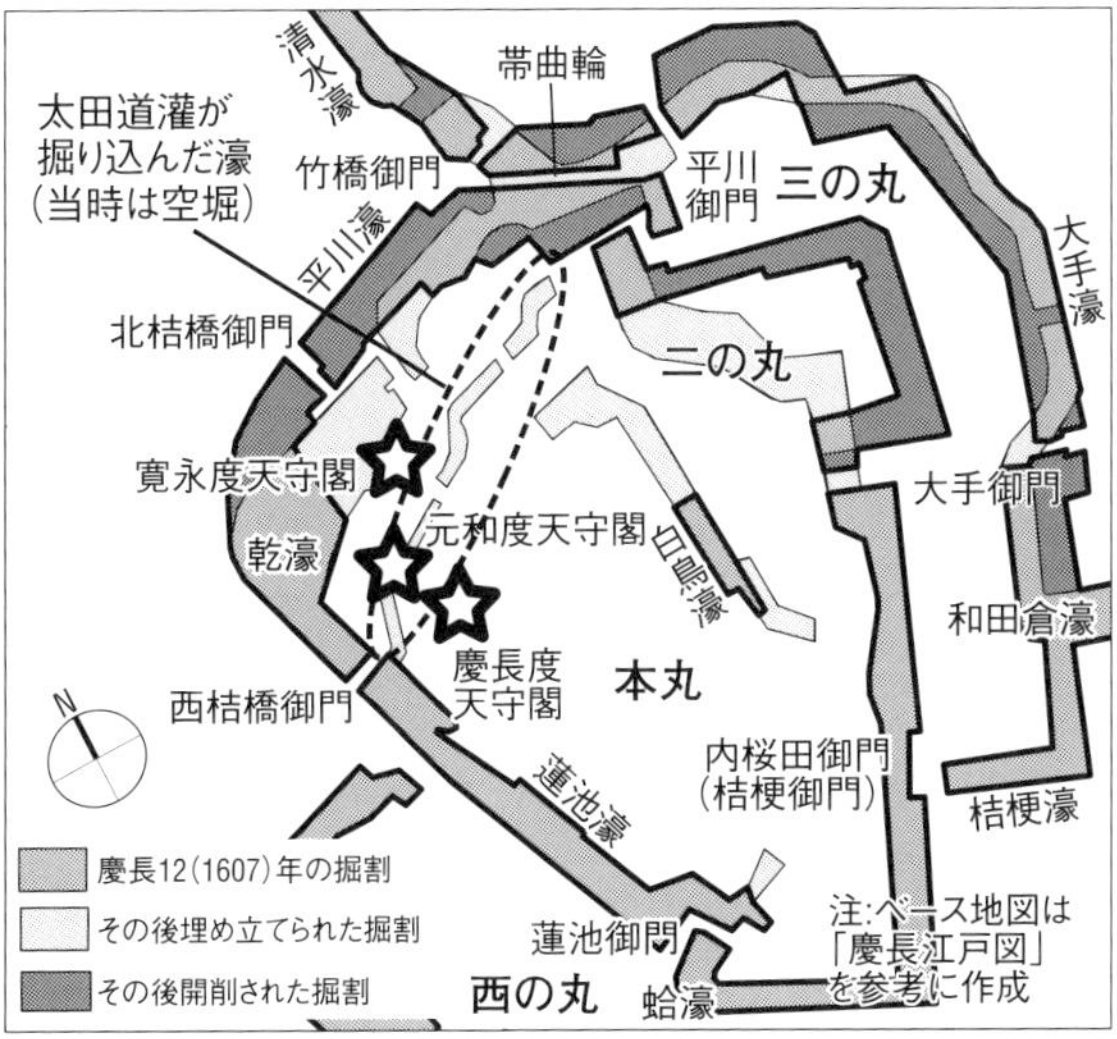

4-5　3つの天守閣の位置

53）が命じられた。広島藩編さんの『自得公済美録《じとくこうせいびろく》』（1818年完成、和歌山市史第6巻〈近世史料2〉に所収）には、長晟の関わった江戸城本丸の天主台石塁《せきるい》（台座）築造などに関する史料が多い。『自得公済美録』の「5月28日付の若林孫右衛門の書状」によると、長晟の広島藩普請場《ふしんば》では「五間」（この当時はまだ京間であり約10ｍ）を掘り込んでも、根石《ねいし》（柱を支える土台石）を置ける堅い地盤に到達せず、忠広の熊本藩普請場（南の小天守台建設）は一間あまりを掘り込んだだけで堅い地盤があらわれたと、長晟の家臣が溢《こぼ》す内容の文面がある。この記述から読み取れることとして、広島藩普請場の硬い地盤にあわないとの記述は、本丸北側に掘り込まれた太田道灌の空堀跡と推察される［4-5］。この空堀はすでに埋め立てられて久しく、長晟の普請はその空堀跡に遭遇したようだ。

元和度天守閣は寛永寺本坊からの軸線上、寛永度天守閣と蓮池濠の間であろう。さらに、日本橋から延びる日本橋川の軸にぴったりと重なる天守閣が元和度にほかならない。この2つの軸が交叉する場所に元和度天守閣が建設されたと考えられる［次頁4-6］。理想的な位置に元和度天守閣があった。現状、推測でしか確認できない元和度天守閣は、後に家光が幕府の公的な

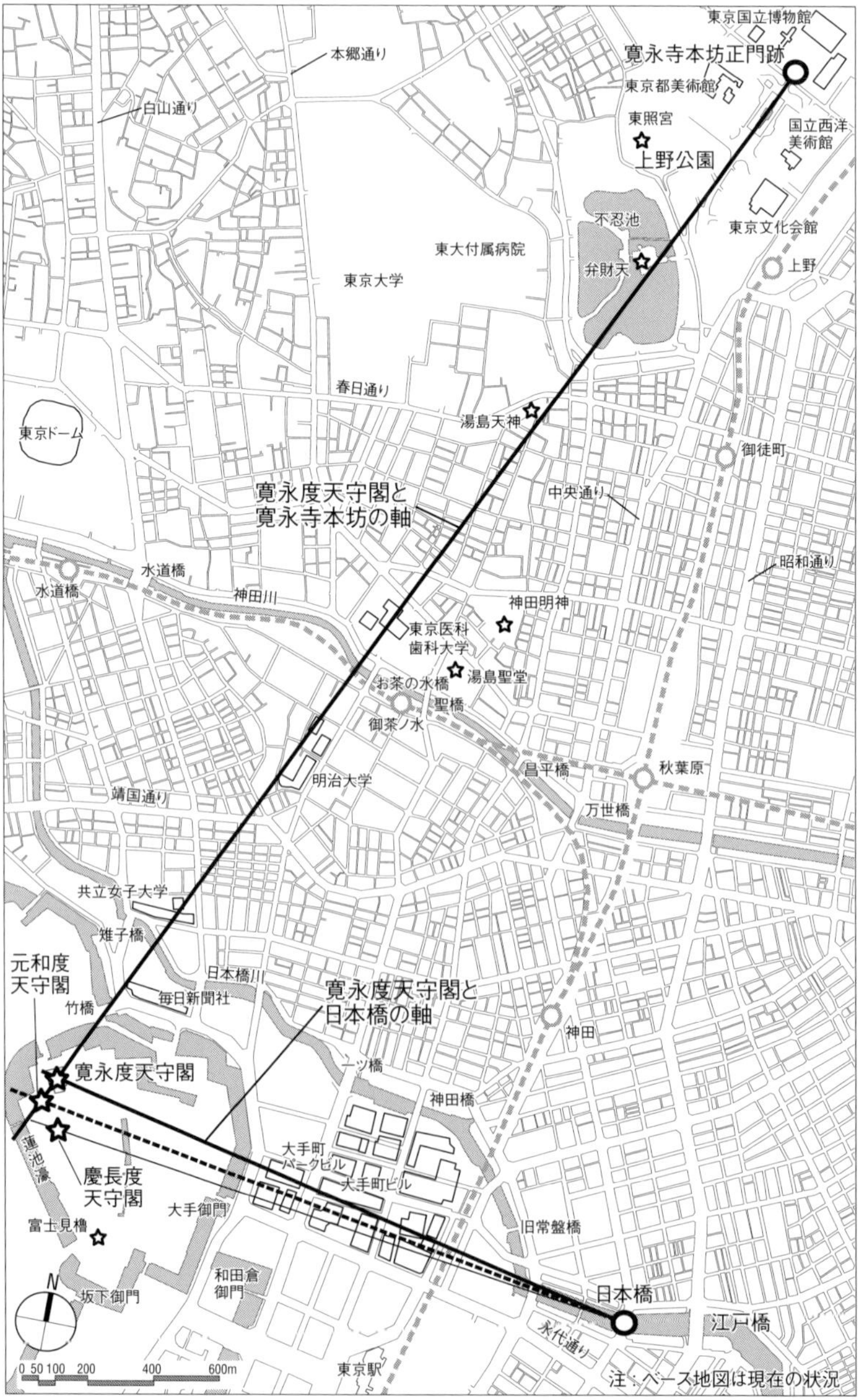

4-6　3つの天守閣と上野、日本橋を結んだ軸線

史料から意図的に葬り去り、新たに寛永度天守閣を建てた。

ここで気になる点として、家光はどうして元和度天守閣があった同じ場所に建てなかったかとの疑問が残る。元和度天守閣は2つの軸が交わる理想的な場所にある。史料もなく確かなことはいえないが、巨大な寛永度天守閣を建設するには、元和度の位置だと、道灌の空堀跡のために強度上問題が生じたのかもしれない〔123頁4-5参照〕。そうでなければ、わざわざ日本橋からの軸を外す必要はなかった。家光は天守閣の位置と規模を天秤にかけ、掘割跡を避けて規模を選択した。

江戸城北側の上水確保

江戸の都市人口は、関ヶ原の戦い、大坂の陣を経て、急速に増加する。江戸が天下の城下町となり、全国の大名が江戸に屋敷を構えた。参勤交代で藩主が不在の時でも、江戸に常駐する家臣がいた。また、親藩・譜代の大名になると、この時代はまだ江戸定府が一般的。これらの武士の衣食住をサポートする多くの商人、職人が必要となり、武士の数に劣らずその数を増やす。日本国内の大都市である京や大坂の規模ではなく、中国の北京を凌ぐ世界最大の巨大都市へと発展する素地がつくられようとしていた。

江戸が成長すれば、人口の膨張に見合った飲料水の確保が必要となる。しっかりとした上水道の整備が急がれた。武蔵野台地の地形形状から、上水として江戸まで引水できる比較的大きな川は神田川、玉川（多摩川）に限られる。ただし玉川の場合、人口が集中する江戸に至るには、微細な勾配の武蔵野台地上を40㎞以上も引かなければならず、技術的な難しさが伴う。それだけではなく、周到な計画も含めてかなりの時間を要した。

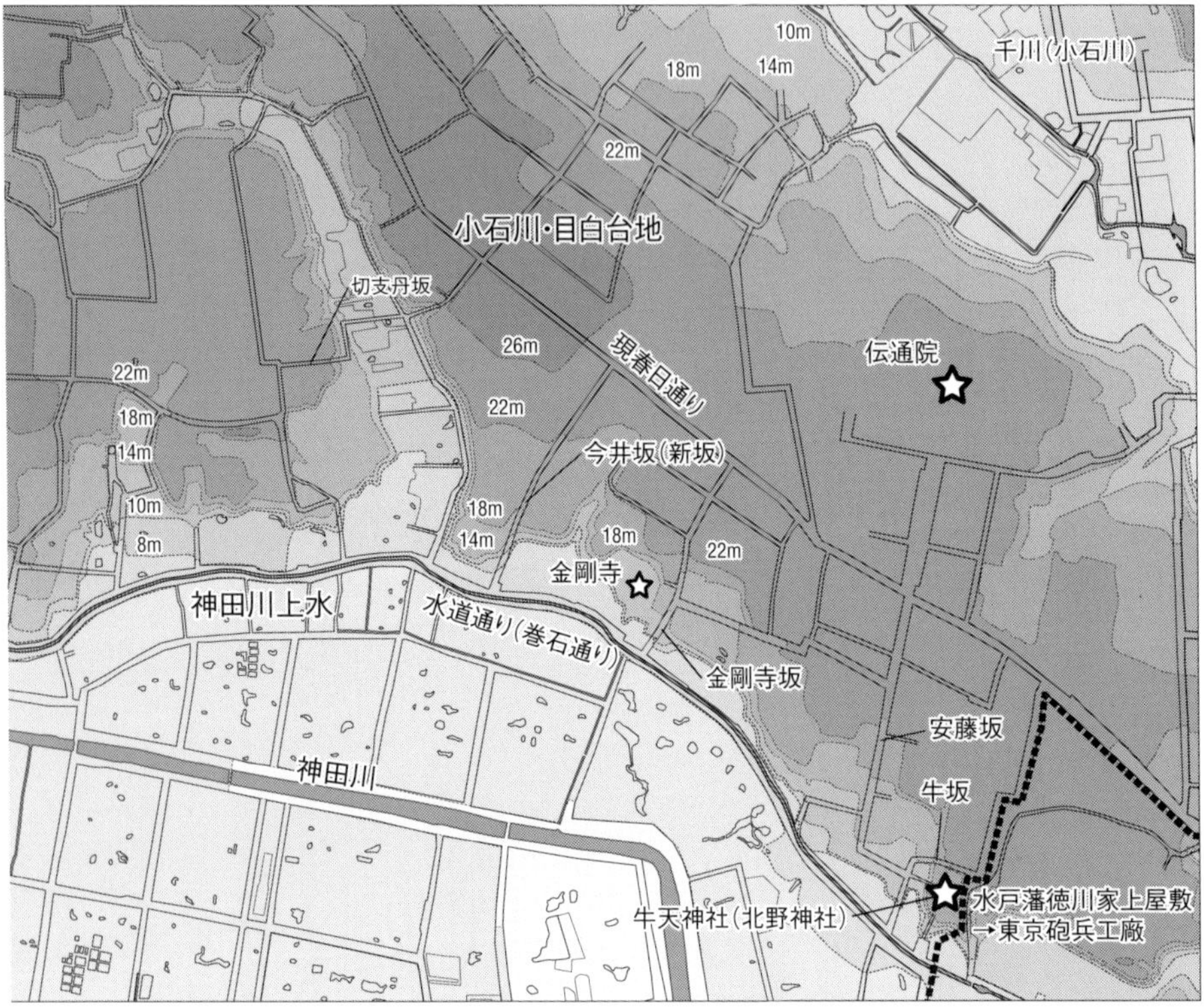

地下水に関していえば、江戸城の北側より南側の方が豊富に湧き出た。徳川家家臣団が中心に配された江戸城の北側を有利な環境とするには、神田上水の整備が欠かせない。小石川上水から発展した神田上水は、湧水豊富な井の頭池を主な水源とし、善福寺池《ぜんぷくじいけ》からの善福寺川、妙正寺池《みょうしょうじいけ》からの妙正寺川と水を集め、神田川中流部に設けられた関口の大洗堰《だいあらいぜき》から分水した[4-7]。大洗堰がある神田川の少し上流には水神社が置かれ、胸突坂《むなつきざか》を隔てた向かいに芭蕉庵《ばしょうあん》が設けられた。現在も、庭を配した庵《いおり》のたたずまいが残る[128頁4-8]。俳人の松尾芭蕉(1644〜94)は、土木技術にも長けた人物として知られ、神田上水の普請にかかわった。関口に庵を設け、神田上水の工事を手掛ける。藤堂高虎が築城した伊賀上野城《いがうえのじょう》のある伊賀上野(現・三重県伊賀市)出身の

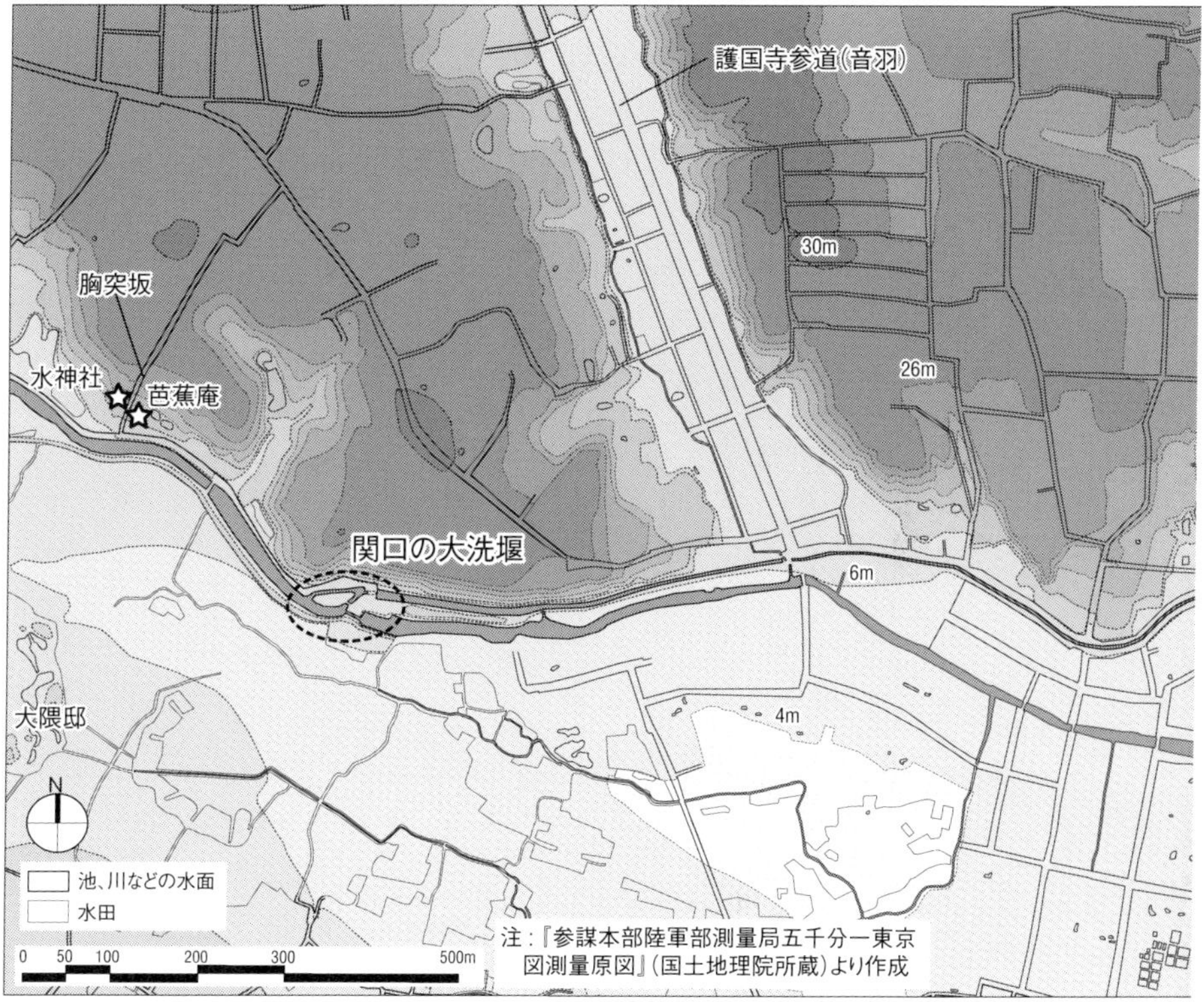

4-7　神田上水のルートと地形、明治10年代

芭蕉は、現在の三重県度会郡《わたらいぐん》南伊勢町《みなみいせちょう》出身で、建築・土木と多岐にわたり活躍した豪商の河村瑞賢《かわむらずいけん》（1618〜99）と近郷であり、彼らの郷里は土木技術に長けた人材を生む環境だったようだ。

寛永6（1629）年に神田上水が整備され、江戸城北側一帯へ水を供給する。神田川の水を関口（7m）から取水し、小石川・目白台地斜面下の微高地に沿い神田上水を通した。神田上水の水は、はじめ神田川の流路に沿いながら、わずかに高い土地を選び、勾配を極力抑えて江戸下町に向かう。途中水戸徳川家の中屋敷（明暦の大火後に上屋敷）を抜けた。これは御三家の一つ、水戸徳川家が神田上水の水管理を司っていたことによる。現在神田上水は流れておらず、小石川後楽園内にある神田上水跡はポンプアップして当時の水面を保つ［129頁4-9］。

4-8　芭蕉庵（撮影：2010年）

水戸徳川家の屋敷を出た神田上水は、水道橋近くに設けられた掛樋《かけひ》で神田川を越え、神田、日本橋、大手町に飲料水を供給した［4-10］。神田上水は、玉川上水と比べ、流路が海抜の低い場所を通るため、台地上にある多くの武家地に上水を供給できない。主に、駿河台下、大手町の武家地、そして神田、日本橋の町人地と、江戸城北側の低地に限定された。

一方神田上水の恩恵にあずかれない、江戸城南側に位置する霞が関の武家地は、この時点でも主に赤坂溜池の水を利用し続けた。ほかには赤坂川上流から紀州家居屋敷を通り、赤坂溜池沿いに簡易な上水が整備されたにすぎない。本格的な上水の恩恵は玉川上水の完成を待たなければならなかった。このように、上水整備を見ても明確に北高南低の江戸城周辺の武家地配置がうかがえる。

ビジュアル化された丸の内と霞が関の「格の違い」

秀忠と家光の共同事業の最後は、丸の内と霞が関の位置付けの違いを視覚上からも具現化する試みだった。日比谷濠や馬場先濠は、日比谷入江の浅い海を埋め立てた時、濠の幅だけを残して埋め立てる方法が取られる。これは濠の両岸の強度が問題となり、護岸がしっかりと土留めされた。関東大震災（1923）の時も、東日本大震災（2011）の時も、激しく揺れた場所である。軟弱な

4-9　小石川後楽園内の神田上水（撮影：2008年）

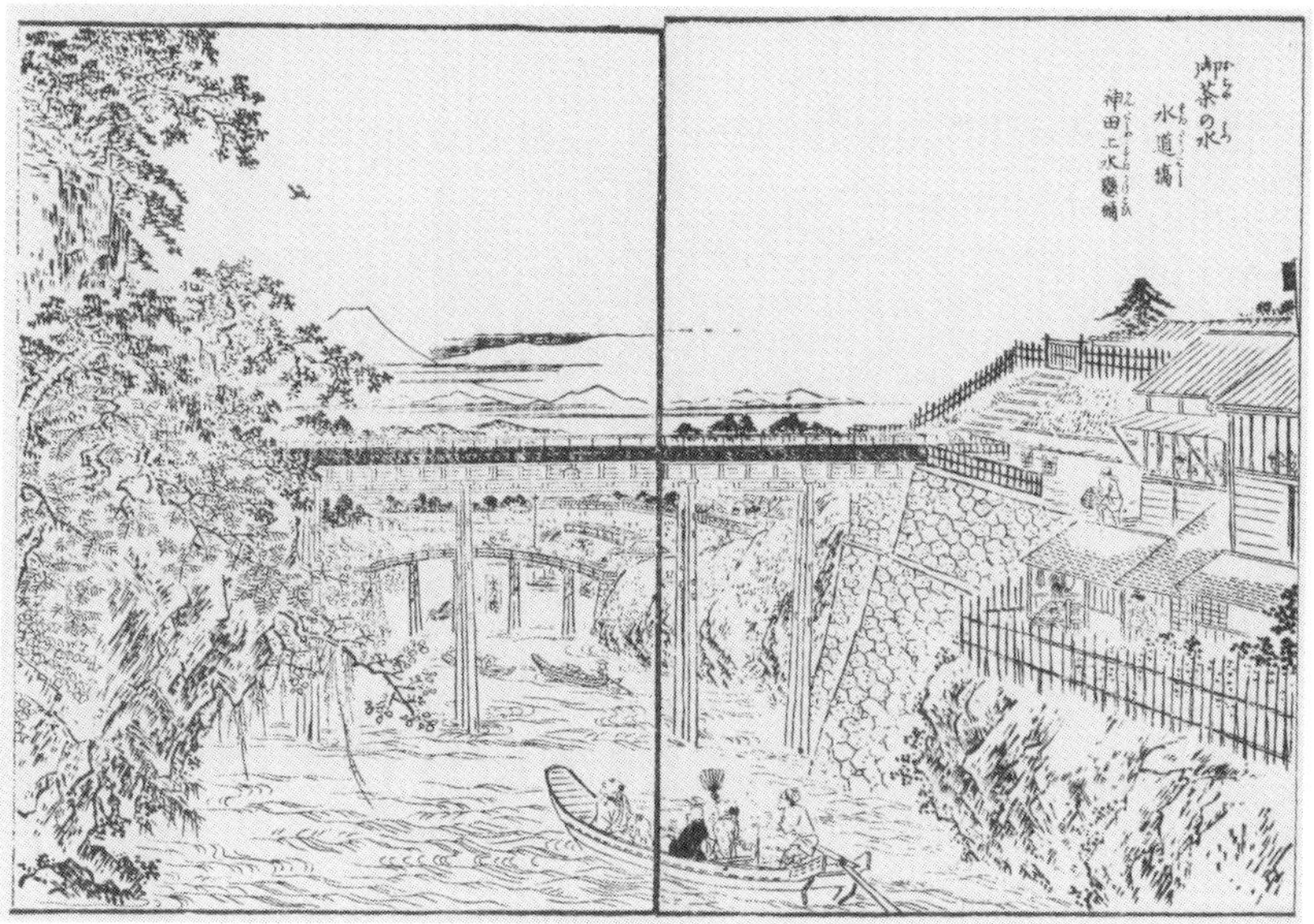

4-10　神田川に架かる掛樋、奥に見える橋は水道橋、『江戸名所図会』より

4-11　日比谷公園内の心字池と石垣、右手が霞が関方面（撮影：2010年）

地盤から、石垣を積み上げる時には基礎工事をかなり入念に行った。

寛永4（1627）年、築城に長けた広島藩初代藩主浅野長晟が指名され、丸の内と霞が関の境界となる内山下濠が新規に開削されてから、丸の内側には石を積み上げて石垣が築かれる。それまでは、単に土塁を築いただけの喰違いにすぎなかった。敵対する西軍の武将がまだ江戸に屋敷を構えておらず、丸の内と霞が関の武家地はほぼ同等の位置付けだった。大坂の陣後、霞が関は敗者となった西軍武将の受け皿として屋敷配置される。その時、丸の内側を江戸城曲輪内、霞が関側を江戸城曲輪外と強く印象づける視覚的な演出を必要とした。萩藩毛利家の上屋敷があった日比谷公園内から心字池を手前にして石垣を見ると、今でも霞が関が江戸城曲輪外だとの印象を強くする［4-11］。

2つのエリアを区別するいま一つの装置として、御門が新たに設けられた。この日比谷御門は曲輪外の霞が関から曲輪《くるわ》内の丸の内に入る枡形の御門

4-12　日比谷御門、手前が丸の内側、左上が霞が関、「江戸図屛風」部分（国立歴史民俗博物館蔵）

である。内山下濠沿いに石垣が設けられた2年後、寛永6（1629）年に伊達政宗の仙台藩が築いた。この日比谷御門には他の一般的な枡形の御門と比べ異なる特徴が2つある。一つは、御門を出たところの霞が関側に橋が架けられていない点だ。日比谷濠と内山下濠の間、日比谷御門前は濠部分に橋を架けず、暗渠にして堤状の通路とした［4-12］。丸の内側から霞が関側に攻め入る時、敵が橋を落とし、攻め込みづらくする状況を避ける工夫である。ただし、それは双刃《もろは》の剣《つるぎ》となる恐れがある。そのために、もう一つの機能を組み合わせた。枡形の広場北側は日比谷濠に面して壁となる仕切りを設けず、日比谷濠へ敵兵を追い落とす「武者落し」とする。駿府城、初期の江戸城に家康が好んで採用した形で、桔梗御門（内桜田御門）にも見られるなど要の場所で採用された。さらに、対岸の西の丸下にある日比谷櫓からも攻撃ができ、丸の内側が圧倒的に有利となる。神田川の開削からはじまる霞が関の包囲網は、秀忠が亡くなる3年前に完結した。

4-03

将軍としての独自性を見せる家光

寛永15（1638）年には、堀田正盛《ほったまさもり》（1609〜51、老中1635〜51）と中根正盛《なかねまさもり》（1588〜1666、壱岐守）の2人が家光のブレーンとして身近でサポートする体制を組む。堀田の政務の手腕と、全国に展開する中根の情報網が家光に集約する政治体制の根幹をなした。能力があるとしても老齢の土井利勝《どいとしかつ》（1573〜1644）と酒井忠勝《さかいただかつ》（1587〜1662）は大老にまつりあげられ、堀田正盛とともに老中の松平信綱《まつだいらのぶつな》（1596〜1662）、阿部忠秋《あべただあき》（1602〜75）らのフレッシュな人材を前面に押し立てた。家光体制が固まり、将軍としての独自の空間演出がなされる。

家光が将軍として独自性を見せた試みは、4つの大事業から読み取れる。一つ目は「日光東照宮の荘厳な社殿の大改築」、2つ目は「寛永度天守閣の建設」、3つ目は「外濠整備」、4つ目は「輪王寺本堂再建」である。特に、江戸城北西側の外濠整備は家康・秀忠による江戸城惣構の範疇を遥かに超える壮大な試みだった。

日光東照宮の荘厳な社殿の大改築

最初の大事業は、寛永13（1636）年の家康没後21年神忌《しんき》に向けた、日光東照宮の荘厳な社殿の大改築である。その政治的なパフォーマンスとして、第5回朝鮮通信使（1643）の一行が祝賀のために来訪した。江戸城まで訪れた11回の朝鮮通信使のうち、第1回（1607）は秀忠が将軍の時代。これは明らかに家康主導の行事である。第2回（1617）は大坂の陣による国内平定の祝いが主な目的だった。この時、江戸城に目新しい変化はなく、江戸城も江戸のまちも全てが家康の描いた世界で埋め尽くされていた。この秀忠将軍時の2回を除くと、残り9回のうち3回は家光が将軍の時。その他は各将軍（家綱、綱吉、家宣、吉宗、家重、家治）が1回ずつ主催する。この6回は、いずれも将軍就任を祝う「襲封祝賀《しゅうほうしゅくが》」の目的に限られた。

家光の場合、第3回（1624）はほかの将軍と同様、将軍就任の祝いが目的であり、明らかに大御所秀忠の江戸城における威光を示す場となった。しかし、家光は父秀忠をはるかに超える偉大さを、江戸においても、江戸城においても表現することに執念を燃やす。朝鮮通信使来訪の行事に対する並々ならぬパフォーマンスが第4回（1636）と第5回（1643）に向けて繰り広げられた。

第4回は、秀忠が亡くなって4年後、特段来訪の目的は示されていない。江戸城でいえば、元和度天守閣が第3回の時までに完成し、その姿を朝鮮通信使一行は目にした。だが、天守閣と寛永寺の軸線を意識すると、状況が違ってくる。天守閣と軸で結ぶ寛永寺の本坊は寛永2（1625）年、法華堂と常行堂《じょうぎょうどう》の建立はその2年後の寛永4年。この壮大な光景を第3回で訪れた一行は見ていない。しかし第4回の朝鮮通信使来訪では、まだ元和度天守閣だったとしても、天守閣の側、あるいは寛永寺側から、天守閣と寛永寺の壮大な軸を体感させ、江戸の並外れたスケール感を脳裏に焼きつけさせた。秀忠の望んだ独自の空間とはいえ、第5回の伏線としてであれば家光はさほど問題ないと思ったかもしれない。第4回の時、日光東照宮は完成間近だったが、あえて披露しなかった。家光には、日光東照宮と寛永度天守閣の同時披露が視野にあったのではないか。新しい姿の状態で見せるために、第4回と第5回の間隔は7年と短い。

第5回は日光東照宮落成祝賀が正式な目的となる。さらに、江戸城では元和度天守閣よりはるかに大規模な寛永度天守閣が聳《そび》える姿を朝鮮通信使に披露し、重要なパフォーマンスの舞台とした。第5回の様子は家光の事績を春夏秋冬の歳時にちりばめた「江戸図屏風」にしっかりと描き込まれる［4-13］。

寛永度天守閣の建設

江戸城の総仕上げに、家光は2つ目の事業として比類なき巨大な寛永度天守閣を寛永15（1638）年に建てた。このことで、寛永寺との軸がさらにパワーアップする［120頁4-2参照］。秀忠との格の違いを見せつける上で、第5回（1643）の朝鮮通信使来訪は家光にとってまたとない機会となった。家光は、秀忠と比較される器ではないといいたげに、秀忠を排除し、家康との関係を強調した。

ところで、家光は完成したばかりの天守閣に上り、2歳とまだ小さな嫡男の家綱《いえつな》（1641～80）に天守閣からの壮大な光景を見せたであろう。寛永度天守閣が明暦の大火で焼失するまで、家綱は17年もの間天守閣から江戸の風景を見続けた。さらに、家光は天守閣からの壮大な光景を他の2人の子供たち（綱重、綱吉）にも目に焼きつけさせたに違いない。ただし、雷を極度に恐れる綱吉が天守閣に上ったかどうかは疑問だが。

寛永度天守閣を完成させた時点で、寛永寺の根本中堂、山門はまだ建っていない。とはいえ、家光にはまだ充分に時間があった。元和度天守閣の存在を消し去ってまで試みた寛永度天守閣の建設は、寛永寺と天守閣を結ぶ壮大な軸を強化した。さらに、家光が秀忠との共同事業で寛永寺の本坊から常行堂・法華堂と創建した後、根本中堂と山門の建設は寛永度天守閣をより輝かせる上で何を

4-13 朝鮮通信使の一行、行列が大手御門から本丸御殿に向かう、「江戸図屛風」部分（国立歴史民俗博物館蔵）

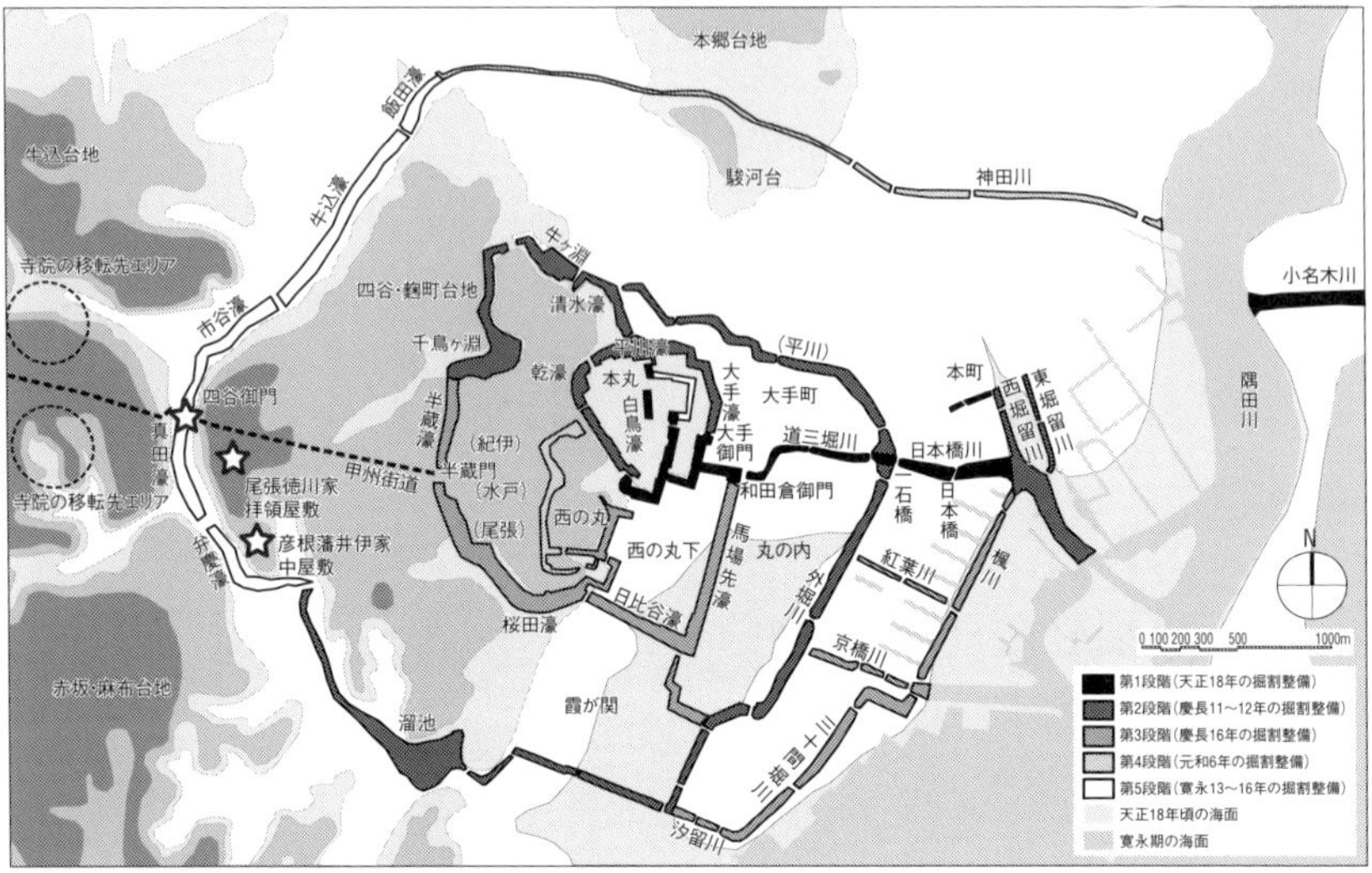

4-14　第5期、寛永期までの掘割整備

おいても着手すべき事業だった。だが、未着手のままとなる。

秀忠の業績をサポートするだけにすぎないことがためらわれたのか。あるいは家光のなかに、自暴自棄とはいわないまでも、秀忠から脱皮できない自身の限界がちらついたのか。江戸城天守閣を核とした江戸の壮大な都市構想から、晩年の家光は方向転換する。

規格外スケールの外濠

寛永度天守閣を完成させてから、家光の思いは江戸城北西側の新たな外濠整備に向かう。外濠整備の着手は天守閣完成の年、ほぼ同時並行して進められた。外濠整備は、家康・秀忠がつくり上げてきた江戸城と江戸のまちづくりのスケールを飛躍させる試みとなる。3つ目の大事業として、寛永13（1636）年、家光は江戸城北西側の新しい外濠の整備に着手した［4-14］。

この外濠の構想は単に濠を掘り込むだけではなかった。甲州街道が通る真田濠と市谷濠に挟まれた場所には、寛永13年に警備のための見附、枡形の四谷御門（現・JR四ッ谷駅

4-15　四谷御門跡の石垣（撮影：2010年）

麹町口付近）を設ける。外濠とともに江戸城を守る新たな要が誕生した。承応3（1654）年に玉川上水の水を真田濠に引水してからは、天下に誇れる江戸の都市風景の一つとなる。四谷御門は明治に入り取り払われたが、御門の石垣の一部が現在も残り続けている［4-15］。

外濠の建設は寛永11（1634）年に決まる。ただし、その整備による変化は外濠だけにとどまらなかった。現在の紀尾井町一帯も含め広い範囲で寺院の移転があり、外濠の開削とともに大規模な土地利用転換が試みられる。尾張徳川家拝領屋敷（現・上智大学）、近江彦根藩井伊家中屋敷（現・ホテルニューオータニ）［次頁4-16］をはじめ、徳川幕府を支える親藩・譜代の大名屋敷が配された。外濠とともに人的守りを堅持する徳川将軍家の強い姿勢が土地利用の再編にあらわれる。

一方、寺院の移転先は四谷の谷だった。現在、新宿通り（旧甲州街道）の南側にある須賀町・若葉二丁目の谷一帯、愛住町など北側の谷に移転してきた寺院が多い［98・99頁3-10・3-11参照］。須賀町・若葉二丁目の谷への移転寺院は13寺あり、そのうち寛永11（1634）年に10寺（宗福寺、

4-16　ホテルニューオータニの庭園（撮影：2010 年）

4-17　若葉二丁目にある円通寺坂と真英寺、坂の右手に寛永 11（1634）年に移転してきた日宗寺がある（撮影：2020 年）

永心寺、正覚寺、勝興寺、西念寺、愛染院、東福院、日宗寺、妙行寺、戒行寺）、翌年に3寺（松厳寺、真英寺、西応寺）が移転してきた。外濠整備の時に集団移転した寺院群が中心となり、現在も独特の寺町空間をつくりだす［4-17］。

海抜20m近い真田濠《さなだ》など、外濠整備による江戸城惣構は新たな都市空間のかたちへと向かう。壮大な構想だが、外濠に注ぎ入れる大量の水を確保できなければ完成とはいえない。しかも、真田濠、市谷濠は自力で水を湛えられる濠ではなかった。

玉川兄弟が羽村の取水口から四谷大木戸付近までわずかな期間に玉川上水を完成させたという話には驚かされる。だが、外濠整備で大規模に寺院を移転させ、土地利用の再編を試みた家光は、外濠建設の決定から着手まで2年を要した。構想・計画の段階を入れると、家光はかなり周到な調査を家臣に行わせていたに違いない。また、外濠が計画された段階から、すでに玉川上水の整備も同時進行しての計画だったはずだ。玉川上水を完成させた手柄が玉川兄弟にあるとの説は、実際に工事をしたとしても大いに疑問が残る。

それにしても、亡くなるまでにまだ13年もの年月が残る家光だが、真田濠に水を湛えることはできなかった。外濠の大構想を未完に終わらせた最大の要因は、島原の乱と寛永の大飢饉である。

4-04

最後の事業となった輪王寺本堂再建

家光の首を絞めた寛永の大飢饉と飢餓対策

自然災害の多発、社会状況の変化が家光に大きくのしかかる。寛永14（1637）年から翌年にかけ、島原の乱が起きた。島原藩の領民への厳しい収奪に反発した一揆とキリシタン信仰とが結びつき、乱が大規模化する。この乱は徳川幕府が大坂の陣後に経験した初の本格的な戦いとなった。

その後、寛永の大飢饉《だいききん》（1640〜43）が起きる。寛永19（1642）年前後には被害が大規模化し、全国の諸大名や農民たちが大打撃を受けた。さらに、国外では正保元（1644）年に中国大陸において明《みん》王朝が滅亡し、満州族《まんしゅうぞく》の清《しん》が進出して領土拡大を図る。日本にも大変な圧力が日本海を越えて加わった。家光は、未完成の大事業のフィニッシュを考えていた時期、立て続けに難題を突きつけられる。

日本では慶長から元和年間（1596〜1624）にかけて凶作による飢饉がしばしば発生していた。だが、寛永17（1640）年から寛永20年に起きた寛永の大飢饉はそれらをはるかに上回る最大規模となり、その範囲は全国に広がる。

島原の乱が収束した2年後、寛永17年6月に蝦夷駒ケ岳《えぞこまがたけ》（現在、一帯が大沼《おおぬま》国定公園）が噴火した。その降灰が影響し、陸奥国津軽地方が凶作となる。翌年の初夏は、畿内、中国、四国の各地方で日照りによる旱魃《かんばつ》が起き、秋になると長雨と冷風の影響で北陸にも被害をもたらす。このような異常気象が全国に拡大し、全国的に農作物の不作が続いた。飢饉が最大規模に拡大した寛永19（1642）年前後は、百姓の逃散や娘の身売りが頻繁に起き、深刻な社会状況となる。

寛永の大飢饉は徳川幕府を大いに揺さぶった。家光は、諸大名に対し領地へ赴き飢饉対策をするように指示を出す。参勤交代の義務のない譜代大名も、飢饉対策のために領地に帰国させた。寛永の大飢饉が起きるまで、譜代大名は参勤交代をせず江戸定府であり、譜代大名の藩主と領地との希薄な関係が浮き彫りとなる。大飢饉以降は譜代大名にも参勤交代の義務が課せられた。

寛永19年末から翌年にかけては餓死者が増大し、飢えた人たちが農村から江戸をはじめ京都、大坂の三都に流入する。危機感を抱いた幕府は、寛永20（1643）年3月に「田畑永代売買禁止令」を出し、都市に流入する農民の土地離れを押さえにかかった。その年の6月には、米作離れを防ぐ手立てとして「煙草《たばこ》の作付禁止」など、飢饉対策を具体的に指示する触が次々と出る。これが後の江戸幕府における飢饉対策の基本方針となった。

大飢饉の背景には、1630年代から1640年代に東アジア全域にかけて起こった大規模な異常気象があげられる。ただし、自然環境の異変だけではなく、過度な参勤交代や御手伝普請、将軍の上洛や日光社参など、幕府や藩の多額の出費が重なった。武断政治《ぶだんせいじ》による多くの改易も武士階級を困窮させる。加えて、年貢米を換金する市場の不備などが追い打ちをかけ、寛永の大飢饉は深刻化した。

なぜ最後が輪王寺本堂再建だったのか

華麗な江戸の都市風景を創出させた家光の晩年は、家康・秀忠が築いてきた政治・経済路線を継承する限界を突きつけられる。もちろん、天守閣と寛永寺を結ぶ軸、根本中堂や山門に巨額のお金をつぎ込む時期ではもはやなかった。

多発する自然災害が足かせとなり、未完に終わろうとする事業が家光の脳裏に去来する。玉川上水の水を外濠に引き入れる壮大な構想を完成させる時間的な余裕が残されていないと察知した家光は、嫡男の家綱をサポートしてくれる保科正之に後を託した。

家光が試みた最後の大事業は、正保《しょうほう》4（1647）年の輪王寺本堂再建である。本来であれば、秀忠が眠る増上寺に対し、家光は寛永寺に霊廟がつくられるはずだった。しかし、国内外の難事が起きるなか、家光の気持ちに変化が生じる。家光の願いから、家康が眠る日光に家光の霊廟大猷院《たいゆういん》が承応《じょうおう》3（1653）年に設けられた。場所は家光が最後の事業として取り組んだ輪王寺境内である。

いま一つ、父秀忠との関係が気になる。家光は、秀忠の行動を信頼しておらず、むしろ不信感すら抱いていた。秀忠の元和度天守閣の存在すら消し去る行動にその思いがにじみ出る。御世継ぎ問題で、祖父家康への親近感の芽生えが同じ日光に眠る決断をさせた。増上寺に眠る秀忠と、江戸城鬼門で対をなす寛永寺への埋葬を強く拒むように。

これは「たられば」になるが、多発する自然災害がもし起きていなければどうだったのか。一つ目の問題、玉川上水の水を自らの手で外濠に注ぎ込む試みは、家光の将軍時代に決行されたであろう。だがいま一つの問題、寛永寺の根本中堂と山門の建設はやはりない。また、日光に眠る選択にも変わりがなかったはずだ。従って、どうあろうと家光が試みた最大の事業は外濠整備であり、最後の大事業は輪王寺本堂再建だった。

5章

四代将軍家綱の時代

5-01

家綱が生きた時代背景

家光と3人の息子たち

家光には5男1女、6人の子がいた。最初の子は千代姫（1637〜99、母：自証院《じしょういん》〈1640年没〉）。寛永16（1639）年、尾張藩二代藩主徳川光友《みつとも》（1625〜1700）のもとに嫁ぐ。5人の男子のうち、次男の亀松と五男の鶴松は幼くして亡くなった。

家光の子として成人した3人の男子のうち、長男の家綱《いえつな》（幼名竹千代、1641〜80、在職1651〜80）が家光の死後四代将軍となる。母は側室のお楽の方（宝樹院《ほうじゅいん》、1653年没）。家光は江戸城本丸で生まれた家綱をすぐに将軍御世継ぎと決めた。家光自身が御世継ぎ争いで弟の忠長を自らの意志で死に追いやった苦い経験からとされる。慶安3（1650）年に家綱が西の丸に移り、家光は次期将軍として家綱を内外に知らしめた。家光が亡くなる1年前である。

家綱の性格を示す話が記された書物の一つ、宝永6（1709）年の『武野燭談《ぶやしょくだん》』には、将軍となって間もない幼少期、父家光の築いた江戸城天守閣へ上った家綱の逸話が載る。近習《きんじゅ》の者が遠眼鏡《とおめがね》（望遠鏡）を勧めたが、家綱は遠眼鏡を手にしなかった。将軍が天守閣の上から遠眼鏡で四方を見下ろしていると世間の人が知れば嫌な思いをするに違いないと、近習の者に返答する。気配りができる将軍として後世に伝わる。

後に甲府藩藩主となる家光の三男・綱重《つなしげ》（幼名長松、1644〜78）の母は、お夏（順性院《じゅんしょういん》、1622

5-1 北の丸にある天樹院の竹橋御殿（『御府内沿革図書』をもとに作成）

～83）。お夏が懐妊した年は丁度家光の厄年だった。生まれてくる子にわざわいが起きないようにと、家光は大変仲がよいとされる姉の天樹院《てんじゅいん》（千姫、1597～1666）に相談し、出産のために天樹院が住まう北の丸の竹橋御殿へお夏を移す［5-1］。正保元（1644）年にこの御殿で綱重が生まれ、産後もお夏と綱重は天樹院の屋敷で暮らした。その後、天樹院は綱重を養子に迎え、大奥に大きな発言力を持つ。延宝3（1675）年の作である『武家勧懲記《ぶけかんちょうき》』（国立国会図書館デジタルコレクションに収録）は、綱重の素養の豊かさと、品行方正な姿を浮かびあがらせ、兄の家綱と共通する性格を綴る。

では、上野館林《こうずけたてばやし》藩藩主から後に五代将軍となる四男・綱吉《つなよし》（幼名徳松、1646～1709）はどうか。父や叔母といったバックボーンがない綱吉は、兄2人と大きく異なる。血縁関係からは全く蚊帳の外にいた。

次期将軍の可能性がある綱重と綱吉の2人は、成人して25万石を領し、御三家に次ぐ高い家格となる。家綱に対する控えの意味合いから、2人は領地に赴かず、江戸在住だった。家綱が将軍となり西の丸から本丸に移るころ、二の丸の綱重と三の丸の綱吉は、江戸城の外に新たな屋敷を構える［5-

2］。綱重は北の丸を経て桜田御殿を賜った。ここは、かつて仙台藩初代藩主伊達政宗の上屋敷があり、現在は日比谷公園内北東側、心字池のあるあたりである［5-3］。綱吉の方は、はじめ一橋御門（この時点では雉子橋御門）近くに御殿を賜った。その後明暦《めいれき》の大火《たいか》（１６５７）で屋敷が焼失し、現在の大手町一丁目、サンケイビルがあるあたりに新たな屋敷である神田御殿を賜って移る。大手町一帯は、現在大規模な再開発が次々と進み、近年すっかりまちの様相を変えた［150頁5-4］。この屋敷で、綱吉は将軍への秘策を練る。神田御殿は綱吉にとって転機をうかがう重要な場所だった。

家綱を中枢で支えた重鎮

家光は慶安4年4月20日（1651年6月8日）に亡くなり、将軍が家綱へと代替わりする。その直後の慶安4年4月から7月にかけ、倒幕を志す浪人の由井正雪《ゆいしょうせつ》（１６０５～５１）、丸橋忠弥《まるばしちゅうや》（生誕不詳～１６５１）らによる「慶安の変」と呼ばれる討幕未遂事件が起きた。島原の乱、寛永の大飢饉、さらに数多くの大名改易による混乱が加わるなか、彼らは巷《ちまた》に溢《あふ》れる浪人たちの不満を煽《あお》る。政情不安がわずか11歳で将軍を継承した家綱を待ち受けていた。

この討幕未遂事件は、叔父の保科正之《ほしなまさゆき》（１６１１～７３、肥後守、会津藩藩主、家光の異母弟）、家光時代からの大老・酒井忠勝《さかいただかつ》（老中１６２４～３８、１６３８年以降は大老、この時から大老職が誕生）のほか、老中の松平信綱《まつだいらのぶつな》（老中在任１６３３～６２）や阿部忠秋《あべただあき》（老中在任１６３３～６６）といった、家光に取り立てられた「寛永の遺老」と呼ばれる重鎮、あるいは大目付の中根正盛（１５８８～１６６６、壱岐守）が背後でサポートした。集団統治の体制で危難を乗り切る。

この難局を契機に、幕府は武断政治の限界を思い知らされ、諸大名に課していた普請役《ふしんやく》を軽減さ

5-2 家綱、綱重、綱吉、家宣の屋敷変化

5-3 東京ミッドタウン日比谷のテラスから見た日比谷公園、写真下の心字池右側あたりが桜田御殿だった(撮影:2018年)

5-4　超高層ビルが建ち並びすっかり様子を変えている大手町、五代将軍の座を狙う綱吉の神田御殿があった（撮影：2020年）

せるなど、幕政や藩政の健全な運営に移行する必要性に迫られていた。島原の乱で活躍した中根は、平穏な時代に入ってからも重責を担う。諸大名・幕臣と将軍との間を取り次ぐ役目柄、配下の与力《よりき》二十余騎を手足として使い、情報収集に努めた。諸国の様子を監視する隠密機関の元締めの立場を活かし、様々な制度の成立を背後から助ける。中根の情報収集力は戦時体制から平穏な時代へと流れが移るなか、大名の負担軽減を図る上でも大いに価値を発揮した。

幕府機構の整備

幕府機構が整えられていく家綱時代、全国の諸大名に一定の配慮がなされた。なかでも大名改易で多くの割合を占める「末期養子《まつごようし》（後継のいない当主が急死した時、家の断絶を防ぐために緊急に縁組された養子）の禁」が慶安4（1651）年に緩和される。家光の時代の改易は49件あり、そのうち27件と半分以上が無嗣断絶《むしだんぜつ》（跡継ぎがなく、家がお取り潰しとなること）だった。しかも、家綱将軍時代の承応2（1653）年からの5年間にも6件の無嗣断絶があり、将軍家綱の30年間に12件あったうちの半分がこの間に集中した。無嗣断絶は以後も深刻な問題として続く。

この禁の緩和により無嗣断絶の件数が極端に減る時期は、将軍綱吉の時代（１６８０～１７０９）に入ってからのこと。ただし、将軍綱吉の30年間は改易処分を受けた大名が急増した。家綱時代の30年間で無嗣断絶の12件を含め20件だった改易の数が、実に倍以上の46件（譜代29件、外様17件）に増える。そのうち譜代の割合は6割を超えた。播磨《はりま》赤穂《あこう》藩藩主浅野長矩《ながのり》（１６６７～１７０１）のように当主が刃傷事件を起こした改易が3件あり、無嗣断絶の5件を加えても8件とわずかで、それ以外の改易理由が多かった。改易の大半（38件）は、家綱時代には改易の対象にもならなかった軽微な理由での処分が目立つ。意図的な改易が綱吉時代の特徴だった。改易の数を比較するだけでも、家綱と綱吉の違いは鮮明となる。

家綱時代の改革では、徳川幕府が大名から人質を取って江戸に住まわせる「大名証人制度《だいみょうしょうにんせいど》」を廃止し、「殉死禁止令」も出された。将軍や藩主の代替わりで有能な人材を失うことなく、幕政や藩政の次期への円滑な移行を周知させる。寛文４（１６６４）年には全国の諸大名、公家、寺社に対し、与えた所領に属する国郡ごとに村数・石高・村名が記された「寛文印知《かんぶんいんち》」を発給した。これは藩主などに領地安定を約束する幕府からのお墨付きである。一方で幕府は、これにより各藩領地の概要と統治能力を事前に把握できた。この成果はその後に綱吉が最大限活用する。

かつてキリシタン摘発を目的とした制度の「宗門改《しゅうもんあらため》」が住民調査に変わる。現在の全国戸籍原簿や租税台帳に相当する「宗門人別改帳《しゅうもんにんべつあらためちょう》」の作成も進められた。こうした基本資料の整理作成は四代将軍家綱の時代になされ、現代に通じる成果といえる。

5-02

玉川上水の役割と外濠の完成

明暦の大火

家綱が将軍だった30年間の事績を見ると、名君に映る。それは、保科正之がいてこその事績であろう。それほど正之の存在は大きかった。ただ視点を変えれば、家綱の純粋で率直な性格が、豊かな才能の持ち主たちを邪心なく真直ぐ進ませたともいえる。2人は二人三脚で幕政を仕切った。

家綱が将軍になって7年後、家光の寛永期からさらに巨大化した江戸で明暦の大火が起きる。家光が思い描いた華麗な江戸の都市景観とともに天守閣が焼け落ちた。その時、家綱は本丸から西の丸に逃れる。一方寛永16（1639）年に起きた江戸城内の火事の時、家光は江戸城から出て酒井忠勝の下屋敷（現・新宿区矢来町）へ避難した。家綱の時代、火事の時に避難する場所の想定は、江戸城の外を考えていた家光のころと異なる。徳川将軍にとって江戸市中はすでに安全な場所ではなかった。完全武装した江戸城内こそが安全であり、大火とはいえ家康・秀忠・家光と築き上げてきた江戸城を放棄することへの不安が強まる。計画としてあった寛永寺避難の考えは、保科正之が強く否定した。

明暦の大火は、江戸の火事のなかで最大の惨事となり、死者10万人を超えたと推計される。火元は山の手の3ヵ所、本郷、小石川、麹町から発生し、北西からの風に煽られた火が江戸の大半を焼き尽くす［5-5］。江戸城天守閣を焼失させた大火により、江戸の都市計画は大きな変更を余儀なく

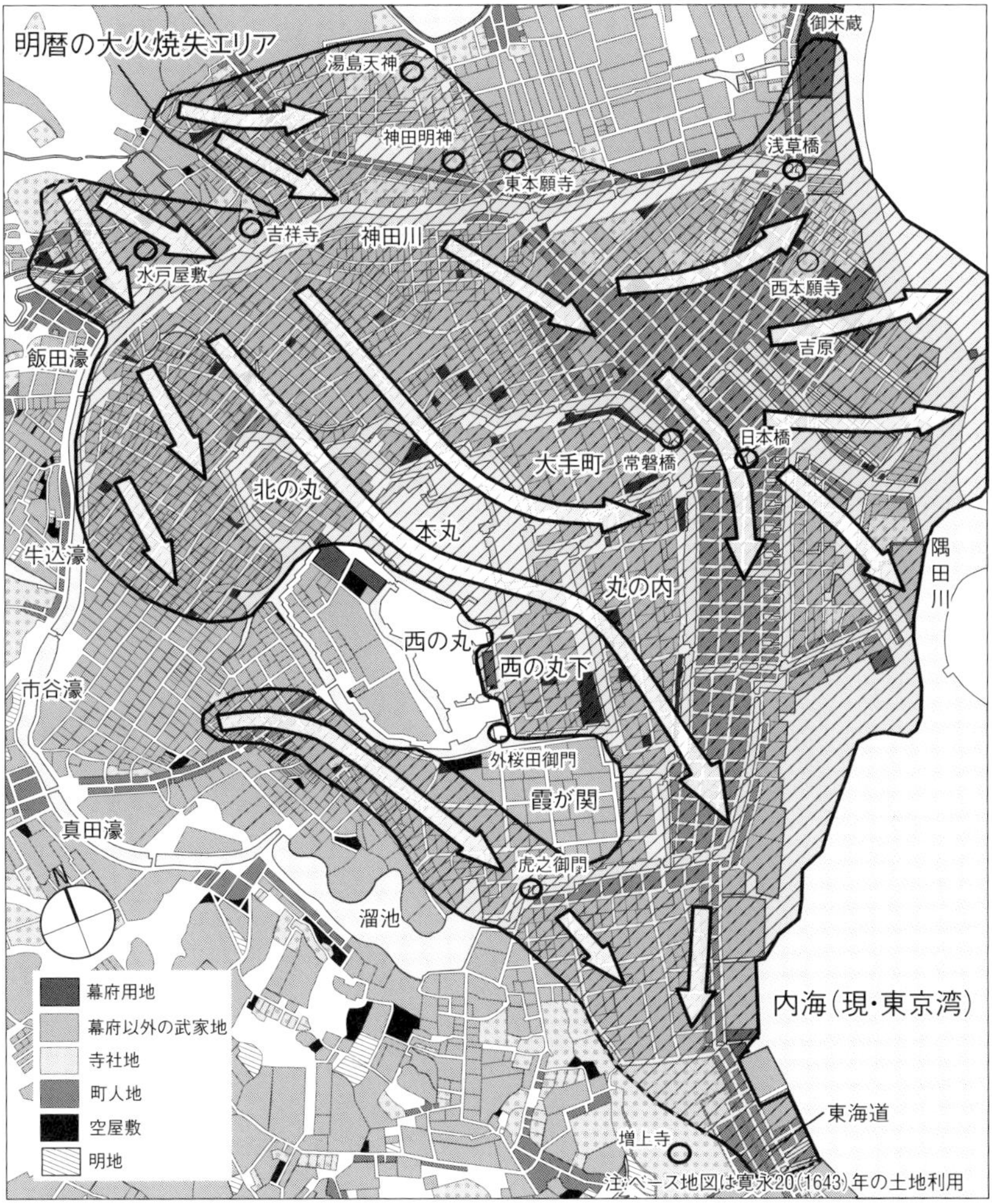
明暦の大火焼失エリア
御米蔵
湯島天神
神田明神
東本願寺
浅草橋
吉祥寺
神田川
水戸屋敷
西本願寺
吉原
飯田濠
日本橋
常磐橋
大手町
北の丸
本丸
牛込濠
隅田川
丸の内
西の丸
西の丸下
市谷濠
外桜田御門
霞が関
真田濠
虎之御門
溜池
内海(現・東京湾)
東海道
増上寺
幕府用地
幕府以外の武家地
寺社地
町人地
空屋敷
明地
注:ベース地図は寛永20(1643)年の土地利用

5-5 明暦の大火による焼失範囲

された。大火の要因となった強く吹く北西の風に対し、江戸城の防火対策を真剣に考えざるを得なくなる。江戸城西側にあった御三家の上屋敷が外に出され、同様に北側にある北の丸の武家地も明地となった。広大な空地には後に縦横に溜堀《ためぼり》が掘り込まれていく［5-6］。

正之の玉川上水整備の決断

明暦の大火が起きる3年前、玉川上水の事業は正之が周囲の反対を押し切って進め完成させた。これにより、家綱の時代に家光の大事業が進展する。玉川上水の完成後、羽村取水堰《はむらしゅすいぜき》から取り入れた玉川（多摩川）の水が家光の時代に掘られた真田濠、市谷濠に大量に注ぎ込まれた。外濠は家光が亡くなってから3年後の承応3（1654）年に完成する［5-7］。

玉川上水が整備されるまで、真田濠と市谷濠は15年もの間空堀のままだった。玉川上水によって真田濠、市谷濠に水が満たされ、牛込濠、飯田濠、神田川へと向かう水の流れが生まれる。江戸城惣構の完成は、外濠の開削が完了した寛永16（1639）年ではなく、外濠に玉川上水の水が入った時点といえる。玉川上水の水を入れる必然性を検証する手がかりとしては、地下鉄南北線建設時のボーリング調査による地質データが有効である［156頁5-8］。

断面図によれば、真田濠の底が他の濠と比べより高い海抜にある。市谷濠も旧河川を埋め、さらに濠の底を盛り土した上に新しい掘割が整備された［157頁5-9］。いずれも、地下水位の最上位面が濠の底近くにあり、自力での水量確保が難しい。外濠は初めから空堀のままでよいと、家光が考えたとは思えない。

せめて真田濠と市谷濠の濠底を下げておけば、2つの濠に地下水を自力で溜められた。だが、その

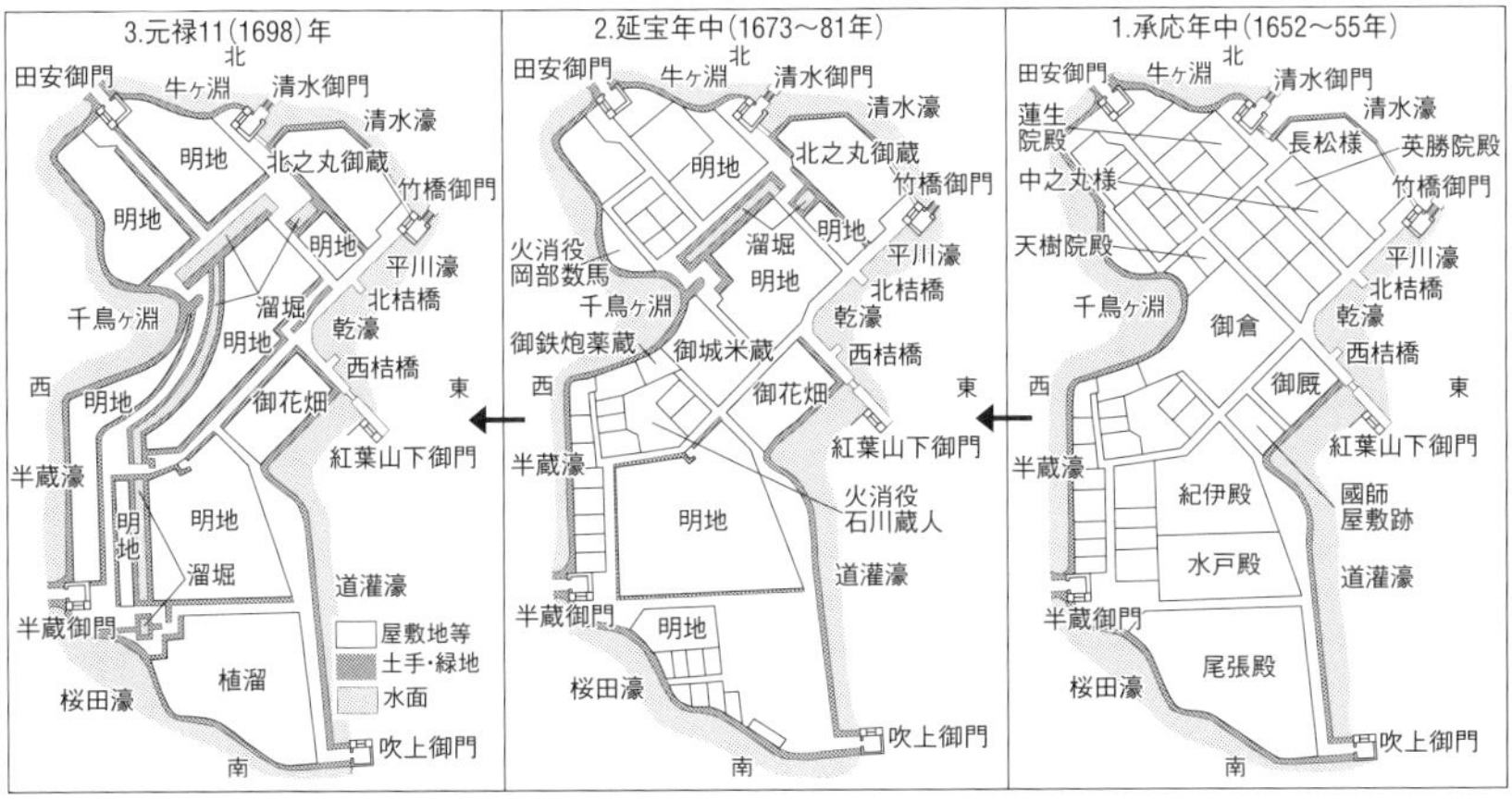

5-6　武家地から明地となる江戸城北西側一帯の変化（『御府内沿革図書』をもとに作成）

5-7　現在は上智大学のグラウンドになっている真田濠（撮影：2010年）

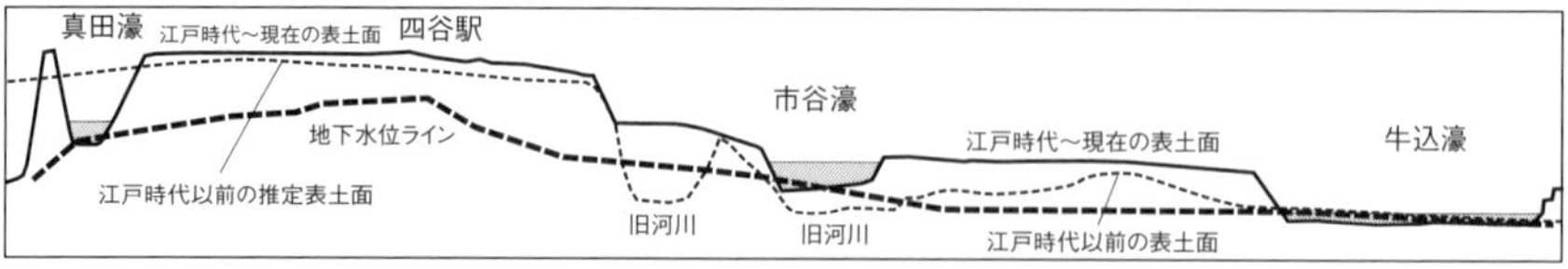

5-8　外濠の断面（地下鉄南北線建設時のボーリング調査を参考に）

行為を否定するように、わざと濠の底を上げる［5-8］。2つの濠の底を掘り込めば、各々の濠の水面水位の差が縮まり、真田濠から神田川までよどみない水の流れが維持できない。強い水の流れをつくり、水をスムーズに流すには、海抜の高い真田濠（19・5m）と低い牛込濠（5m、明治の中ごろに牛込濠の真ん中に新見附橋が架かり、現在2つに濠が分かれている。上流部分が新見附濠〈10m〉）の間にある市谷濠（18m）の水面高さを人工的に上げる必要があった。その結果、外濠の水が常にきれいな状態を保て、水位差のほとんどない神田川も水の流れをつくりだせた。

ただし、ここで困ったことが起きる。外濠に注ぎ込まれた大量の水の処理だ。元和6（1620）年に本郷台地を東西に掘り割った神田川の開削は、玉川上水からの大量に発生する水の量を想定した断面容量ではなかった。

謎に包まれた玉川上水と外濠の関係

玉川上水を整備する第一の目的は、外濠に水を注ぎ入れることにある。外濠の構想を打ち立てた将軍は家光であり、それを引き受けて完成させた人物が保科正之だった。このあまりに壮大な構想は、正之自身が生きている間に手掛けなければ永遠に到達し得ないと考えたかもしれない。神田川は、外濠の完成により「の」の字に渦巻く外濠の先端となり、江戸城惣構の一員となった（136頁4-14参照）。それは玉川上水、外濠、神田川が一体化した姿といえる。

正之は死を目前にして自身がかかわった事績の一切を消し去る。そのため、外濠と玉川上水との関係は正之の史料から明らかにできない。ただ、突然玉川上水の計画が浮上し、その実施

5-9　市谷濠、左手がJR市ヶ谷駅、奥が四ツ谷駅方面（撮影：2013年）

の是非が幕閣の間で議論されたのであれば、あまりに唐突すぎる。玉川上水は、金沢の辰巳用水と比べ、勝るとも劣らない高度な技術を駆使した結果誕生した。徳川幕府普請奉行が作成した『上水記』（1791）、『玉川上水起元』（1803）では、幕府による玉川上水の計画が承応元（1652）年11月、その後玉川兄弟に請負が決まり、工事着工が承応2（1653）年4月。玉川兄弟が難事業の末に四谷大木戸まで同年11月に完成させたとするが、計画から竣工までを1年間でやり終えたにしてはあまりにも短期間すぎる。しかも、四谷大木戸から江戸市中に向けては、玉川兄弟がお役御免となり、幕府が直接上水の工事を担当した。何か知られたくないことが徳川将軍家にあるかのように。

外濠開削に伴う寺院の移転は開削開始2年前の寛永11（1634）年。史料がない以上推理となるが、外濠の開削を開始する寛永13（1636）年以前から、玉川上水の構想があったと考えた方が妥当だろう。構想・計画の段階はさらに時期を遡る可能性がある。

家光が正之にこの壮大な構想を熱く語り、正之もそのことを熟知していたはずだ。外濠と玉川上水が別々に計画されたとすれば、その後の展開が結びつかない。玉川上水は新田開発のためとするならば、明暦の大火を予知した試みである。また、底上げした真田濠、市谷濠の2つの外濠は15年もの間先行きが全くわからない先行投資になってしまう。しかも、玉川上水の主目的が江戸庶民のためであるならば、その後の上水の使われ方が腑に落ちない。「江戸庶民のため」といっても、余り水をお裾分けされただけで、それは後に耳触りのよい文言を目的に掲げたにすぎない。

ただ、玉川上水と外濠、この2つのプロジェクトが一体のものであれば、あまりに巨大なプロジェクト過ぎる。周到に練られた構想・計画の段階があって然るべきだ。それは家光と正之、あるいはまだ幼い家綱を加えたごく限られた人たちが密かに進め、その主目的は極秘だったのかもしれない。玉川上水と外濠は、それぞれの構想が別々に積み上がって突然結合したものではなく、もとから一体となった壮大なプロジェクトだった。ただし、全体像が見えなければ、当時の重鎮たちがこぞって玉川上水の整備に反対したのも当然といえる。

玉川上水の副産物

重鎮たちの不安をよそに、玉川上水は幸運にも絶大な副産物を後に生みだす。明暦の大火後、玉川上水から多くの水が分水された。外濠のほか、江戸城内に防火用の溜堀が大規模に掘られ、そこに玉川上水の水が大量に流し込まれる。さらに、玉川上水の水は多目的化し、予想外の可能性が開かれ、新たな価値を生み出した。大火後の危機を救う新田開発を推し進める農業用水に一部置き換わった。砂川分水（1657）、あるいは三田上水（1664、後の三田用水）と、農業用水を主目的とした用水整備が行われる［5-10］。玉川上水から分水された水は不毛の地だった武蔵野台地を潤し、広く新田開発が進められ、武蔵野の風景を大きく変化させた。

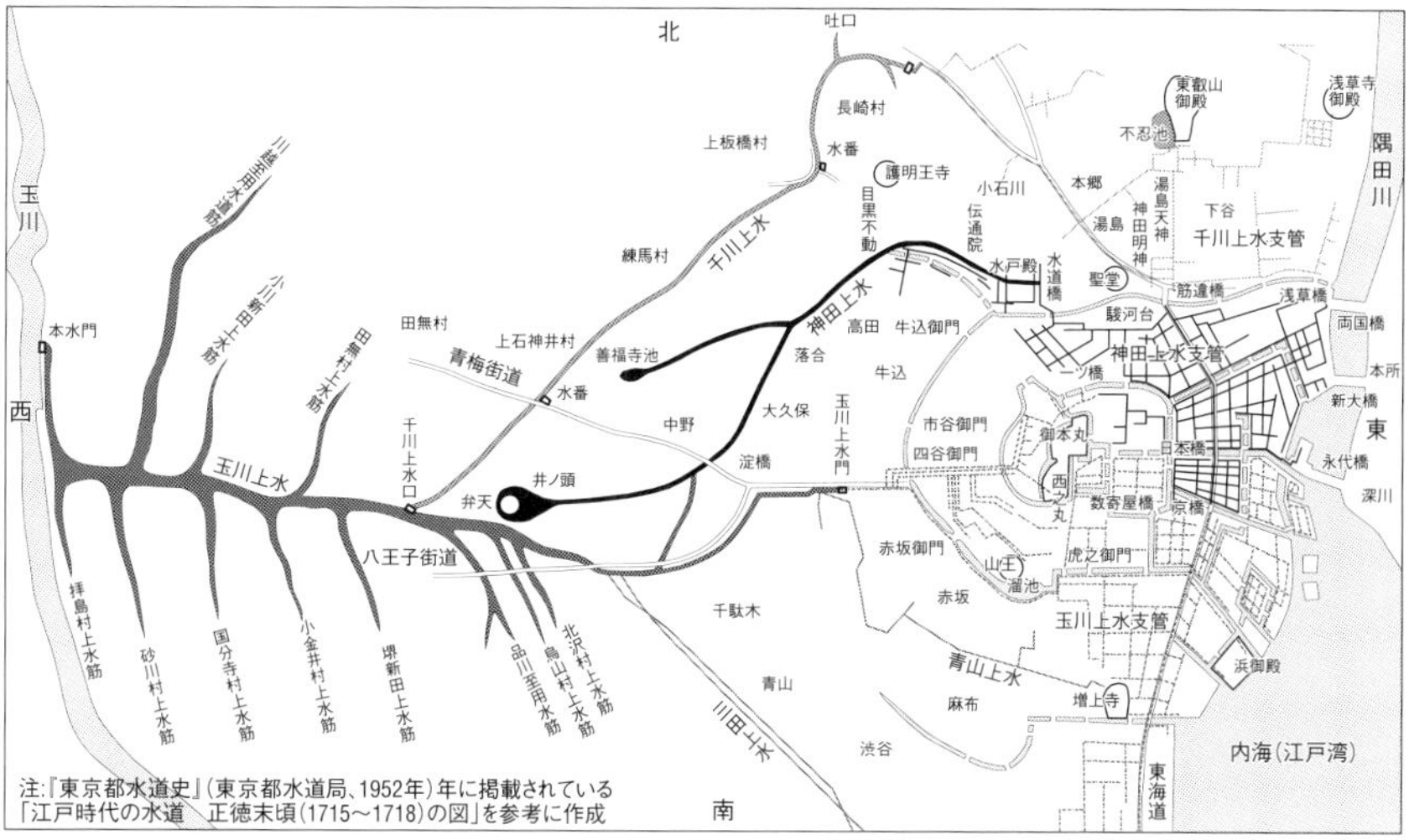

注:『東京都水道史』（東京都水道局、1952年）年に掲載されている「江戸時代の水道　正徳末頃（1715〜1718）の図」を参考に作成

5-10　江戸の上水網

農業用水以外にも、上水の整備が加わる。玉川上水から引水した青山上水（1660）などが相次いで開設された。青山上水は、主に青山、赤坂、麻布、六本木と台地上に立地しはじめた大名屋敷に給水し、さらに飯倉から芝へと向かう。これも大名屋敷への給水が中心だった。

徳川幕府は明暦の大火を契機に大規模な都市改変を試み、江戸は周辺部へと拡大発展する。大火のリスク回避として、大名屋敷は中屋敷、下屋敷、抱屋敷《かかえやしき》（農地など土地の利用権を取得した屋敷）を増やし、上屋敷の近くにならないように、中屋敷、下屋敷など上屋敷以外の屋敷を分散配置させた。火事対策としては、積極的に屋敷内にある池に上水の水が引き込まれる。家綱の時代はふんだんに水が江戸を巡り、武家屋敷内に注がれた。水と緑が映える都市風景のはじまりだった。江戸は後に庭園都市と呼ばれるようになる。

神田川の拡幅工事と河岸《かし》の成立

秀忠の時代に行われた神田川の付け替えは、江戸市中から切り離し、隅田川に神田川上流の水を直接排水する役割に限られた［94頁3-6参照］。外濠から流れ込む大量の水は想定さ

5-11　神田川、お茶の水橋を抜ける先に聖橋が見える（撮影：2012年）

れておらず、川幅が狭い。外濠の水が流れ込めば水害の危険度を増し、神田川に問題が生じる。

正之は、重鎮たちに神田川拡幅の整備まで説得できなかったのか。あるいは、そこまで一挙に話を進めるには外濠の構想があまりに壮大すぎて説得に無理があったのか。玉川上水、外濠、そして神田川へと至る構想は、科学技術が飛躍した現代の人ですら気づきにくく、別々に理解してしまいがちだ。正之が詳しい説明を避けたかもしれない。

神田川に問題が生じてからやっと、万治《まんじ》3（1660）年に仙台藩四代藩主・伊達綱村《つなむら》が神田川の拡幅工事を行う。政宗による最初の工事を引き継ぐかたちとなった。神田川の川幅が広げられ、川底が深くなる［5-11］。洪水のリスクが回避されると同時に、ここでも副産物が生まれた。船で神田川を遡り、船河原《ふながわら》橋（現・飯田橋あたり）までの遡上が可能となる。飯田濠の河岸《かがん》には物揚げ場が設けられ、牛込一帯に豊富な物資が船で供給された［5-12］。物資の集散は様々な人たちを引き寄せる。神楽坂周辺は、広大な境内を保持していた行元《ぎょうがん》寺《じ》や若宮八幡宮《わかみやはちまんぐう》の敷地規模が縮小し、武家地として土地利用転換がなされた。

土地が縮小した行元寺境内の一部には花街《かがい》が設けられ、河岸《かし》で働く人たちの憩いの場に変貌する。花街だった場所は現在寺内《じない》公園となる［5-13］。公園からは斜面上に上がる階段があり、その先には花街の雰囲気を現在も醸す路地が延びる。行元寺境内にある江戸時代の花街は斜面下までだったが、近代に入り階段が設けられたことで花街が面的に拡大した。神楽坂沿いでは、早稲田にある穴八幡神社の御旅所が享保・元文《げんぶん》年間（1716～41）に設けられ、寛政《かんせい》5（1793）年になると善國寺《ぜんこくじ》が麹町から移転してくる。江戸時代の神楽坂一帯は多くの人が集うようになり、さらに賑わう。

5-12　飯田濠沿いの物揚げ場と行元寺

5-13　現在の寺内公園。かつて花街だった行元寺の境内跡
（撮影：2013年）

5-03

巨大プロジェクトと江戸の防災対策

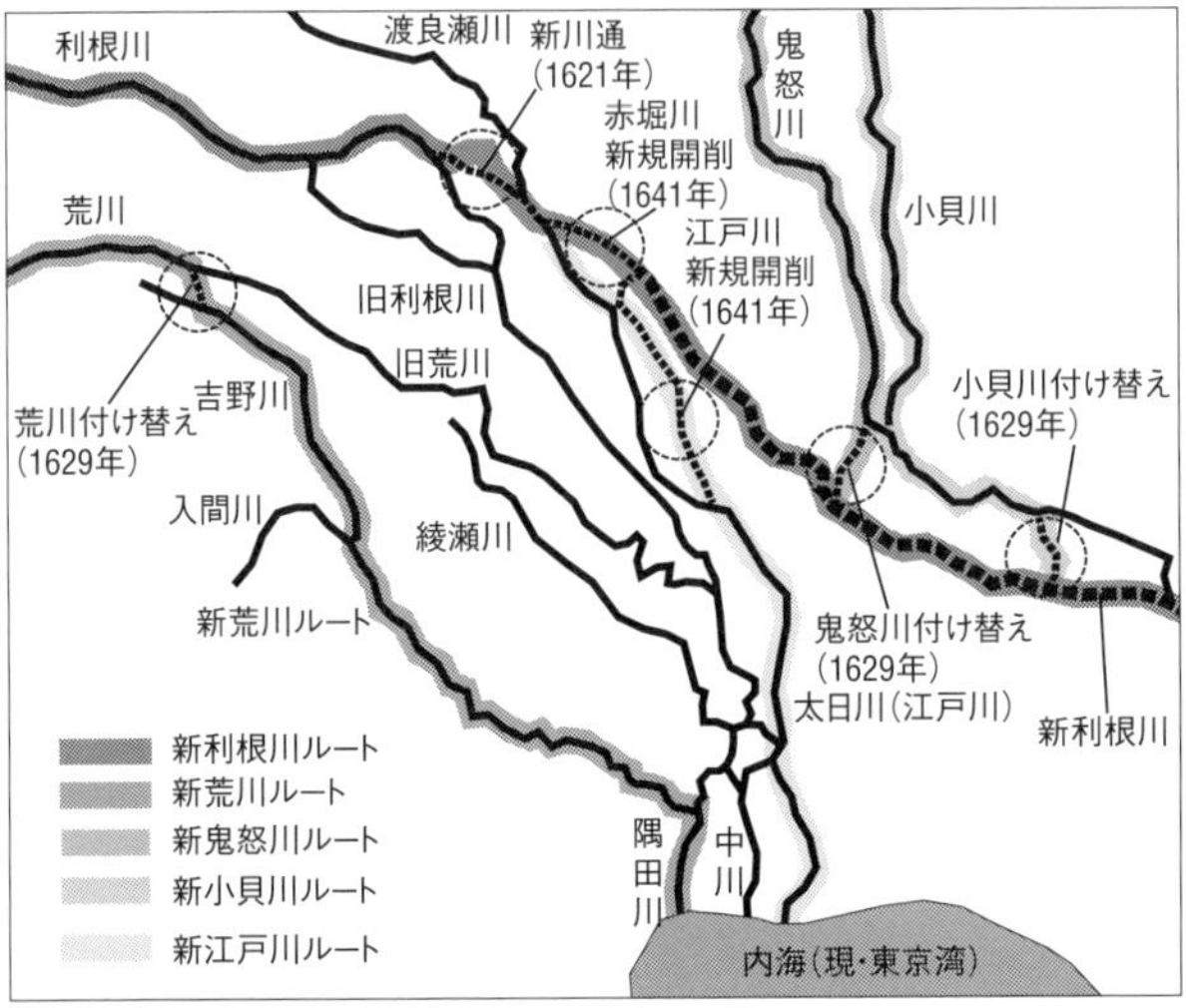

5-14　利根川東遷

利根川東遷

家康が江戸に入府したころ、利根川は内海（現・東京湾）に注ぎ込み、「坂東《ばんどう》太郎《たろう》」と呼ばれる暴れ川だった。大坂の陣（1614・15）に勝利し、実質的に日本の統一がなされて以降、全国から江戸へと物資の流入が莫大な量に膨れ上がる。しかし、鎖国して船が一枚帆の一本マストとなった時代、東北からの太平洋沿岸航路は房総半島を回り込み直接浦賀水道を抜けて内海に入るコースが大変な難所となり、船の難破が絶えなかった。その時、内陸河川の舟運活用が模索される。

東北から江戸への海上輸送を円滑に進め、関東一円の内陸舟運網を創出するためには、内海に注ぎ込む利根川の流路を東《とう》遷《せん》させ、船の航路として安定した水量確保が必要だった。利根川の水を銚子から直接太平洋に流す工事が元和7（1621）年、秀忠の将軍時代にはじまる。この工事の最終的な完成は30年以上も経た家綱治世の承応3（1654）年［5-14］。玉

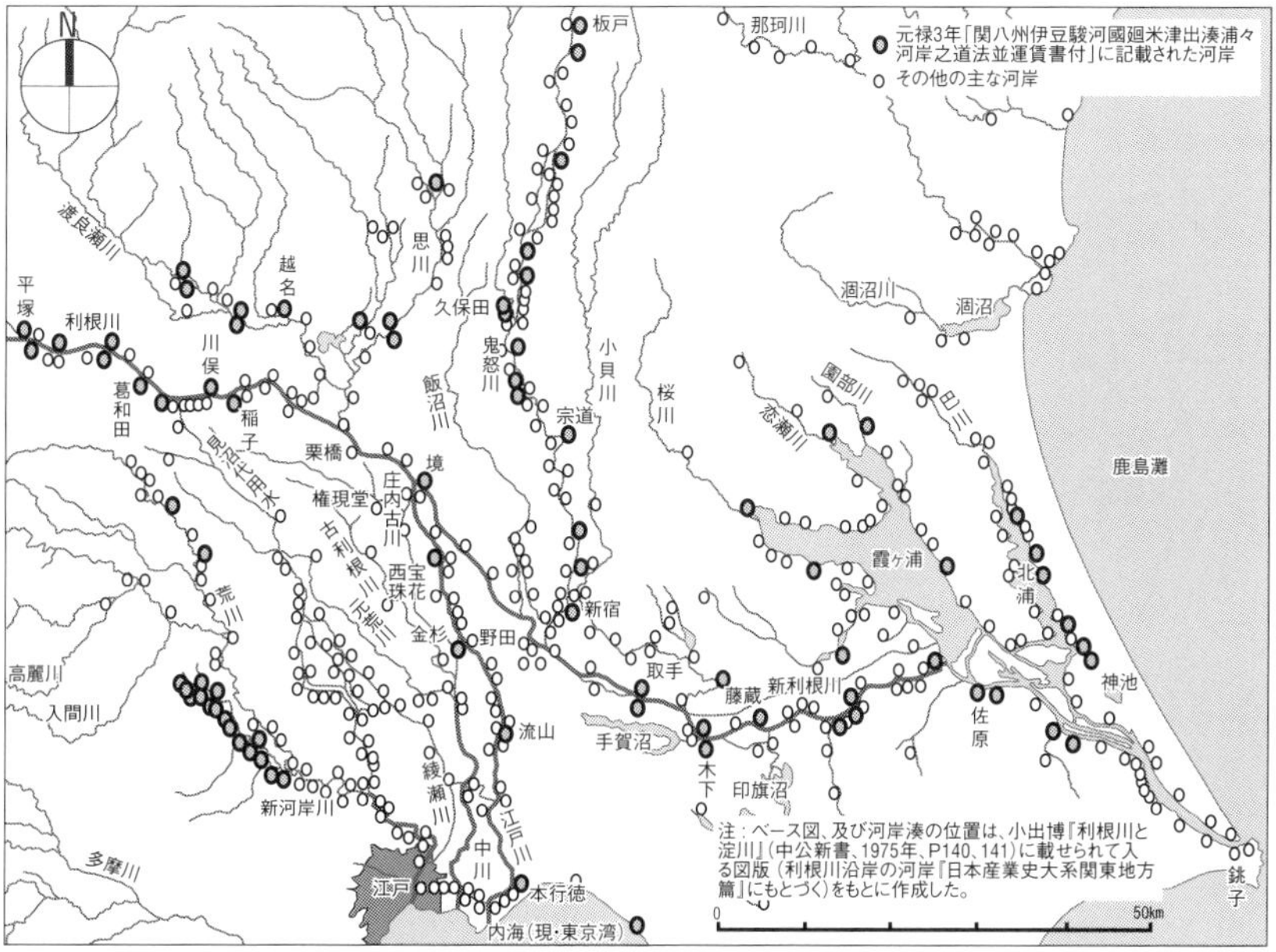

5-15　関東の水路網と河岸

川上水の完成と時期が重なる。

利根川東遷の工事により、関東内陸部の河川舟運のネットワークが充実し、関東一円の物資が船で江戸に運ばれた[5-15]。銚子の豪農だった田中玄蕃《げんば》が元禄10（1697）年に関東で一般的になる「こいくち醤油」の醸造法を確立する。それ以前の元和2（1616）年にはすでに銚子で醤油醸造がはじまっていた。正保2（1645）年に紀州出身のヤマサ醤油の創業者である濱口《はまぐち》儀《ぎ》兵衛《へえ》が銚子で商売をはじめ、後に銚子で製造された醤油も内陸舟運を利用して江戸に運ばれるようになる。

太平洋航路と内陸舟運とが直結し、房総半島を回り込まず、銚子から内陸河川を使って江戸へ運ぶルートが容易になった。承応3年には、三陸沖で取れた大量のイワシを乾燥させて製造した有機質肥料の干鰯《ほしか》を商う干鰯問屋が、江戸で初めて日本橋川沿いの日本橋北新堀《きたしんぼり》・茅場町《かやばちょう》で開業する。東北地方からの物資が銚子を経て内陸河川経由で日本橋の河岸《かし》に運び込まれた。

幕府の火事対策

明暦の大火以降は、北西からの火事に対する江戸城の備えが強化された。雉子橋《きじばし》辺りから神田橋にかけ、濠（日本橋川）北側一帯は武家地、寺社地、町人地を立ち退かせ、東側の一番から四番まで数字の番号が付けられた広大な火除地《ひよけち》（明地《あけち》）となる［5-16］。参考にあげた図版は元禄2（1689）年のもので、明地の一部に大寺院の護持院《ごじいん》（元禄2年時点は知足院《ちそくいん》と呼ばれていた）が建つ。護持院は八代将軍吉宗の時代に火事で消失し、再建されずになくなり再び明地となった。

延焼をくい止める策は、さらに外側の神田川に拡大する。神田川南側沿いに土手が設けられ、柳が植えられた。龍閑川《りゅうかんがわ》は元禄4年に掘割として開削される。だが、それ以前は長さ八丁（約870m）にも及ぶ防火堤防が明暦の大火後に築かれた。

明暦の大火は、従来の消防制度にも大きな影響を及ぼした。明暦の大火の翌年、万治元（1658）年には大名だけだった火消を旗本にも命じ、定火消《じょうびけし》が制度化する。最初に定火消の火消屋敷が4組置かれ、その屋敷内には高さ5間（9・09m）の火の見櫓がはじめて設けられた。いずれも江戸城から見て北と西の方面に配された［5-16］。江戸城の北西側での火元が大火になりやすく、江戸城の本丸を焼き尽くした明暦の大火が脅威としてあった。宝永元（1704）年以降は定火消が10組の編成に増え、江戸城北西以外にも配置されていく。これは、江戸が江戸城南側、東側に都市拡大し、火事の火元が北西側だけではなく、多方面の火元から大火となる状況に変化したことによる。

家綱時代の火消は、江戸城と江戸に広がる武家地を大火からどのように守るかであり、町人地はまだ視野になかった。ちなみに、町火消の設置は享保《きょうほう》3（1718）年からである。享保5年には町人

5-16　火除地（明地）と火消役所（元禄 2〈1689〉年）

にも火消人足の用意と火事の際に出動する義務が課せられた。この年、町火消組合が改正され「いろは四十七組」（後に一組が増える。東側も十六組として組織させる）となり、纏幟《まといのぼり》が制度化される。消火といっても火消人足による建物の破壊が主だが、屋根に上り纏を振る火消の姿は絵になった。享保8（1723）年には、風向きと火事の様子を知る火の見櫓の設置が義務付けられる。平板な江戸の町人地に一際高い火の見櫓の出現は画期的だった。上から見下ろす行為を極端に嫌った徳川幕府だが、明地を増やすだけでは限界があり、止むを得ない試みとなる。

寛文《かんぶん》2（1662）年、母屋の庇《ひさし》部分の除去を命じる町触《まちぶれ》が出された。これは家康から続く幕府による都市計画の方針転換といえる。母屋から道の両側にある庇が京間1間（約1・97m）ずつ出されていたまち並みは、家康が腐心し、朝鮮通信使来訪や祭の時に桟敷の役割を果たした重要な都市装置だった。だが、多発する火事には勝てず、街路に突き出した庇を短くし、実質的に道幅を広げた。周辺への延焼防止が図られる。

家康の埋蔵金と火事により逼迫する幕府財政

大火が頻繁に起きると、焼失した施設再建のために幕府の支出がかさみ、財政上大きな負担となる。明暦の大火で焼失した江戸城天守閣は再建されていない。それでも、本丸御殿などの江戸城再建には100万両近い総工費を要した。家綱が四代将軍に就任した時は代々受け継いだ家康の埋蔵金（600万両。3分の1は豊臣家滅亡による没収益）がまだ400万両以上残っていた。その何と四分の一近くが明暦の大火後の江戸城再建で消える。さらに家綱が亡くなる時点で、家康の埋蔵金は100万両にも満たなかったという。家康が残した埋蔵金はいざ戦闘という時のために子孫に残された。しかし、その最大の使い道が江戸の火事とは家康も考えていなかったに違いない。

江戸城に限れば、防災への意識が高まった。小規模な火災を除けば、明暦の大火以降江戸城にある御殿の焼失は、大奥で多くの死者を出した本丸の火災が弘化元（1844）年、西の丸が嘉永《かえい》5（1852）年、二の丸が延享《えんきょう》4（1747）年と、長らく江戸城内での大規模な火事は起きていない。江戸城内での火事対策が効果を発揮した。

ただし、幕府の財政支出は江戸城の再建だけではなかった。大火後の救済は幕府にとって大きな負担となる。旗本や御家人に拝領金、大名に下賜金《かしきん》が与えられ、町人にも救済金が配られた。明暦の大火の時には幕府の出費が15万両を超え、大火が起きる度に救済することで幕府の財政が悪化する。町人も火事による支出で頭を悩ませた。町入用《ちょうにゅうよう》の経費のうち、もっとも多くの割合を防火・消火に関連する支出が占める。

しかし一方で、火事は経済効果に大きく影響する。大火で焼失した江戸の再建には、江戸をはじめ全国の物価や景気に影響を与えるほど資材の調達量が増え、それを得るために莫大な金が動いた。皮肉なことに、多発した江戸の火事は一方で江戸時代の経済成長を支える大きな要因の一つとなる。明暦の大火後に材木の大量買い付けを行い、江戸の建築作業を請け負った河村瑞賢《かわむらずいけん》（1618〜99）など、大火を契機に富を築く商人があらわれた。

5-04

天守閣を建てなかった見返りは何か

台座の建設だけで終わった天守閣

明暦の大火（1657）の翌年には早くも天守閣の台座が再建された［5-17］。天守閣再建に向けた素早い動きだった。だが、保科正之が天守閣の建設を即座に中止させる。天守閣など建設する時代ではないと一蹴し、再建させなかった。正之は寛文12（1672）年に亡くなるが、家綱体制はまだ7年もの歳月が残る。ただし、その後も天守閣を再建していない。

正之の進言に家綱が理解を示した結果といえよう。あるいは、天守閣に上り近習の者に遠眼鏡を勧められた時の自身の気持ちを思い返していたのか。明暦の大火以降は、多発する火事対策に追われる一方、家綱は都市基盤整備に精力を傾け、成果を出し続ける。天守閣再建よりも、江戸や日本の都市基盤の充実を図った。

しかし、天守閣再建が未着手だった要因はそれだけだろうか。家綱の影のように献身的に支えてきた正之の死は、一つに束ねられていたかに見えた人間関係が様々な方向へと向かう流れをつくりだした。正之の死後、将軍の健康面の不安もあり、家綱の求心力は低下する。次期将軍候補擁立に向けた水面下の動きがあわただしくなる。

5-17　天守閣の台座（撮影：2020年）

キーパーソンとなる堀田正俊

家綱時代後半に幕閣として頭角をあらわす堀田正俊《ほったまさとし》（1634〜84）の動きを推理すると、彼が家綱から綱吉へと将軍交代劇を企てたキーパーソンといえる。家光の死の際には、正俊の父・正盛が殉死した。正俊は、遺領のうち下野新田《しもつけしんでん》1万石を分与され、守谷城《もりやじょう》1万3000石の大名となる。その後は四代将軍家綱の時代に順調に昇進した。明暦2（1656）年には小田原藩藩主の稲葉正則《いなばまさのり》（1623〜96、美濃守）の娘を妻にむかえる。万治3（1660）年に奏者番《そうじゃばん》（城中における武家の礼式を管理する役職）となり、上野安中藩《こうずけあんなかはん》2万石を与えられた。縁組した両家は、たまたま西の丸下で屋敷が隣同士だった［149頁5-2参照］。ただ、江戸における大名屋敷を調べていると、近所同士の縁組みが思いのほか多い。犬猿の仲になるケースもあるが、いつの時代も近所付き合いが欠かせないようだ。

正則は四代将軍家綱のもとで明暦3（1657）年に老中、寛文6（1666）年には老中首座となる。その正則の後見を受けた正俊は、地位をさらに上げていく。寛文10（1670）年に若年寄となり、延宝7（1679）年には老中に就任した。老中となった年あたりから、正俊は家綱政権時代に権勢をほしいままにした大老の酒井忠清《さかいただきよ》と表立って対立する。これを機に、家綱の異母弟である綱吉を推しはじめた。正俊が忠清と対立する構図は延宝7年に明確化するが、それ以前から忠清を共通の敵とする綱吉擁立の中心人物だった。後に記す越後高田藩で起きた越後騒動では、初期段階からシナリオを組み立てていたと考えられ、正俊は終焉をむかえようとする家綱から早い段階で綱吉に鞍替えする。

●活躍する河村瑞賢と干された稲葉正休

河村瑞賢（1618~99）は、伊勢国度会郡東宮村《わたらいぐんとうぐうむら》（現・三重県度会郡南伊勢町）の貧農に生まれたとされる。春秋居士《しゅんじゅうこじ》著『評伝 河村瑞賢』（博文館、1912年、国立国会図書館デジタルコレクションに収録）によると、先祖が村上源氏で、北畠氏の家来筋と自称していたという。13歳の時、瑞賢は江戸に出た。徳川幕府の土木工事の人夫頭《にんぷがしら》から徐々に資産を増やし、材木屋を営む。40歳の時に起きた明暦の大火（1657）では木曽福島（現・長野県木曽郡）の木材を買い占め、土木・建築を請け負うことで莫大な利益を得て商人として成功した。

河村瑞賢は、幕府の命により東廻り航路（1671）、西廻り航路（1672）を開発する［5-18］。奥州《おうしゅう》（東北）から江戸へ、幕府の年貢米輸送は、それまで危険な犬吠埼沖《いぬぼうざきおき》の通過を避け、利根川河口の銚子で川船に積み換えて江戸へと運ぶ内川江戸廻り航路（1654年に開通）が中心だった。しかし、土砂堆積による利根川などの川床上昇により、一年を通じて船の航行ができなくなる。以降、江戸への新たな廻船方法が検討されはじめた。

安全で、しかも早い廻米ルートの開発が瑞賢に託される。阿武隈川《あぶくまがわ》河口の荒浜《あらはま》から本州沿いに南下し、房総半島《ぼうそうはんとう》を迂回して伊豆半島の下田《しもだ》へ入ってから、南西の風を待って江戸に廻米するルート

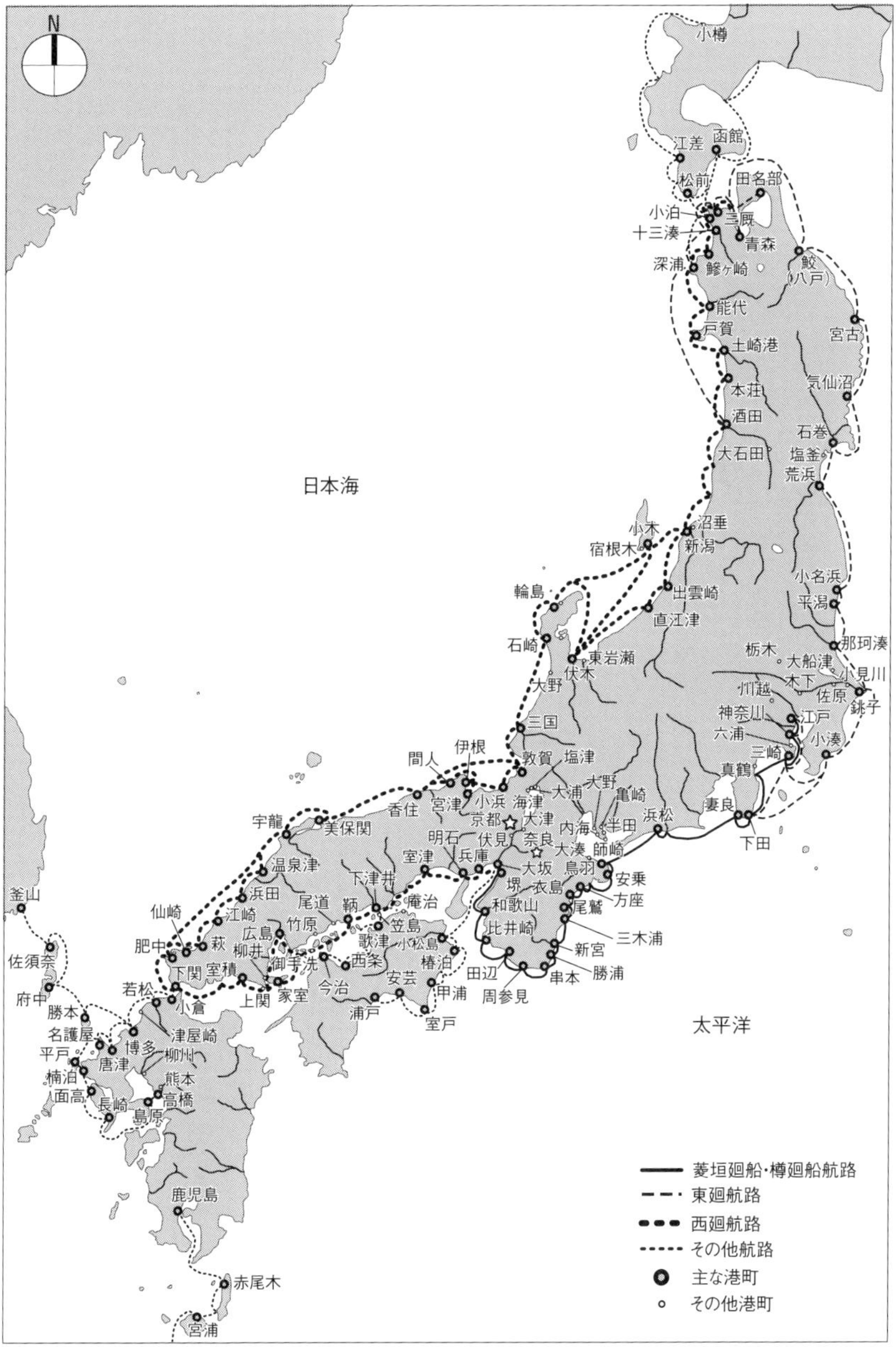

5-18　近世日本の海のネットワーク

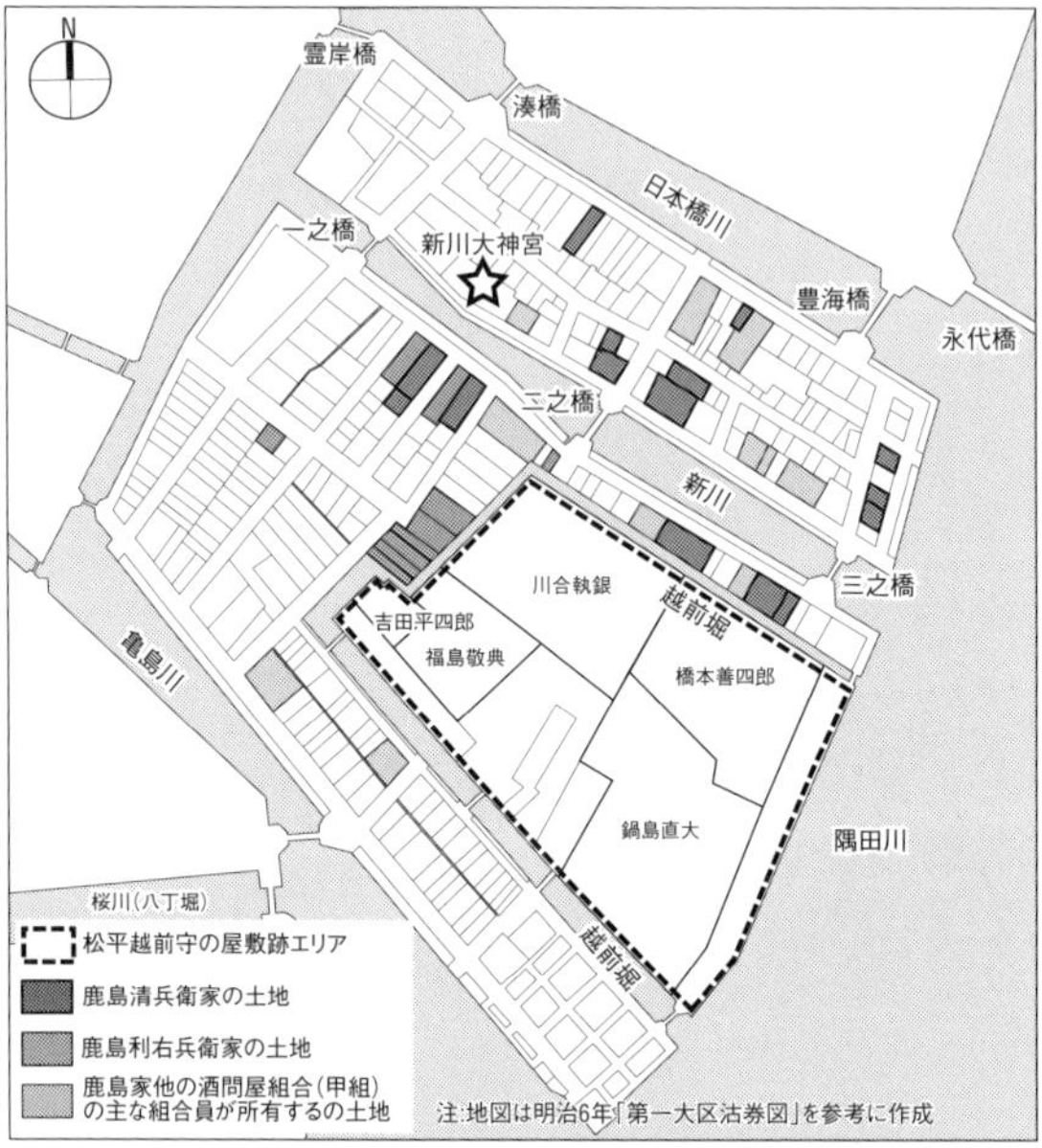

5-19　日本橋川と平行に開削された新川

が寛文11（1671）年に開発された。瑞賢が開いたこの東廻り航路の翌年には、最上川《もがみがわ》の河川舟運を利用し、河口の酒田で廻船に積み換え日本海沿岸から瀬戸内海を廻る西廻り航路による廻米《かいまい》ルートも確立する。その延長として、紀伊半島《きいはんとう》を迂回した船は江戸まで廻米した。

寛文期（1661〜73）、河口付近の湊では上流から流入する土砂により、しばしば河口湊が使えなくなる問題が起きる。寛文6（1666）年、老中首座に昇格していた稲葉正則は、酒井忠清・久《く》世広之《ぜひろゆき》（1609〜79）・土屋数直《つちやかずなお》（1608〜79）など他の老中と共に「諸国山川掟《しょこくさんせんおきて》」を発令する。その際、すぐれた民間の人材である河村瑞賢などを登用した。瑞賢は上流の治山と下流の治水を一体的に整備すべきとの認識があり、俯瞰して局所の問題を明確化する能力の持ち主だった。全国を飛び回り土木事業に携わる瑞賢の治水の考えは、徐々に幕府上層部に評価されはじめ、淀川で発生した延宝2（1674）年の大洪水後の整備にも瑞賢が関わる。この淀川に関連し、後に大きな事件も起きた。

稲葉正休《いなばまさやす》（1640〜84、美濃青野《みのあおの》藩主、石見守）は堀田正俊の従兄弟にあたる。天和3（1683）年、その正体が若年寄として水害に悩まされる淀川の視察に訪れた。案内役は瑞賢が務める。

淀川を担当する正体は淀川治水に関する対策案をまと

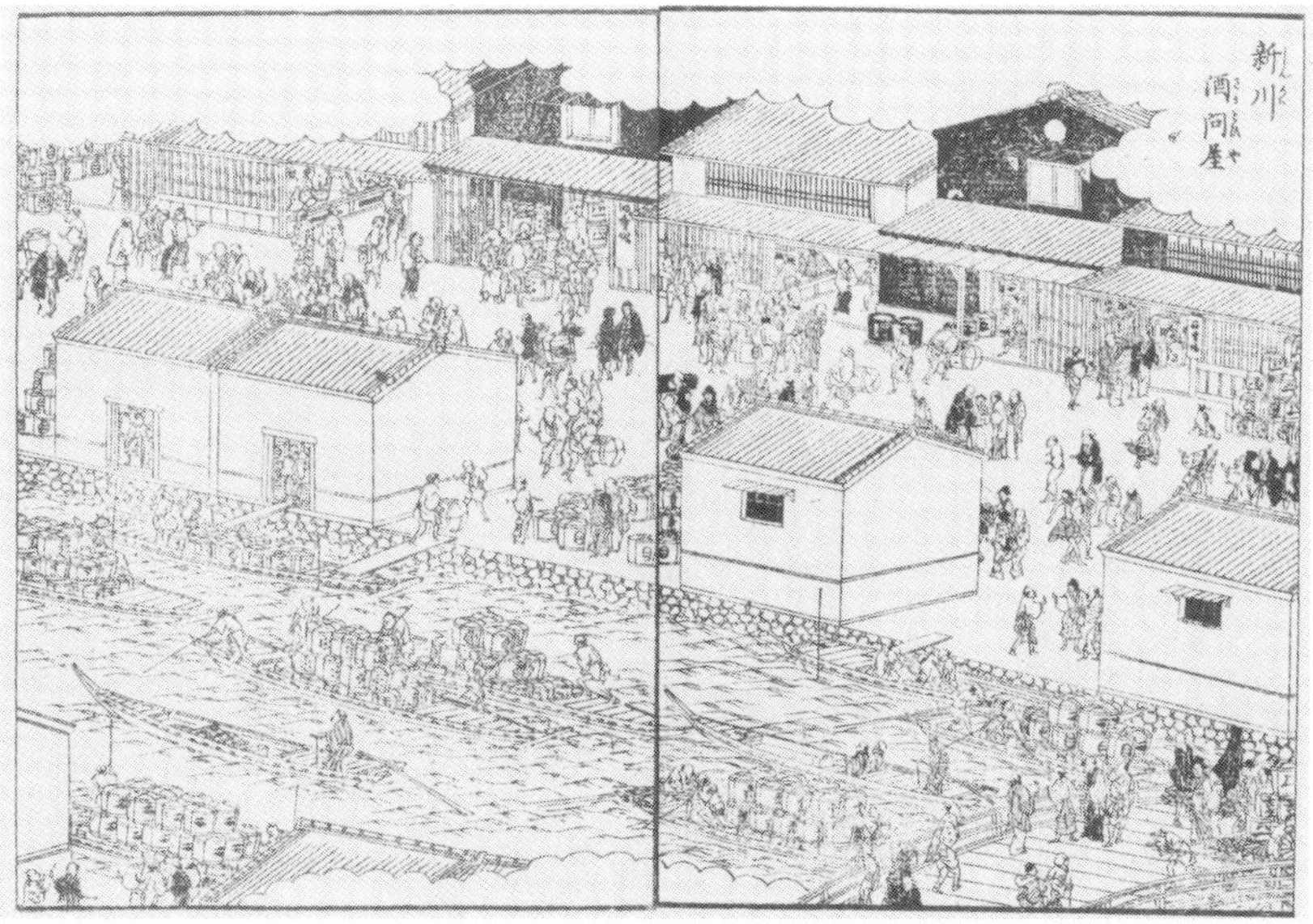

5-20　新川と酒問屋、『江戸名所図会』より

め、治水事業の費用として4万両を計上した。この額を不審に思った正俊が別途瑞賢に問いただし、半額の2万両でも可能との意見を得る。この件で、正休は淀川の治水事業から外された。一方瑞賢は、幕政のしがらみをよそに様々な業績を世に残していく。

瑞賢は全国各地で治水・灌漑《かんがい》・築港などの事業を実施した功績から、晩年は旗本に加えられた。瑞賢の活躍は、新井白石（1657~1725）の『奥羽海運記』や『畿内治河記』（いずれも国立国会図書館デジタルコレクションに収録）に詳しく、「天下に並ぶ者がない富商」と、白石は瑞賢を賞賛する。白石がこれほどまでに讃えた瑞賢は類稀な才能の持ち主といえよう。

瑞賢は晩年、霊岸島《れいがんじま》（現・東京都中央区）に居を構え、霊岸島に新たな掘割を開削した［5-19］。新川である。その際に使われた測量技術などは瑞賢がこれまでに得た知識と数学的才能によるものだと長内國俊著『河村瑞賢 みちのく廻船改革』（文芸社、2007）で指摘する。確かに、新川の整備は見事である。酒問屋が集まり、多くの船が出入りできる空間的な仕組みが織り込まれた［5-20］。

大名の御家騒動に見る家綱と綱吉の違い

3つの大藩に見る騒動の違い

家綱の晩年から綱吉の将軍時代にかけ、伊達騒動や福井藩、高田藩の越後騒動《えちごそうどう》（後述）など、大藩の御家騒動が起きる。特に高田藩で起きた越後騒動は、比較的寛大な措置が取られた家綱の時代と、厳しく対処した綱吉の時代とを比べると、その違いが鮮明となる。家綱は煙が立った時に消火を試み、綱吉は火種を見つけ油を注ぐ。

幕府が介入する藩への御家騒動には、幕府が藩に裁定を求められるケースと、幕府体制の維持のために水面下で藩をコントロールするケースがある。後者のケースでは、特に「天皇と藩主の血縁」に関して神経を尖らせた。47万５０００石の越前福井藩は、貞享《じょうきょう》３（１６８６）年に改易となる。六代藩主綱昌《つなまさ》（１６６１～９９）の乱心（狂気）が改易の理由だった。しかし、知行半減（25万石）というペナルティを与えられた上で藩の存続は許された。62万石の外様大名である仙台藩伊達家は、伊達騒動で揺らぎながらも、三代藩主綱宗《つなむね》（１６４０～１７１１）、四代藩主綱村《つなむら》（１６５９～１７１９）が隠居することでことなきを得た。綱宗の場合は、生母貝姫の姉・隆子が後西天皇《ごさいてんのう》（１６３８～８５）の生母になり、綱宗が天皇の従兄弟となったことから、幕府に警戒された背景がある。綱村の場合は、浪費による多額の借金で藩財政が困窮し、重臣らとの対立騒ぎとなった。この騒ぎを綱吉に知られ、老中の稲葉正往が綱村に状況を説明し、隠居を承諾させる。綱吉なら改易もある、と悟ったようだ。

26万石の高田藩も御家騒動を起こす。福井藩と高田藩は、ともに家康の次男結城秀康が祖である。ただその結末は大いに異なった。高田藩は藩の改易だけでなく、関連した大名に甚大な影響を及ぼす大事件に発展する。

高田藩の越後騒動はドラマチックで話題性に事欠かないことから、後年には歌舞伎などに取り上げられる。娯楽性の強い脚色がなされて広く世間に知られたが、事実とは異なる内容もある。一方で、散見される越後騒動関連の文献史料から実態を読み解く研究が試みられており、吉永昭著『越後騒動覚書─騒動記を中心に─』(福山大学人間文化学部紀要第4巻、2004年)、佐藤宏之著『読み継がれる越後騒動─「越後騒動通夜物語」と「越後騒動日記」─』(一橋論叢 第134巻 第4号 2005年10月号)などがある。

ただし本書では、越後騒動の基本的な流れを押さえつつも、この騒動に関与した徳川将軍、徳川家重鎮の立ち位置から見ていきたい。越後騒動をフィルターに、家綱から綱吉に将軍が代替わりする徳川将軍家の質的変化に迫る。

2人の家老の対立からはじまる越後騒動

高田藩の騒動の結末は2度ある。はじめの裁定は家綱時代の穏便な対応により、死罪を出さず、高田藩も無事だった。2度目は五代将軍綱吉自らの裁定により厳しい処分が下された。高田藩は改易となり、家綱時代と一線を画した。親藩・譜代の大名に対する綱吉の厳しい姿勢がうかがえる。高田藩の越後騒動は、家老同士の諍《いさか》いにすぎない騒動から、後に藩主の御世継ぎ問題に発展し、家綱と綱吉の将軍交代時期を跨ぎ、とんでもない事件に拡大した。

この越後騒動には綱吉の幾つかの思惑が潜む。綱吉は財政が豊かな藩から余剰金をできるだけ絞り上げたい考えを常々持っていた。また、最初の裁定を取り仕切った、綱吉を疎んじていた酒井忠清は綱吉にとって忌《い》むべき人物だった。綱吉は堀田正俊も排除したい人物の一人だが、綱吉も正俊も忠清が共通の敵であり、越後騒動では綱吉が正俊の画策能力を利用する。正俊は陰で糸を引き、単なる藩の両家老による諍いを空前絶後の大騒動にまで仕立て上げた。

越後の地はもともと、結城秀康が越後国北ノ庄（福井藩）67万石を領していた。後年の元和9（1623）年に二代藩主松平忠直《ただなお》（1595～1650）が乱行を理由に改易となり、忠直の弟忠昌《ただまさ》（1598～1645、伊予守）が寛永元（1624）年に福井藩主となる。一方、忠直の子仙千代（光長、1616～1707、越後守）は、忠昌の配慮もあり、同年に越後高田藩26万石を新たに与えられた。光長は現在国立劇場があるあたりに1万坪もの広大な上屋敷を江戸で賜る［5-21］。

光長は家康の曾孫であり、母が二代将軍秀忠の娘勝姫という申し分のない血筋。綱吉とは従兄弟にあたる。高田藩は開墾を盛んに行い、実高が36万石余にも及ぶ豊かな藩となった。高田藩を取り潰し、検地を行えば、少なくとも10万両が幕府の財政に組み入れられる。綱吉はこの豊かな高田藩を潰しにかかった。

寛永元年に光長が越後高田藩26万石の藩主になって以降、平穏な藩政が続いた。しかし、42年目の寛文6（1666）年、高田城下は地震により大きな被害を受ける。この地震では筆頭家老の小栗五郎左衛門と次席家老の荻田隼人《おぎたはやと》（長磐《ながいわ》）が倒壊家屋の下敷きとなり、共に圧死した。2人の死で、それぞれ順当に嫡男が家老職を引き継ぐ。小栗家は美作《みまさか》（正矩《まさのり》、1626～81、以下小栗美作派を中

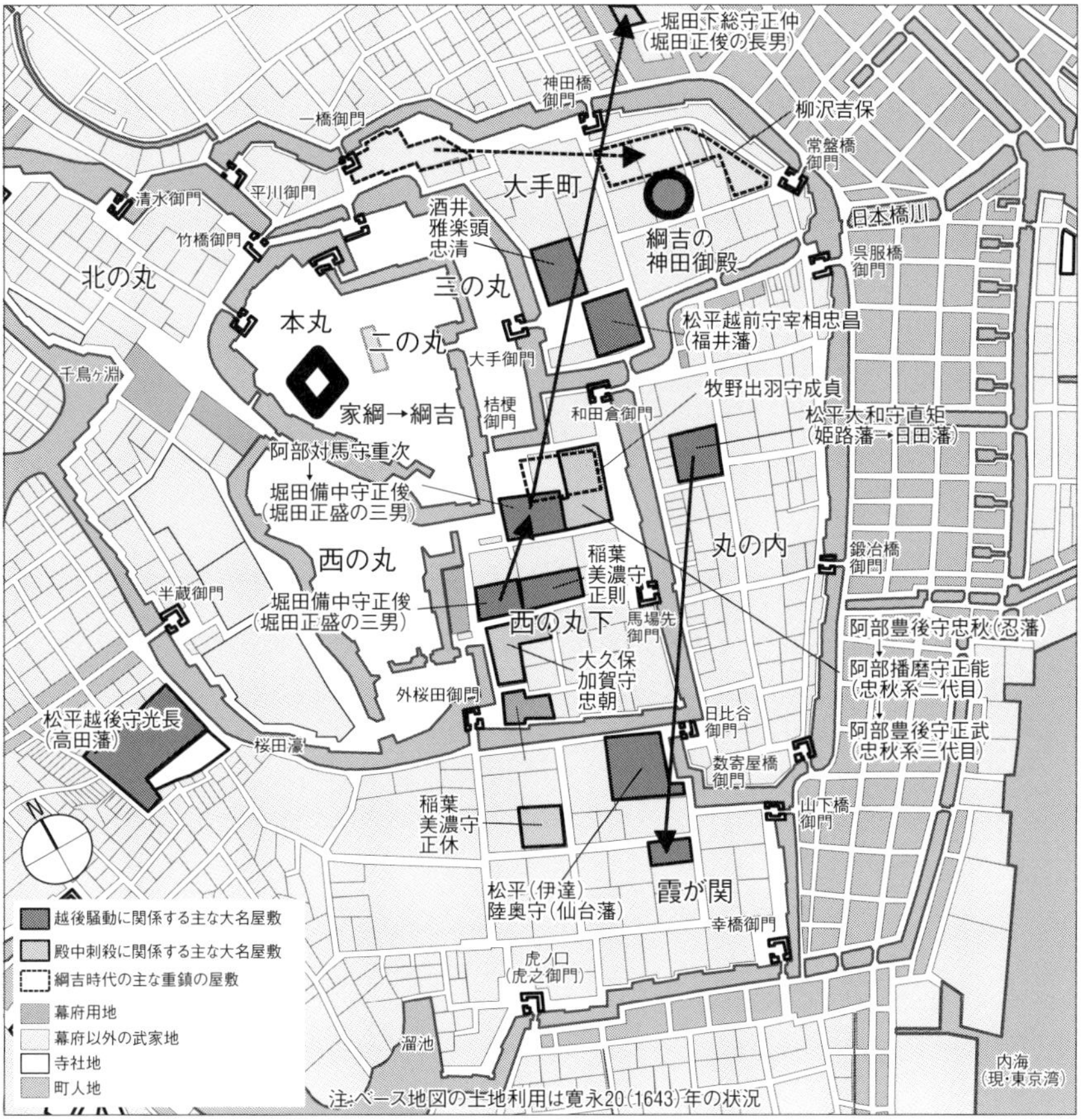

5-21　高田藩の越後騒動と殿中刺殺に関わった主な大名家

心とする派閥を「美作派」とする）、荻田家は主馬《しゅめ》（本繁《もとしげ》、1640～1701、以下荻田主馬派を中心とする派閥を「主馬派」とする）。小栗美作は能力がある一方、派手好きで権力欲が強く、人望がない。荻田主馬は能力に欠け、美作に嫉妬するが、藩内においては人望があった。この2人の確執から、それぞれの派閥（「美作派」と「主馬派」）が強化され、越後騒動の幕が開く。

26歳の次席家老主馬は、地震後に藩主光長の命を受け、地震で倒壊した高田城二の丸の瓢箪島《ひょうたんじま》の修復工事を任された。だが、失敗に終わる。主馬に代わり、40歳の筆頭家老美作が成功させた。面目を失った主馬は自身の力量不足を棚に上げ美作を敵視する。

美作は、その後も殖産興業を推進するなど藩政改革を推し進め、高田のまちの復興を断行する。現在の上越市の市街はこの時にかたちづくられた。ほかにも、直江津の築港、新田の開墾などに手腕を思う存分振るう。江戸で著名となっていた河村瑞賢を招いて整備した中江用水（1674年着工、1678年に初期延長26㎞完成）など、用水路整備にも尽力した。この時の用水は米どころ高田の象徴であり、今も現役である。さらに、藩主光長の異母妹勘子（忠直の娘）を妻とし、家綱時代の幕閣とも太いパイプをつくる。だが、自身の贅沢で傲慢な性格も加わり、藩内だけでなく家しいままにする美作の行動は多くの藩士に悪い感情を持たれた。主馬に限れば逆恨みだが、多くの藩士の美作に対する思いと重なり、これが騒動を大きくする原因となる。

4人の御世継ぎ候補

光長の嫡男綱賢《つなたか》（1633～74）が延宝2（1674）年に御世継ぎのいないまま死去する。高田藩に起きた地震から8年後だった。光長には娘が2人いるだけで、急遽御世継ぎを決める必要が出てきた。高田藩二代藩主となる御世継ぎ候補は4人。光長の実弟で、忠直の三男、永見長良《ながみながよし》（大《おお》蔵《くら》、1632～1701）、忠直の次男永見長頼《ながより》（光長の異母弟）の長男である永見万徳丸（後の綱国《つなくに》、1663～1735）、尾張藩二代藩主徳川光友の子松平義行《よしゆき》（1656～1715）。義行の母は家光の長女千代姫。血筋としては申し分なく、御世継ぎ候補に顔を出す。この3人に加え、美作の嫡男、母が忠直の末娘勘子である小栗大六（長治）という顔ぶれだった。いくら藩主と同じ血が流れているとはいえ、御世継ぎ候補に筆頭家老の息子である大六が名を連ねたことに、主馬は当然不快感をあらわにする。しかも、高田藩の御世継ぎ問題が後々お取り潰しにまで発展する隙《すき》を綱吉に与えた。

藩内の評定結果は、光長との血の濃さで2人に絞られた。大蔵が既に40歳を越える高齢から、11歳の万徳丸（綱国）が御世継ぎと決まる。大蔵にとっては不満が残る結果となった。しかも、御世継ぎが決まったことで安心したのか、光長は江戸の上屋敷で度を越した贅沢に明け暮れる。加えて、美作の諸事業の費用も嵩《かさ》み、高田藩の財政が悪化した。

高田藩家中では美作の子である大六を高田藩の御世継ぎにする企ての噂が流れる。主馬が噂を流した張本人であるとしても、人心を失った美作には逆風となって吹き荒れた。主馬のもとに多くの同士が集まり、大蔵を擁立する。御世継ぎとなったものの、家臣の信望が薄い綱国をよそに、美作派と主馬派による家臣の対立関係の構図が強まる。高田藩転覆を企む綱吉にとってまさに渡りに船。この時すでに、主馬は黒幕の正俊に接近していたと思われる。あるいは逆に、正俊が積極的に主馬と主馬派を煽っていたかもしれない。

家綱の時代に一件落着した越後騒動

逆風の美作は、藩主光長の説得もあり延宝《えんぽう》7（1679）年に主馬派の要求通り隠居し、嫡男の大六に家督を譲る。それでも騒動は収まらなかった。しかし、このまま騒ぎがエスカレートすれば、高田藩にお咎めがあり、主馬自身も無事ではすまないはず。主馬の動きが不審である。大物の黒幕が糸を引いていなければ、全くの自爆行為に思える。

堀田正俊は、延宝7年に若年寄から老中に昇進していた。次期将軍を自身の手で導き、目の上のたんこぶである忠清を失脚させる工作と考えると、正俊の黒幕説がリアリティを増す。黒幕が正俊であれば、主馬派も劣勢を跳ね返す勝算ありと見たかもしれない。

藩内の単なる勢力争いと考えていた光長は、美作を切腹にまで追い込もうとする徹底抗戦に完全に手を焼く。騒ぎを収拾できず、大老の忠清に裁定を訴え出た。忠清ら将軍家綱の幕閣は両者に和解を申し渡し、話し合いによる解決を促した。これは温和な家綱の時代の基本的な考えといえる。

それでも騒ぎは収まらない。主馬や大蔵は火に油を注ぐように騒動を広げた。変に確信めいた主馬派の行動は、背後に騒ぎの成り行きを読み切った黒幕が煽動している臭いがぷんぷん漂う。しかし、主馬たちの動きが幕閣に知られ、先に出した和解の命を無視された忠清ら幕閣は激怒する。

忠清は光長の従兄弟である姫路藩藩主松平直矩《なおのり》（1642〜95、大和守、直矩の父直基は結城秀康の五男）ら越前松平家の一門と事件の処分を相談した上で、幕府評定所が採決を下した。同年に主馬派の大蔵、主馬が人心を惑わせた罪に問われる。

越後騒動を蒸し返した黒幕

延宝8(1680)年5月、将軍家綱が死去し、弟の綱吉が五代将軍となる。これを機に、主馬派は老中の堀田正俊を頼り騒動の再審を願い出た。どうして突然正俊を頼ったのか。むしろ、早い段階で正俊の方から仕掛けており、両者相談の上タイミングを見計らった予定の行動であろう。そのタイミングとは綱吉の将軍就任である。

同じころ、いかにも連携していると思えるタイミングのよさで、高田藩では主馬派である家臣の岡島壱岐《おかじまいき》と本多七左衛門《ほんだしちざえもん》が光長に暇乞《いとまご》いを願い出る。両人は将軍に御目見《おめみえ》得しており、その処遇には幕府の許可が必要だった。そのため、光長は幕府におうかがいを出す。これも綱吉・正俊の作戦の内。綱吉はこの機会を捉え、待ってましたとばかりに先の裁定の再審を許可した。

再審は同年12月からはじまり、年を越して詮議が続く。翌延宝9(1681)年6月21日、美作と大蔵、主馬が江戸城に呼ばれた。この時大老を退いた忠清は亡くなっていた。将軍綱吉および幕閣の首脳陣などが四方を取り囲むなか、越後騒動に関する吟味が行われた。質疑の後、綱吉は早くも翌22日に裁定を下す。江戸城での詮議終了時、綱吉は「これにて決案す。はやまかり立て」と大声を発し、その場にいた者を震えあがらせたという(深井雅海著『綱吉と吉宗』2012年、吉川弘文館)。綱吉が感情をむき出しにし、まさにお膳をひっくり返す勢いで裁定に臨めば、綱吉を将軍にした正俊の思う壺である。

覆された判定の末に

判決は前回の裁定が完全に覆《くつがえ》り、美作派の美作父子は切腹。勝訴から敗訴へ、厳しい沙汰となる。一方の主馬派にも藩政を混乱させたとして、幕府は喧嘩両成敗の体裁をつくる。主馬は死罪でもおかしくないが、大蔵と共に八丈島に遠島を申し渡された。この騒ぎで主馬派も無事に済まないことは、当事者がよくわかっていたはずだ。美作派を失脚させ、後は不便ながら八丈島で余生をと思ったのか。だが、元禄14（1701）年に同島を歴史的な飢饉が襲い、流人を含め島民の大半が死亡する。島のなかで大蔵もまた食料を得ることができず、金の詰まった千両箱を抱えながら、主馬と共に餓死したという（『津山藩江戸日記』津山郷土博物館蔵、インターネットで公開）。

高田藩越後騒動の主役である美作派と主馬派の主だった人物はいずれも姿を消す。騒動を起こした高田藩は改易となり、光長は伊予松山藩に流配となった。しかし、それは単にプロローグに過ぎないとばかりに処分が拡大する。綱吉がこの処分の大本命としていた忠清は延宝9（1681）年5月すでに死去しており、気持ちがおさまらない綱吉は忠清の弟・忠能《ただよし》（1628〜1705）を勤務怠慢などの理由で無理矢理改易に追いやる。その余波はさらにこの一件の処理に奔走した越前松平家の一門にも及ぶ。

綱吉に排除される堀田正俊

これにて一件落着。忠清のかわりに大老の座についた正俊は「してやったり」との思いか。しかし、そううまくことは進まなかった。綱吉は、家綱が忠清に与えた地位に正俊をいつまでもつける気など毛頭なく、越後騒動の最後の幕引きをする。

綱吉が殺したいほど嫌っているとは知らず、正俊は越後騒動のほか、綱吉を将軍にした功績があると自負しており、綱吉に対して発言を大いに強めた。正俊が暗殺される直前に「生類憐《しょうるいあわ》れみの令」を布《し》くことを表明していた綱吉だが、これに徳川光圀《みつくに》同様正俊も反対する。

正俊を抹殺する動機は綱吉に充分あり、将軍として揺るぎない地位を築く上で障害となる人物が正俊だった。囁《ささや》かれる「綱吉による陰謀説」もあながち的外れではない（海音寺潮五郎「大老堀田正俊」『改造』１９３６年1月号）。そこに、正俊を嫌う稲葉正休が綱吉にとって運よく登場する。

貞享元（１６８４）年8月28日、大老となっていた正俊は江戸城内において正休に斬りつけられ、後に亡くなる。正俊に斬りつけた正休は淀川の工事での不正を正俊に握られていた。誰がどのように正休をけしかけたかはよくわからない。また、居合わせた老中（戸田忠昌、大久保忠朝、阿部正武）が正休を吟味もせずに殺してしまった点にも疑問が残る。ただし、彼らが越後騒動における綱吉の陰謀に関わったとは思えない。3人の老中はむしろその策略にうまく踊らされ、知らないうちに証拠隠滅に加担したにすぎない。可能性としては、牧野成貞《まきのなりさだ》、柳沢吉保《やなぎさわよしやす》をはじめとする綱吉ブレーンの組織的な犯行ではないか。今後の綱吉政権の明暗がここにかかっており、綱吉の考えを汲みとった綱吉の側近が意を決して画策したと考えられる。黒幕の正俊の陰にさらに黒幕がいた。ここにサスペンス・ドラマさながらの高田藩における越後騒動が終止符を打つ。

6章

五代将軍綱吉の時代

6-01

綱吉と桂昌院

綱吉の性格

五代将軍の綱吉《つなよし》（1646〜1709、在職1680〜1709）は「生類《しょうるい》憐《あわ》れみの令」で動物の殺傷を嫌う慈悲深さの一面をのぞかせる。その一方で、嫌う人間に執念深くまとわりつき、異なる意見を持つ者は死に追いやる残虐性を合わせ持つ。また、「マザコン」のイメージが多分につきまとう。教育ママさながらの母・桂昌院《けいしょういん》（お玉、1627〜1705）から英才教育を受け、綱吉は将軍として多くの知見を備えた。そのようなイメージも浮かぶ。ただし、儒教の教えから家綱に叛《そむ》くことのないようにと、家光が綱吉に叩き込んだといわれる。どこか歪んだ儒教の解釈はこのあたりにあるようだ。綱吉は酒を嗜《たしま》まなかったのか、家臣に禁酒を強いる。挙げ句の果てに「酒税」を設け、しっかりと幕府財政の一助とした。

綱吉はなかなか難しい性格の持ち主だが、経済政策は様々に打ち出された。実際荻原《おぎわら》重秀《しげひで》など有能な人材を活用して幕府財政の立て直しに成功した手腕は優れている。しかし、綱吉の二面性が露呈する。潤った幕府財源は、惜しげもなく社寺の寄進などに湯水のごとく浪費した。

ただし、このことにより経済活動に弾みがつく。町人文化が花開き、好景気をもたらした側面もあった。この勢いで、家綱がなしえなかった江戸城天守閣再建の夢も膨らむ綱吉の時代だが、天守閣は再建されていない。

桂昌院はなぜ低い身分として語られるのか

将軍綱吉の生母である桂昌院は、従一位《じゅいちい》という女性最上位を得たにもかかわらず、生まれがことさら低い身分として語られてきた。19世紀前半編さんの徳川幕府公式史書『徳川実紀《とくがわじっき》』によれば、桂昌院の父は関白・二条光平《にじょうみつひら》の家司《けいし》（摂政・関白家の家政をつかさどる職員）である北小路《きたこうじ》（本庄《ほんじょう》）宗正《むねまさ》とされる。だが、宗正の子だったかどうかはわかっていない。生まれた家はもっと低い身分とも。

桂昌院が生きた時代に書かれた朝日重章《あさひしげあき》（1674〜1718）の日記『鸚鵡籠中記《おうむろうちゅうき》』（1691〜1718年の記録、『名古屋叢書』の第9巻から第12巻に収録）は、桂昌院が従一位の官位を賜った時に西陣織屋の娘であるとの落首を載せる。ほかにも畳屋の娘など、身分が低いとする似た話は多い。後世になっても、桂昌院の身分の低さを伝える話が続く。『玉輿記《ぎょくよき》』（奥書に安永10〈1781〉年、国立国会図書館デジタルコレクション収録）では、父が八百屋の仁左衛門で、北小路宗正が養父とした説を載せた。後年の記述では主に八百屋関連の娘。卑しい身分を強調する点はいずれも共通する。

綱吉といえば、愛娘である鶴姫の「鶴」の字を使わせないように法令まで出した人物である。マザコンの綱吉が母への侮辱的な言動を静観していたとも思えない。それにしてはあまりにも桂昌院をおとしめる記述ばかりだ。勘ぐると、桂昌院は比較的高貴な出であることをカモフラージュするために、逆に利用したのかもしれないとの思いが脳裏をかすめる。

桂昌院を江戸城三の丸に迎える綱吉

桂昌院（お玉）が表舞台に登場する時期は、慶安4（1651）年に家光が亡くなり、落飾《らくしょく》して大奥を離れ、日光にある筑波山知足院中禅寺《ちそくいんちゅうぜんじ》（輪王寺《りんのうじ》の別院）に入った後である。中禅寺では亮賢《りょうけん》（1611〜87）と面識ができ、桂昌院は家光が眠る日光から自身のサクセスストーリーをスタートさせる。

延宝8（1680）年に綱吉が将軍職に就くと、桂昌院は日光から江戸に戻り、江戸城三の丸へ入った。家光の将軍時代、幼少の綱吉が三の丸に御殿を賜り、ともに暮らした場所である。明暦3（1657）年に起きた明暦の大火では西の丸を残して江戸城が焼失した。その後、直ちに本丸と二の丸の御殿が再建されたが、三の丸は焼失したまま放置されて年月が過ぎる。三の丸御殿の再建には、江戸時代に入り、戦国時代の葛西城《かさいじょう》跡（葛飾区青戸七丁目）に鷹狩りの休憩所である青戸御殿が造営され、その材が使われた。青戸御殿は延宝6（1678）年に解体され、三の丸に運び込まれる。家綱存命のころに、綱吉は着々と次期将軍としての体裁を整えはじめていた。

綱吉のライバルは兄綱重（1644〜78）の嫡男・綱豊（家宣）だが、堀田正俊が工作能力を発揮し、綱吉が五代将軍に限りなく近づきつつあった。この時期、家綱の正室顕子女王《あきこじょおう》（1640〜76）は家綱より先に旅立ち、綱吉の兄である綱重もすでに亡くなる。江戸城内で桂昌院に意見する者がいるとすれば、家綱のほか水戸光圀《みとみつくに》（1628〜1701）くらいか。マザコンの綱吉は柳沢《やなぎさわ》吉保《よしやす》（1659〜1714、出羽守、美濃守）を使い必死になって光圀の排除に奔走した。

6-02

将軍綱吉を支えた2人のブレーン

老中から側用人の政治へ

家綱が将軍となった時は、酒井家、阿部家などの門閥が勢力を誇っていた。春日局の強い影響力を反映し、堀田家や稲葉家の新興譜代も急速に力をつける。綱吉にとって、老中や若年寄の地位にある従来の門閥や新興譜代は家臣でありながら、自由にコントロールできる存在ではない。威圧的だった酒井忠清、堀田正俊を抹殺し、旧来の勢力を遠ざけたいとの思いが強くあった。そこで綱吉自身が越後高田藩の御家騒動に直接介入し、厄介な人物を一気に排除した。将軍としての最初の重要な仕事が5章の最後に書いた高田藩の越後騒動、正俊の暗殺事件の演出である。

正俊の暗殺事件が起きるまで、老中は中奥《なかおく》にある御座の間と呼ばれる一画の大溜《おおだまり》で閣議を開いていた。将軍とは襖一枚で隔てられた部屋だった。その場所で暗殺事件が起きた。

綱吉はそれを好機と捉える。旧来の制度を特に変更せず、門閥や新興譜代の勢力を抑えるため、家柄に関わらず有能な人材を登用できる側用人の制度を創設した。綱吉は上野館林《こうずけたてばやし》藩時代の藩士から幕臣に転じた人材を側近に登用し、10人を超える側用人が採用される。同時に、綱吉は空間的にも老中の圧力排除を画策する。老中が詰める閣議専用の「御用部屋」を中奥に新たに設置し、老中との距離を置いた。

大手町に賜った神田御殿

五代将軍となる綱吉は、正保3（1646）年正月8日、江戸城本丸に生まれ、慶安元（1648）年には三の丸に移る〔149頁5-2参照〕。綱重、綱吉の誕生とともに、二の丸、三の丸が整備された〔123頁4-5参照〕。この時、二の丸は屋敷規模を拡大し綱重の御殿が建てられた。兄弟の力関係が空間としても明確化する。

承応2（1653）年になると、綱吉は三の丸を出て一ツ橋（このころはまだ「雉子橋」と呼ばれていた）近く（橋の北西）に新たな邸宅を賜わる。「新添江戸之図《しんてんえどのず》」（1657）に「松平右馬頭」の名がある。綱吉の「右馬頭」の就任は承応2年であり、新しい邸宅に移ってから4年後に作成された絵地図である〔6-1〕。ちなみに、清水濠の内側、北の丸には綱重である「松平左馬頭」の名も記されている。清水濠の外に屋敷を構える綱吉は引き続き綱重と差別された立場にあった。

明暦の大火（1657）では綱吉の自邸が焼失し、その年の9月に神田橋内の大手町へと移る〔149頁5-2参照〕。寛文元（1661）年、綱吉は上野館林藩藩主として25万石の城持ちとなり、館林徳川家が創設されて徳川姓を名乗る。神田の御殿には館林藩時代からの家臣が8割詰めており、神田御殿はまさに梁山泊《りょうざんぱく》（有志の巣窟を意味する、いわば代名詞）さながらの環境をつくりだしていた。

綱吉最初のブレーンの牧野成貞

寛文《かんぶん》10（1670）年に、牧野成貞《まきのなりさだ》（1635〜1712、三河牧野氏の氏族、備後守）が館林藩の家老3000石に抜擢された。天和《てんな》元（1681）年には江戸幕府で初めて側用人に任ぜられる。以後は

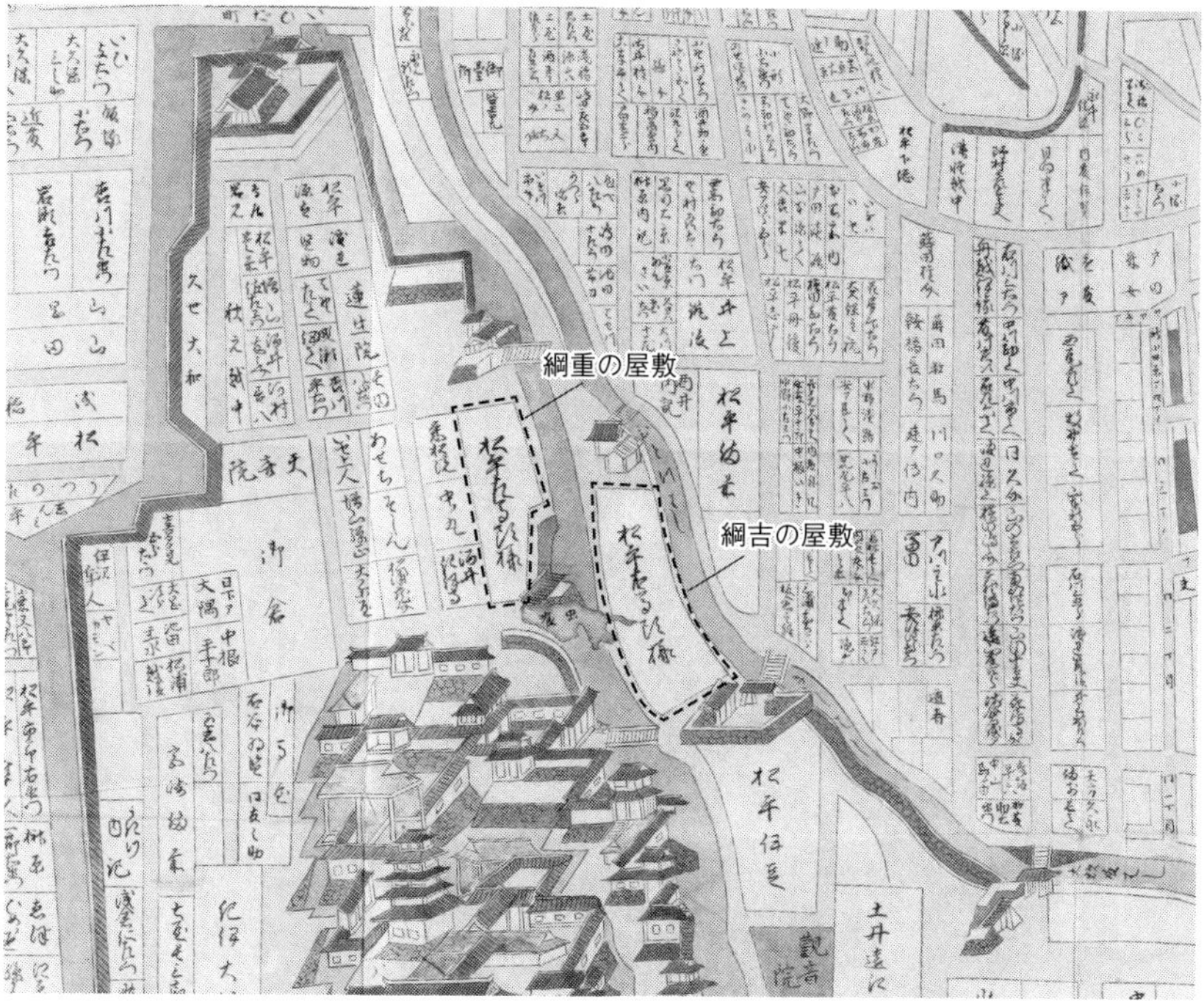

6-1　綱吉が江戸城外に賜った屋敷、明暦3（1657）年、「新添江戸之図」部分
（国立国会図書館デジタルコレクション）

綱吉の最側近として初期の綱吉政権を支えた。

稲葉正休《まさやす》が殿中で堀田正俊を刺殺し、稲葉家が改易処分となった時を狙い、柳沢吉保は徳川光圀失脚を画策したといわれる。綱吉にとっては最後に残る目の上のたんこぶが光圀だった。家綱の御世継ぎについては、光圀が綱吉に対し家宣の将軍就任を強く推挙し、生類憐れみの令も批判した。光圀と綱吉との間にはすでに深い溝があり、光圀の方も将軍綱吉をガードする側用人に相当の不信感を抱く。

正俊の暗殺を機に、綱吉に圧力をかける人物が一掃され、綱吉の政権が強固になる。将軍と老中の仲介役となる側用人の成貞が大きな力を持ちはじめ、天和3（1683）年に下総関宿藩《しもうさせきやど》5万3000石、元禄元（1688）年には7万3000石と加増された。屋敷も江戸の超一等地、桔梗《ききょう》御門前の西の丸下に移る［149頁5-2参照］。

牧野邸へは貞享5（1688）年から綱吉の訪れる回数が増え、延べ30回以上を数えた。この時期の綱吉は成貞に最も信頼を寄せる。そのうち3分の1以上が桂昌院同伴だった。桂昌院一人で3回も牧野邸を訪問しており、綱吉に対する桂昌院の政治介入がうかがえる。綱吉は、牧野邸に本丸から汐見坂（あるいは梅林坂《ばいりんざか》）を下って向かう。下乗御門《げじょうごもん》からは、時に三の丸の母桂昌院を誘い、一緒に桔梗御門《ききょうごもん》（内桜田御門）を抜け、目の前にある牧野邸を訪ねたであろう［6-2、35頁1-20参照］。

信頼する家臣への手厚さは、牧野成貞の隠居にもあらわれた。元禄8（1695）年、61歳の成貞は隠居して養子の成春《なりはる》（1682～1707）に家督を譲る。その時、綱吉は家督を相続したばかりで実績のない成春に7000石を加増し、8万石で三河吉田藩に転封《てんぽう》を命じた。隠居後の成貞に対する加増とみられる。

ただしこれは表向きの話で、成貞は綱吉の際限のないわがままに苦悶《くもん》していた。妻や娘が綱吉の手つきにされたともいわれる。同時に、24歳年下の柳沢吉保に綱吉の寵愛が完全に移ったことも成貞を落胆させた。ちなみに、成貞の実子である貞通《さだみち》（1707～49）は晩年の子である。やっと綱吉の呪縛から解き放たれた安堵感からか、綱吉が亡くなる2年前に生まれた。ただその成貞は、貞通の成人する姿を見届けることもなく、5年後に77歳で死去する。

親子2代にわたって綱吉に仕えた柳沢家

柳沢吉保は、最下級の武士から15万石の大大名にのし上がったシンデレラ・ボーイのようによくいわれる。ただし、吉保が綱吉の小姓となる時期は、父の安忠《やすただ》（1602～87）がまだ健在であり、

6-2　桔梗御門、濠の左手にかつて牧野邸があった（撮影：2021年）

館林藩の勘定頭《かんじょうがしら》としての地位にあった。安忠は財務に明るい人材として頭角をあらわし、藩の勘定頭となる。吉保はその姿を見て育ち、子供のころから財務への理解があった。安忠は神田屋敷（御殿）の再建などの功から、慶安4（1651）年以降三度の加増を受ける。吉保は突如として綱吉に寵愛され、幕閣の頂点に上り詰めたわけではない。親子2代にわたる綱吉への献身的なサポートが実を結んだ結果である。しかも、成貞が妻娘を辱《はずかし》められるなかで地位を獲得してきたが、吉保は綱吉の母桂昌院を従一位に導く切り札、正親町町子《おおぎまちまちこ》を側室に迎えていた。綱吉が将軍としての権力を増すにつれ、吉保の存在が大いに光輝く。

　気配りと幕政の管理能力に優れた吉保は、綱吉の信頼をさらに深める。上屋敷は貞享元（1684）年愛宕下から西の丸下、元禄元（1688）年に一ツ橋内の屋敷へと移る。家光・家綱の時代を支えた知恵伊豆（松平信綱）を凌駕《りょうが》する勢いが屋敷の移転先からもうかがえる。元禄2年には神田橋内の大手町に広大な屋敷を拝領した［149頁5-2参照］。吉保邸へは、牧野成貞を

6-3　六義園（撮影：2015年）

遥かに凌ぐ、58回に及ぶ綱吉の御成があった。元禄8（1695）年には駒込《こまごめ》染井《そめい》村《むら》の加賀金沢藩四代藩主前《まえ》田《だ》綱紀《つなのり》（1643〜1724）旧邸を拝領し、後に六義《りくぎ》園《えん》と名付ける［6-3］。翌年、綱吉の命で千川上水が開削され、この水が六義園の池にも注がれた［159頁5-10参照］。

綱吉のわがままを包み込む吉保の懐

綱吉は大人になっても、雷を怖がった。吉保は雷が発生すると、いかなる時でも一目散に本丸に駆けつけ綱吉に寄り添ったという。そのようにして信頼を勝ち取る吉保は、着実に綱吉に対する居場所を固めていく。

側室の正親町町子には、異母兄に正親町公通《きんみち》（1653〜1733、町子の実父との説もある）がいる。公通は霊元天皇の使者として江戸を度々訪れた。その際、吉保の和歌の添削《てんさく》を行うなど、和歌や文芸面において吉保に影響を及ぼす。吉保が丹精込めて作庭した庭園にも和歌の世界が反映された。

町子の公家とのパイプに加え、相当な金が吉保から朝廷重鎮にばら撒かれ、吉保による関白近衛基熙《このえもとひろ》（1648〜1722）などの朝廷重臣への根回しが功を奏す。元禄15（1702）年に将軍綱吉の生母桂昌院は朝廷から従一位に叙された。その後の並々ならぬ綱吉の配慮から、吉保の綱吉への貢献度の高さがうかがえる。

宝永《ほうえい》元（1704）年、御世継ぎが家宣に決まると、綱吉は吉保を甲府15万石の藩主につける。甲府は、幕府の拠点として従来から重視されており、原則として徳川一門が藩主となる土地柄だった。その領地を吉保が拝領する。15万石の石高は表高で、実高22万石余。綱吉は、吉保に20万石以上の所領を与えたことになる。これは母親の桂昌院が従一位に叙されたことによる綱吉の吉保に対する返礼なのか。あるいは、儒教的倫理観から、吉保の父・安忠に思いを重ねて礼を示したかったのか。両方だと思われるが、それにしても綱吉の吉保に対する寵愛ぶりは尋常ではない。

ただし甲府での実績を見ると、吉保は藩主としても優れた才能の持ち主だとわかる。大老格の要職にあり江戸を離れて甲斐を訪れることができない吉保だったが、かなり小まめな人物で、甲府に配した家老の藪田重守《やぶたしげもり》（1664〜1747）にいろいろと指示する。検地の実施、甲府城と城下町の整備、用水路の整備などを行わせ、甲府藩の発展に尽力した。吉保は検地による7万石余の増加分を減免する。吉保の藩主としての力量が発揮された。綱吉の手足となって策略、陰謀の噂が絶えない吉保だが、領地への対応を見ると、わがままな綱吉と無難につき合える術を充分に合わせもつ切れものといえよう。

6-03

綱吉の散財癖を支えた荻原重秀

佐渡金銀山の枯渇から経済政策へ

佐渡の鉱山は相川金銀山《あいかわきんぎんざん》の規模が特に大きく、「佐渡金銀山」と呼ぶ場合は相川の金銀山を指すことが多い。佐渡で最大の相川金銀山の鉱脈が慶長6（1601）年山師により発見された。その後相川での本格的な採掘がはじまる。

佐渡金銀山は、元和期から寛永期（1615〜44）が最盛期だった。そのころは1年間に400kg以上の金が採れたと推定されている。家康が慶長6年に造らせた慶長小判は一両4・76匁《もんめ》（17・85g）あり、純度は84%。この小判が江戸の金座で1年間に2万枚以上つくられた計算になる。銀も1年間に1万貫《まんかん》（3万7500kg）が幕府に納められた。江戸時代初期の佐渡は世界最大級の金山であり、銀の産出量も日本有数だった。潤沢に金銀を産出する国として、日本は黄金の国としてヨーロッパの国々に知られる。

しかしながら、綱吉が将軍の時代には佐渡金銀山も減産の一途を辿りはじめる。家綱まであった家康の埋蔵金も底をつきはじめ、財政改革の必要性に迫られた。勘定奉行の荻原重秀（1658〜1713、勘定奉行職1696〜1712）が主導し、元禄8（1695）年から慶長金銀の純度を落とした「元禄金銀」が発行される。家康の埋蔵金に匹敵する量の金貨・銀貨が新たに生みだされた。粗悪化した貨幣の弊害が生まれたが、この貨幣鋳造により幕府に入る財貨が潤い、一時的に幕府財政は改善される。ただし、家康の埋蔵金はのちの将軍3代で使い果たすが、改鋳で生まれた差額の大半は綱吉一人が湯水のように使った。

財政に長けた荻原重秀の重用

綱吉は、将軍就任前から幕府直轄領の管理状況や各藩の石高の実情に着目していた。大手町にある梁山泊の神田屋敷（御殿）では、すでに館林藩の優秀な若い人材と議論を重ね、大名お取り潰しに最適なターゲットを本格的に探しはじめる。将軍になった直後から実行に移し、その手始めが高田藩だった。高田藩お取り潰しによる財源の確保に気をよくしたのか、その後も積極的に藩の表高と実高の差額を執念深く吸い上げ続ける。

綱吉時代にお金の管理を中枢で仕切った人物が荻原重秀。元禄９（１６９６）年には、父安忠が館林藩勘定頭だった柳沢吉保に登用され勘定奉行に上り詰めた。その後も、管理通貨制度に通じる鋭い経済感覚を持つ有能さが買われ、次の六代将軍家宣《いえのぶ》の時代でも勘定奉行を務め続ける。

重秀は次男だが、まだ16歳の若さで別家《べっか》を興し延宝２（１６７４）年に幕府勘定方に列する。天才肌で、かなりの切れものだった。延宝７（１６７９）年、21歳の時には五畿内検地に功績を残し、家綱晩年の時代に頭角をあらわす。綱吉が将軍の天和《てんな》３（１６８３）年、勘定組頭に就任した。元禄３（１６９０）年に佐渡奉行、元禄９（１６９６）年には38歳で財務のトップ、勘定奉行となる。現代でいえば、経済産業省の官僚トップである事務次官というところか。

後のことだが、徳川幕府のはじまりからの通貨流出量が金貨で４分の１、銀貨で４分の３が海外に流出したと新井白石は計算する。鎖国しているにもかかわらず、多くの金銀が海外に流出していた。貨幣を失うだけの片側貿易の危機感が重秀にも大いにあり、日本経済の不健全さを強く感じる。貿易の抑制が大きな課題だった。貞享2（1685）年には長崎に入る船の数を制限し、貿易額に上限を設けた「定高仕法《さだめだかしほう》」が制定される。オランダ人を隔離した出島《でじま》同様、元禄元（1688）年には長崎滞在中の中国人を囲い込む唐人屋敷《とうじんやしき》を設置した。闇貿易を撲滅する手立ての一つである。しかも、貨幣の流出を抑えるだけではなく、その一部を幕府財源にしっかりと組み込む。

6-04

江戸に印された綱吉の威光

母に捧げる荘厳な護国寺

将軍1年目（1681）の綱吉は、桂昌院の願いと亮賢（1611～87）の進言により、高田薬園の地を亮賢に与え、何よりもまず桂昌院に祈願寺の護国寺を建立した。壮大な寺院空間が城北の地に誕生する［6-4］。綱吉が将軍になって最初の巨大建築が護国寺だった。まさに、マザコン綱吉の真骨頂といえる。

高田薬園は、寛永13（1636）年に来日した第4回朝鮮通信使から献上された薬草を栽培するた

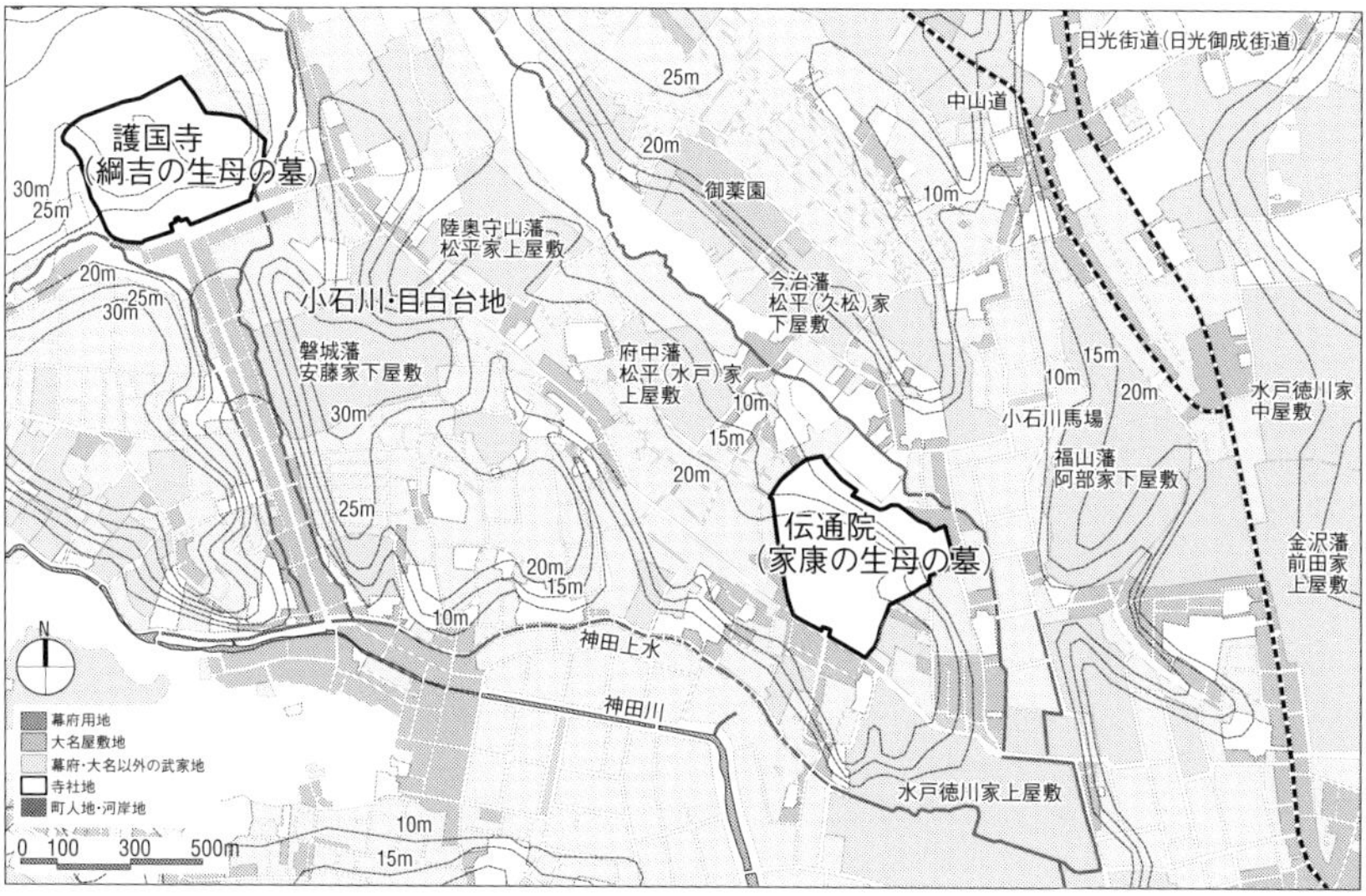

6-4　伝通院と護国寺の位置

めに、父家光が開設した施設。高田薬園跡に建立された護国寺は、家康の母・於大《おだい》の方《かた》の伝通院《でんづういん》と同じ小石川・目白台地南側斜面上にある［次頁6-5］。あたかも、伝通院を上回る荘厳さを目指すかのように。

護国寺は、五代将軍綱吉とその母桂昌院が厚く帰依する寺院であり、大奥から多くの奥女中が参詣した。諸大名も江戸庶民も参詣するようになる。護国寺前の参道は南北に大変長く、立派なものとなった。幼少のころ邪慳《じゃけん》にされた父家光に対し、これ見よがしに立派な参道に仕立て上げたのではと勘ぐりたくなる。

護国寺門前の地所が桂昌院に仕えていた何人かの奥女中に与えられた。門前の長い参道には、綱吉の時代から参詣客を相手に店が建ち並び、歓楽街として大いに賑わう。

幕府財政の黒字化で挙行された大嘗祭と荒廃した御陵の修復

貞享3（1686）年ころは、歳入116万両、歳出88万両と推定され、年間30万両近い黒字となる。幕府財政は健全な状態だった。多くの直轄領を手中にし、充分に財源を

6-5　護国寺（撮影：2012年）

確保できた。その財源をさらに強固にするため、貞享4年には大名預としていた蔵入地《くらいりち》（幕府直轄地）を直接代官が管理して、幕府が自由に運用できる流れをつくる。手間がかかり面倒だが、財源を増やせる。しかし、代官のピンハネの横行が問題となった。ここにも綱吉の厳しいメスが入る。綱吉が将軍となる前の約80年間にも処罰を受けた代官が22名いたが、綱吉治世の30年間にはそれをはるかに上回る51名もの代官が処罰された。綱吉の執念深さがうかがえる。

綱吉は、歳入の窓口を最大限に広げ、出口の歳出部分をしっかりと絞る。無用の歳出を咎めるように、幕府からの出口である歳出の節減策を積極的に導入した。歳出の多くを人件費が占めることから、人件費の削減が中心となる。当然、綱吉自身の散財は視野にない。

綱吉の削減策として、同年に幕府は「元禄地方直し」と呼ばれる法令を発し、500石取り以上の旗本全員に知行地を直接与える仕組みをつくる。自分の米（俸禄〈給料〉）は自分で管理しろという内容で、幕府の管理費を浮かせた。

余剰の金が入ると余計なことをするのが世の常。この黒字に綱吉は気を良くしたのか、潤う資金力で朝廷に接近した。幕府から資金を提供された朝廷は、貞享4年に財政難から221年間も実施できなかった大嘗祭《だいじょうさい》（天皇が皇位継承の際に、国と国民の安寧《あんねい》や五穀豊穣《ごこくほうじょう》を祈って行う宮中祭祀）を行う。荒廃した御陵の修復も積極的に試みた。

桂昌院・綱吉親子は、その後も東大寺大仏殿などの神社仏閣を次々と再建した。綱吉時代に行われた社寺の造営・修復はゆうに100件を超え、その費用は推定70万両にも達したという。これが幕府財政を赤字体質に向かわせた。

うつろい消える隆光と護持院

桂昌院が帰依する僧隆光《りゅうこう》（1649～1724）は貞享3（1686）年、五代将軍綱吉の命により将軍家祈祷寺《きとうじ》である筑波山知足院《ちそくいん》の住職となる。元禄元（1688）年には知足院を神田橋外に移し、護持院《ごじいん》と改称した［203頁6-6］。巨大な寺院が日本橋川沿いに誕生した。元禄8（1695）年には隆光が新義真言宗の僧として初めて大僧正となり、新義真言宗のトップとなる。

ただし、隆光も護持院も、バックに桂昌院と綱吉がいてこその栄光にすぎなかった。陰りを感じたのか、58歳の隆光は桂昌院が亡くなった2年後、宝永《ほうえい》4（1707）年に隠居する。寛文2（1662）年から宝永4年まで火消役所だった跡地を自身の隠居所とし、駿河台の成満院《じょうまんいん》に移り住む。『御府内沿革図書』「駿河台小川町之内」の宝永年中（1704～11）を示した絵地図から隆光の広大な屋敷を確認できる［203頁6-7］。自身の栄光の舞台だった護持院を日々遠目に眺められる場所を隠居所に選んだ。どことなく、未練が感じられる。

宝永6（1709）年には江戸城への登城を禁じられ、隆光の栄光は綱吉の死去と共に失われた。屋敷の規模も5分の1以下に縮小される。隆光は筑波山知足院への復帰願いも認められず、縮小した屋敷で失意のうちに75歳で没した。

一方護持院は、享保《きょうほう》2（1717）年に小石川馬場（現・文京区白山一丁目）あたりから出火した火事により類焼する。68歳の隆光は、駿河台上の自邸から護持院が燃え、舞い上がる火柱を見ていたかもしれない。焼失後はもとの明地に戻り、広大な空地が「護持院ヶ原」と新たな名で呼ばれるようになった。八代将軍吉宗は火事で焼失した護持院の再建を認めず、護国寺に吸収させた。

綱吉の肝いりで建立された湯島聖堂

現在の湯島聖堂《ゆしませいどう》は、関東大震災後に新しく街路整備された本郷通り（都道403号）の東にある。他の三方を相生坂《あいおいざか》（昌平坂《しょうへいざか》）、昌平坂（団子坂）、湯島坂が囲む［204頁6-8・6-9］。江戸時代の湯島聖堂には、儒学の本山となる「昌平坂学問所（昌平黌《しょうへいこう》）」が中心に置かれた。

朱子学者の林羅山《らざん》（1583〜1657）は寛永7（1630）年に三代将軍家光から上野（現・台東区上野公園内）の土地を与えられ、2年後の寛永9年に「先聖殿《せんせいでん》」と称する私塾（学問所）・文庫と孔子廟《こうしびょう》を建てたことにより湯島聖堂（忍岡聖堂《しのぶがおかせいどう》）の歴史がはじまる。上野の山にある寛永寺が天台宗の総本山として姿を整えはじめていた。

元禄3（1690）年、綱吉が孔子廟の湯島移転を決める。翌年には湯島聖堂が神田川に面した場所に完成した。移転先は、太田備中守資直《すけなお》（1658〜1705）の屋敷跡［206頁6-11］。現在、聖堂へ上がる石段は屋敷があった時代から位置を変えていない［205頁6-10］。学問の総本山を家光の威光

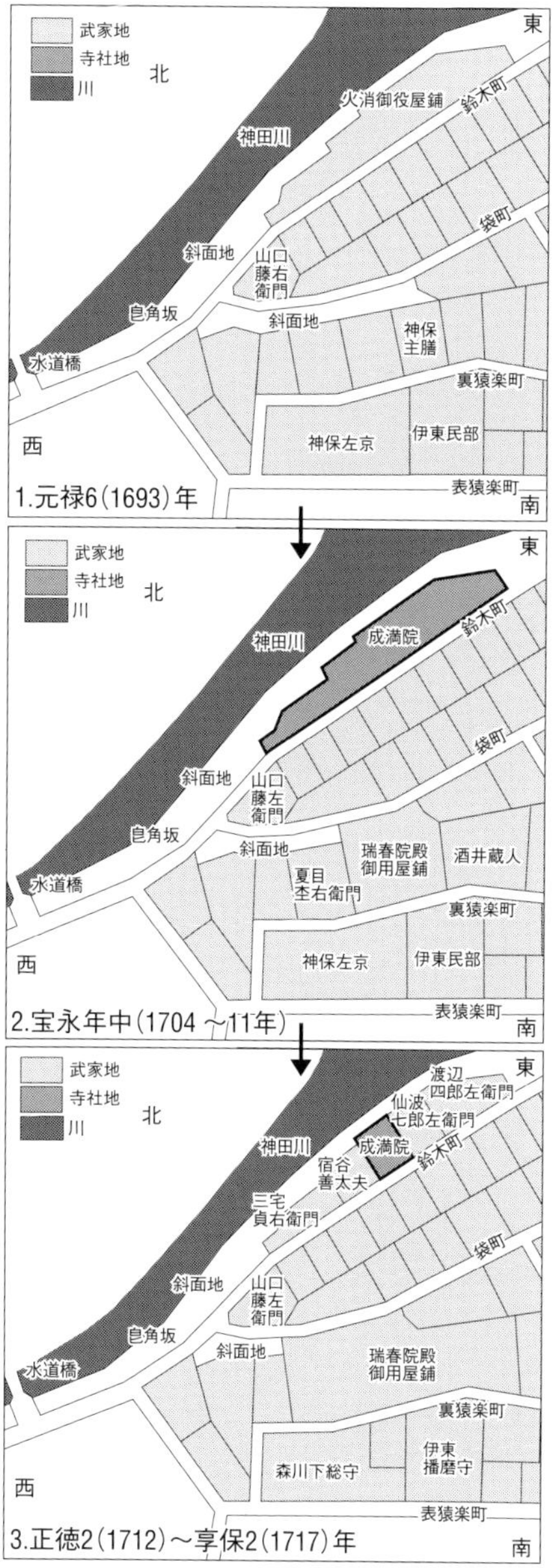

6-7　火消役の官邸から成満院への変化(『御府内沿革図書』をもとに作成)

6-6　護持院の変化(『御府内沿革図書』をもとに作成)

6-8　相生坂（昌平坂）（撮影：2019 年）

6-9　昌平坂（団子坂）（撮影：2019 年）

6-10 聖堂へ上がる石段（撮影：2019年）

から切り離すように、新たな地で湯島聖堂を綱吉の世界として確立させた。

母・桂昌院の一声でつくられた新大橋

元禄6（1693）年、隅田川に新大橋が架かる[207頁6-12]。これは綱吉の生母桂昌院の進言による。橋が少なく不便を強いられていた江戸庶民のためにと、上から目線で架橋を子の将軍に勧めた。幕閣を飛び越え、政《まつりごと》がなされた。綱吉は、母桂昌院の政治介入を容認する。

当時の橋は現在の位置よりもやや下流側にあった。西岸の水戸藩御用邸（水戸中納言蔵屋敷）の敷地と、東岸の幕府御用船係留地、その前面を埋め立てて橋詰とした[28頁1-14参照]。ここまでくると、綱吉と光圀の確執を想像してしまう。あまり穿《うが》った目で見る必要もないが、個人的な感情がむき出しとなる綱吉を思うと、光圀の屋敷を潰しにかかったとの見方もあながち間違いでもないように思える。以降、水戸家の蔵屋敷は、尾張家、紀州家のそれが隅田川河口

6-11　湯島聖堂とその周辺の変化
（『御府内沿革図書』をもとに作成）

にあるにもかかわらず、隅田川上流に追いやられた。現在の隅田公園である［208頁6-13］。

さらに新大橋架設から5年後の元禄11（1698）年、綱吉自身の50歳の誕生を祝う記念事業として永代橋が架橋される。これには寛永寺根本中堂造営の余材が使われた。ただ、橋が架けられた後の効果は絶大で、橋上からは「西に富士、北に筑波、南に箱根、東に安房上総」（『武江図説』）と称されるほど素晴らしい見晴らしが誕生する。

綱吉により際限なく建立されていく社寺、あるいは母桂昌院の一声で新しくつくられた新大橋や綱吉の誕生を祝う永代橋といった土木工事が積み重なり、幕府の出費は膨大となる。幕府の財政は黒字から赤字に転落した。元禄7（1694）年の歳入総額は116万両と、貞享3（1686）年

6-12　新大橋、「大はしあたけの夕立」『名所江戸百景』広重（国立国会図書館デジタルコレクション）

時と変わらない。だが、歳出は127万両（貞享3年の歳出は88万両）にまで膨れ上がり、赤字体質の財政となる（『国史大辞典』、吉川弘文館、1979〜97年）。

経済危機に直面するなかで、重秀は元禄8（1695）年に慶長金・慶長銀を改鋳して金銀の含有率を減らした元禄金・元禄銀を金座・銀座につくらせた。これが改鋳のはじまりである。貨幣の絶対量を増やすために、金の純度84％だった慶長小判を改鋳して、純度を57％まで落とす。滝沢武雄著『日本の貨幣の歴史』（日本歴史叢書、吉川弘文館、1996年）によると、改鋳による幕府の差益金は、新井白石の推計とほぼ変わらない、金銀合わせて528万両余と推計する。改鋳により豪商や富裕層が貯蓄から投資へ転じ、幕府の御金蔵から商家の蔵へ金銀が流れ込む一方だった経済構造に変化が生じた。非常に高度な技だが、危うさのなかで江戸は好景気に沸き、元禄文化が花開く。

天守閣と寛永寺本坊を結ぶ軸の明確化

綱吉は、寛永寺に文殊楼《もんじゅろう》（山門、1697）と根本中堂《こんぽんちゅうどう》（1698）を建立し、寛永寺本坊から再建していない天守閣に延びる軸をさらに明確化する［120頁4-2参照、124頁4-6参照］。この根本中堂の建設では、吉保に取り入る紀伊国屋《きのくにや》

6-13　水戸家下屋敷だった墨田公園（撮影：2017年）

文左衛門《ぶんざえもん》（1669ころ〜1734）が莫大な利益を得た。吉保にも相当の金が袖の下をすり抜けたことだろう。寛永寺の中心的な建物の出現により、その総仕上げとして天守閣建設が現実味を帯びる。

天守閣は慶長度から、元和度、寛永度と2度建て替えられた。明暦の大火で寛永度天守閣が焼失した後、家綱による台座だけの再建となり、4度目の天守閣は未完だった。天守閣を建設し、将軍綱吉の威光を絶大なものにする絶好のチャンスが訪れる。だが、そうはならなかった。綱吉が将軍となって以降、なぜか天守閣建設に目もくれていない。雷嫌いの綱吉は、雷に近づく高所が嫌で、天守閣などもってのほかだったのか。

あるいは、綱吉治世の後半頻発する災害に見舞われたことが要因のようにも思われる。その最も象徴的な前触れとして、勅額《ちょくがく》の火事が起きた。寛永寺は、上野台地の先端部にあり［6-14］、増上寺と同じく徳川歴代将軍の6人が眠る。元禄期には四代将軍家綱の霊廟がすでに設けられていた。この寛永寺に元禄11（1698）年、それも寛永寺の中心的存在となる根本中堂の完成

6-14　上野の森、手前が不忍池、背後の森がかつての寛永寺（現・上野公園）（撮影：2017年）

と同時進行で勅額の火事が起きる。

勅額の火事は、根本中堂の完成を祝い、第一一二代天皇だった霊元天皇《れいげんてんのう》（1654～1732）の勅額（天皇などの為政者の直筆額）がまさに根本中堂の正面入口にかけられようとした時の出来事。寛永寺境内は大きな被害を受ける。本坊から南、根本中堂のほか、法華堂と常行堂、山門である文殊楼（吉祥閣）と軸線が通った参道の両側には、数多くの子院が配されていた［次頁6-15］。

元禄11年の大火、勅額の火事ではこれらの子院が焼失する。江戸城（天守閣跡）へ向かう軸の周辺をより広い空地とするために、子院の配置は大火以降大きく変化した。境内にあった子院が拡張された土地に移る［211頁6-16］。新たに整備された境内地は現在の上野駅構内のほぼ全域に相当する。さらに、北西側にも境内地が広げられ、子院が再配置された。寛永寺の最盛期には、全体の敷地が現在の上野公園の2倍、30万㎡以上あり、子院の数が36にも及ぶほどの規模だった。

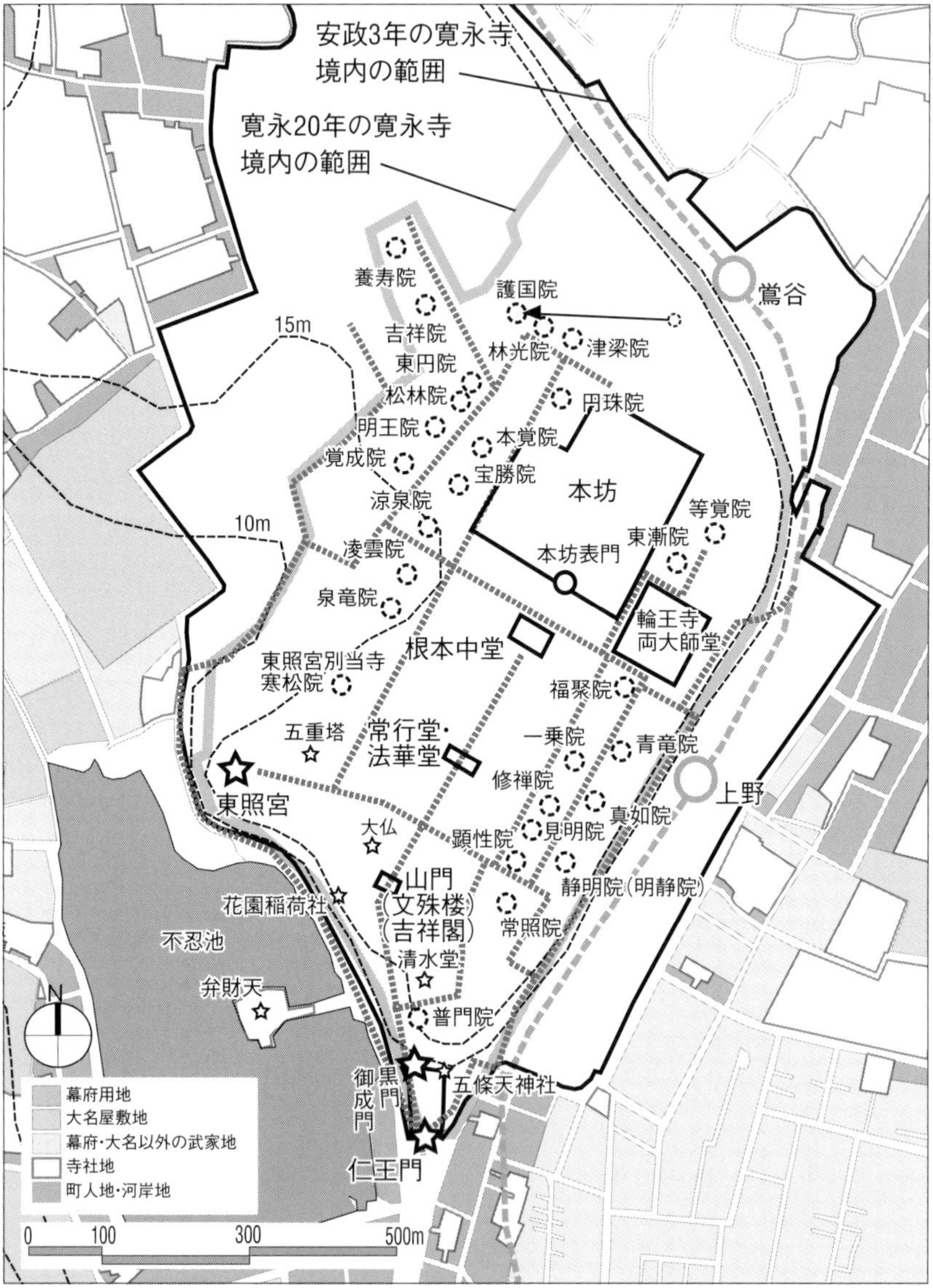

6-15 勅額の火事以前の寛永寺配置（元禄11〈1698〉年以前）

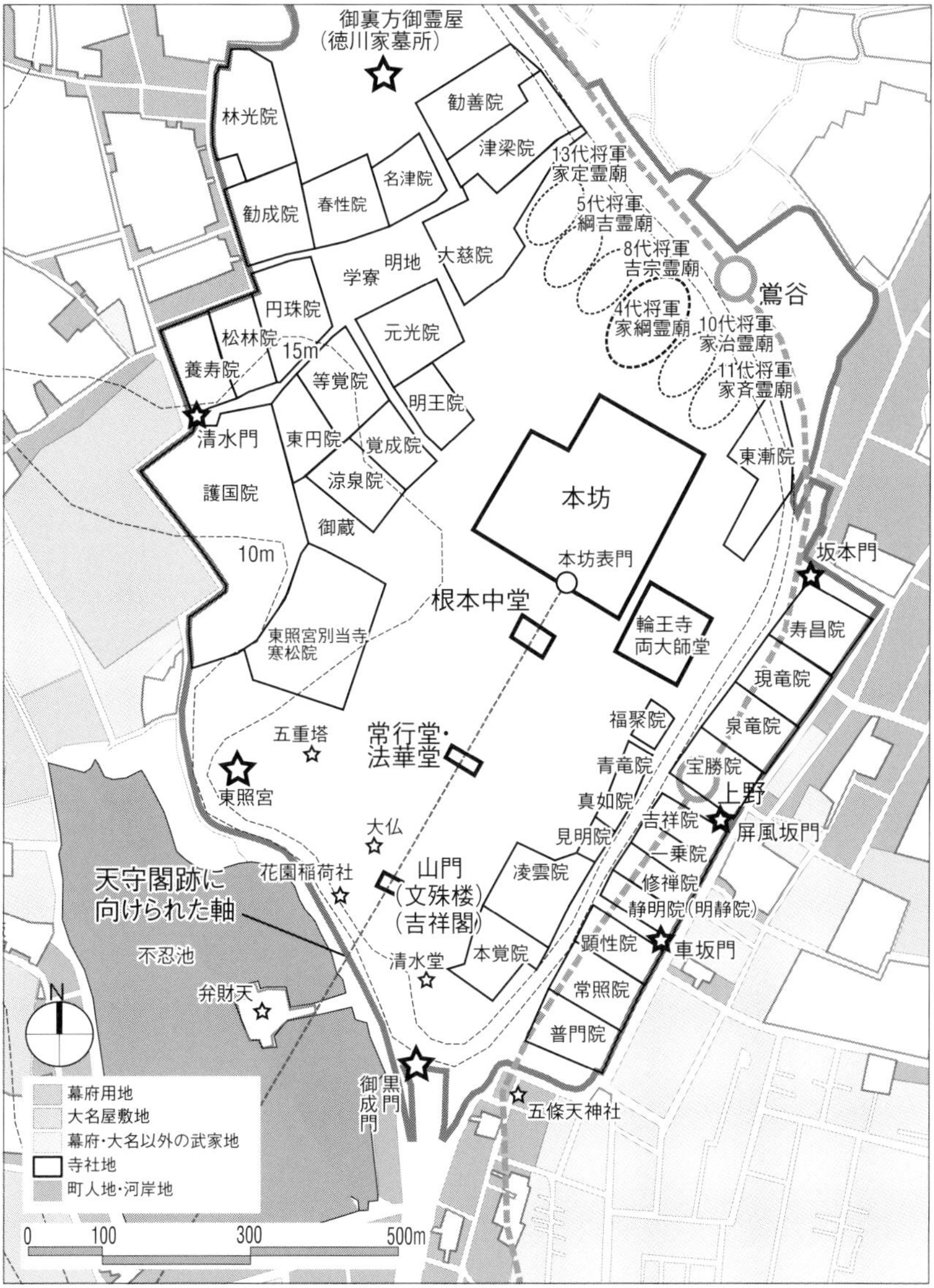

6-16　勅額の火事以降の寛永寺の拡大と配置（安政3〈1856〉年）

6-05

自然災害にはお手上げの綱吉

連続する自然災害

元禄大地震（元禄16年11月23日〈1703年12月31日〉）は、マグニチュード7・9から8・5の間と推定される巨大地震だった。江戸城の御門や番所、各藩の藩邸、町人地に建つ家々が倒壊する。だが、強い震度のわりに比較的被害は少なかった。むしろ、その後の火事により江戸は大惨事となる。小石川にある水戸徳川家上屋敷から出火したことから「水戸様火事」と呼ばれるこの大火は、地震の6日後に起きた。途中風向きが北から南に変わり被害を拡大させる。焼失した武家屋敷は275件、社寺は75件、町家は2万件（畑市次郎『東京災害史』都政通信社、1952年）。元禄大地震に伴う市内各地で発生した火災と合わせると、焼失面積は明暦の大火を上回る［6-17］。

元禄大地震は、小田原藩領の被害がより深刻だった。平塚と品川で液状化現象が起きる。東海道沿いの各宿場では家屋が倒壊し、川崎宿から小田原宿までの被害が特に顕著だった。宇津徳治他著『地震の事典』（朝倉書店、2001年、第2版普及版）によると、相模国（神奈川県）の小田原城下では地震発生後に大火が発生し、小田原城の天守も焼失する壊滅的な被害になったという。小田原領内の倒壊家屋は約8000戸、死者約2300名にも及んだ。

その後も元禄から宝永年間（1704〜1711）にかけ、自然災害が続発する。元禄地震の4年後、宝永4（1707）年にはマグニチュード8・4から8・6と推定される宝永大地震が起きた。

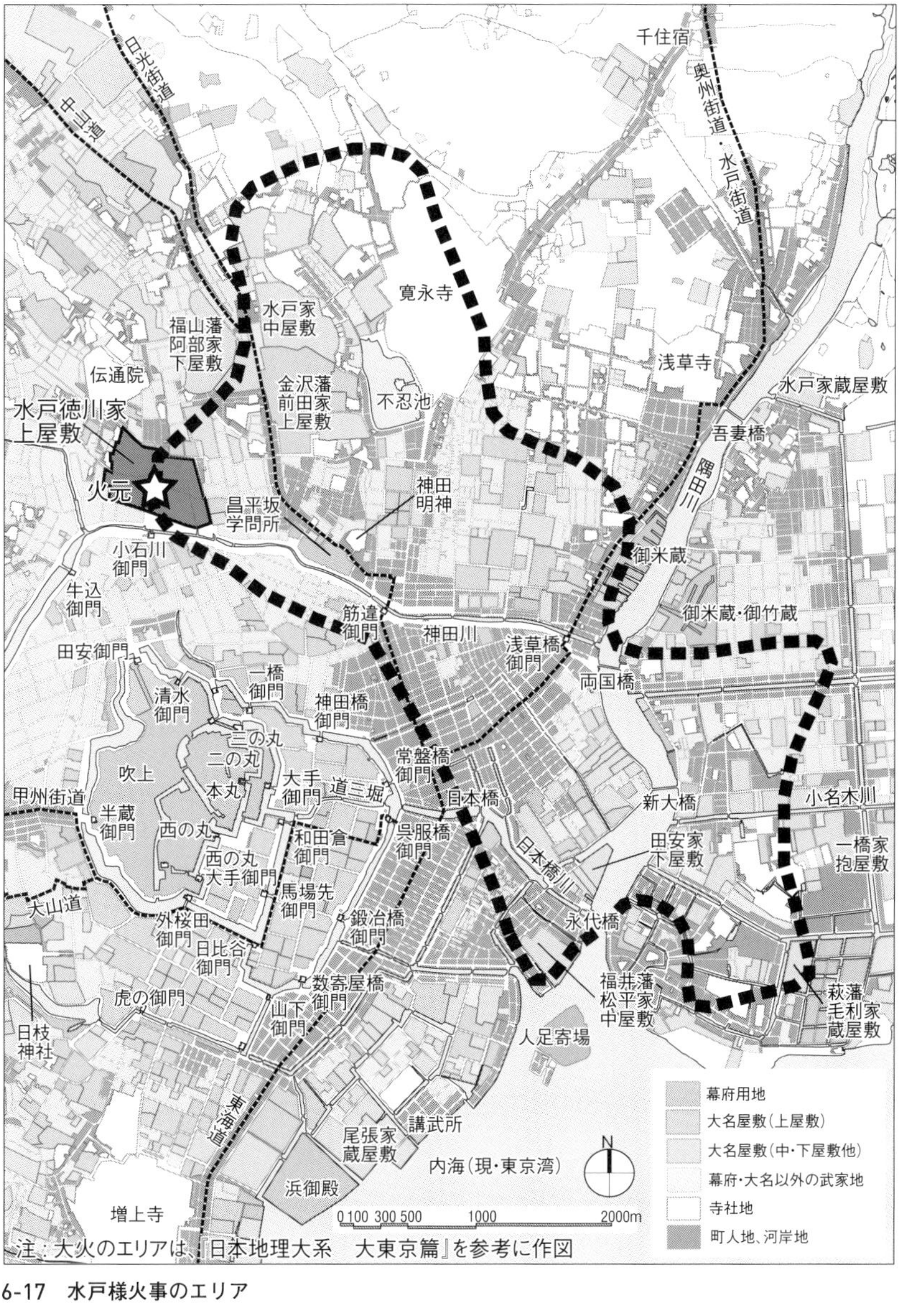

6-17　水戸様火事のエリア

この地震に伴う宝永大噴火により、富士山の南東斜面には宝永山と宝永噴火口が誕生する。360度綺麗に裾野を広げていた富士山が姿を変えた。

宝永大噴火は富士山の三大噴火の一つといわれる。他の2つは平安時代に発生した「延暦《えんりゃく》の大噴火(800~802)」と「貞観《じょうがん》の大噴火(864~866)」で、800年以上も前に起きただけだった。宝永の噴火により噴出した火山灰が関東一円に降り注ぎ、農作物に多大な被害をもたらした。

小田原藩領では、噴火から20年を経ても復興の目処さえ立たない地域が多く発生する。酒匂川《さかわがわ》流域では、堆積した火山灰により水位が上がり堤防が決壊し、水没する村が続出した。自力での復興が無理と判断した小田原藩は、領地の半分を幕府に差しだし救済を求める。

災害に使われなかった全国一律の税

綱吉は、将軍の時代に様々な名目で税を課した。その興味深い一例に、幕府領、大名領の区別なく、全国規模で徴収した「国役金《くにやくきん》」という名の税がある。これは、宝永4(1707)年の宝永大噴火で麓《ふもと》の村々が大被害を受けたことに端を発する。現在の目的税にあたる。荻原重秀の手腕と考えられる税により、43万両が集まった。復興のために必要であり、価値ある試みだった。

幕府は、この税で災害復旧工事を進める。しかしながら、この臨時の税は被災地の復興を目的とするにもかかわらず、重秀が実際に災害復旧に使用した金額は全体の15%にも満たない、6万両程度にとどまる。残りは現在でいう一般会計に組み込まれた。貴重な復興資金が知らない間に綱吉の浪費のカバーに充てられ、復旧は遅れた。

後に、大岡越前守忠相《ただすけ》に見出された田中休愚《きゅうぐ》(1662~1730)が徳川吉宗の命を受け、享保

11（1726）年から復興にあたる。税制面では、幕府が全国各藩の石高に応じた課税により資金調達し、被災した各地の復興費用とした。この時は復興に充てられたが、噴火の影響による洪水は100年あまりも続く。富士山麓の村々が災害復旧工事を完全に終え、被害から立ち直る時期は江戸時代も終わろうとするころだった。

将軍御世継ぎの行方

紀州藩初代藩主頼宣《よりのぶ》（1602〜71）は、慶安4（1651）年に起きた「慶安の変」と呼ばれる討幕未遂事件で幕府の転覆を狙った由井正雪《ゆいしょうせつ》との関係を問われる。計画が露見し自決を余儀なくされた正雪の遺品から頼宣の書状が見つかった。この書状はのちに偽造と判明し、表立った処罰は受けていない。だが、武功派の盟主だった頼宣は松平信綱と中根正盛の画策により幕政批判の首謀者とされた。頼宣の失脚で武功派勢力が一掃されるとともに、この時点で紀州家から将軍を出す流れは消える。

紀州家に逆風が吹き荒れるなか、八代将軍吉宗の実父である徳川光貞《みつさだ》（1627〜1705）が寛文7（1667）年に父・頼宣から家督を継ぎ、紀州藩二代藩主となる。ただし、この時点でも紀州家からの将軍への道筋は断たれたままだった。一方尾張家には、家光の長女千代姫が尾張藩二代藩主徳川光友《みつとも》（1625〜1700）に嫁いでおり、御世継ぎ候補の立ち位置としては尾張家が有利に展開する。以降、尾張家と紀州家は将軍の座を巡りデッドヒートを繰り広げていく。その山の一つが綱吉の存命中に訪れた。

光貞の嫡男である徳川綱教《つなのり》（1665〜1705）のもとへ五代将軍綱吉の長女鶴姫（1677〜

1704、母：瑞春院〈1658～1738〉）が嫁ぐ。この時点から、情勢に変化が見られた。紀州家は綱吉を屋敷へ招き将軍家との縁を深める。

綱吉には長女鶴姫のほかに男子も1人いた。長男の徳松（1679～83、母：瑞春院）で、綱吉の後を継いで将軍となる待望の嫡男である。だが、誕生してわずか4年後に徳松は亡くなり、綱吉の鶴姫への溺愛がエスカレートした。紀州家の綱教に、六代将軍としての芽が出てくる。しかし、その鶴姫も宝永元（1704）年4月に亡くなる。綱吉は鶴姫の死去で自身の血筋を将軍にする望みが断たれた。一方紀州家も綱吉というカードを失う。

こうなっては綱吉に次期将軍に対する未練がなくなる。疎んじていた綱豊（家宣）が将軍御世継ぎとして宝永元年12月、正式に決まった。鶴姫が亡くなってから8ヵ月後のこと。綱吉が宝永6年（1709）に亡くなると、次期将軍には家康、秀忠、家光からの血筋である家宣が就く。

●根津権現神社建立

『江戸名所図会』の「根津権現旧地」と題した挿絵を見ると、団子坂（千駄木坂）を上がる途中、北側（右側）に駒込稲荷の文字が目に入る［6-18］。これが元根津神社（不寝権現《ねづごんげん》）で、現在の文京区立本郷図書館（文京区千駄木三丁目）のあたり。この小さな社が綱重の子・綱豊（後の家宣）のサクセスストーリーとともに、巨大寺院に変貌する。

宝永2（1705）年、甲府藩藩主だった徳川綱豊は五代将軍綱吉の御世継ぎとして江戸城西の丸に移る。綱豊の産土神《うぶすながみ》として根津神社（根津権現）の新社殿が見違えるほどの規模で宝永3年に普請された［218頁6-19］。綱吉は綱豊を疎んじていたが、社寺の寄進には糸目をつけず異様なほど力を入れる。諸大名を動員し、天下普請として社殿の造営にあたらせた。家宣が亡くなって子の家継の時代、正徳《しょうとく》4（1714）年9月21日に実施された例祭において、大出世した根津神社の祭では行列が江戸城内に入る。その後江戸城内に祭の行列が入ることはなくなるが、根津神社の荘厳な境内の雰囲気は今も失われていない［次頁6-20］。ツツジが咲く季節、ツツジが植えられた斜面は見事な花園に変貌する。

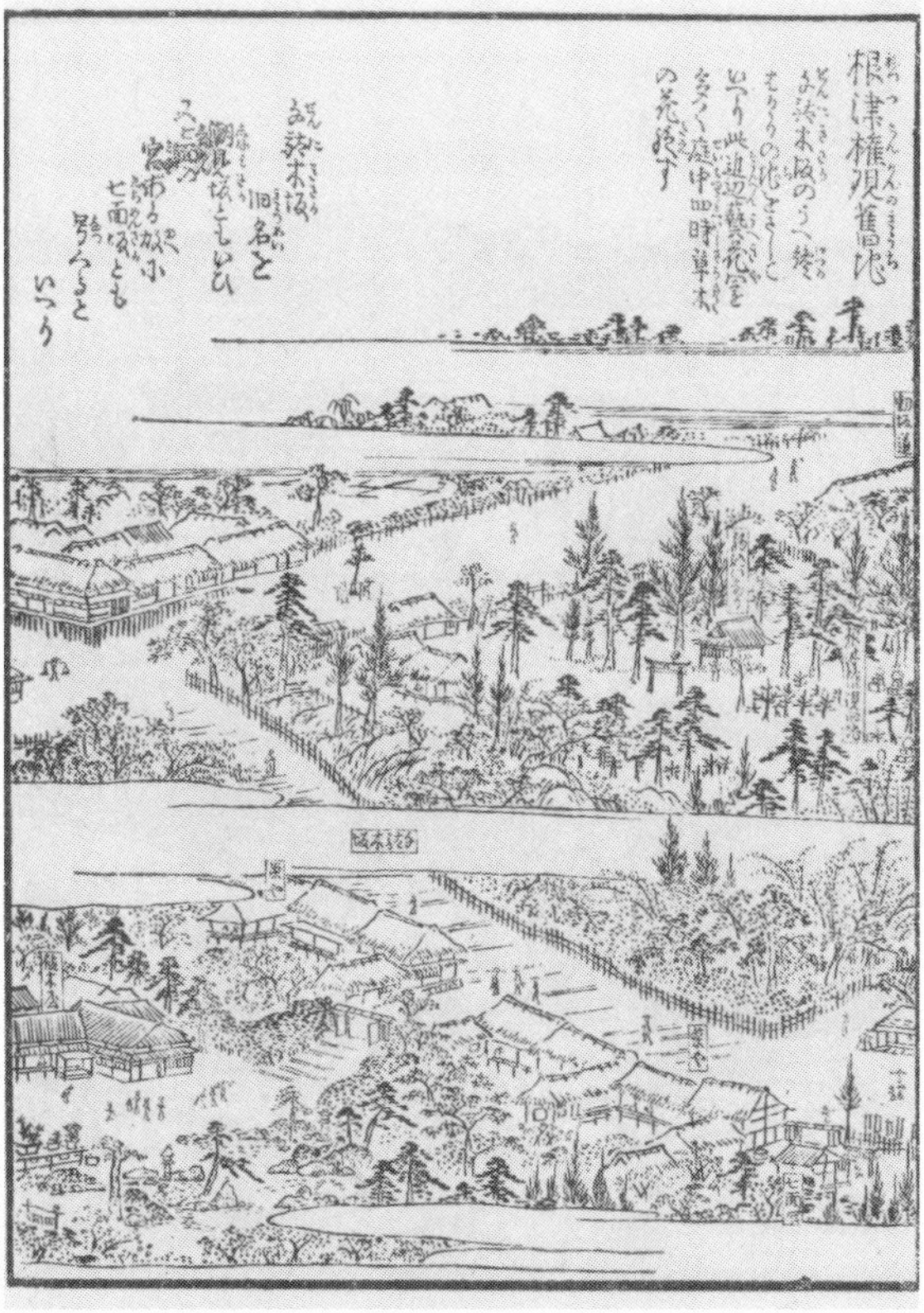

6-18 「根津権現旧地」『江戸名所図会』より

宝永6（1709）年、綱吉は度重なる自然災害に屈するようにこの世を去り、寛永寺の霊廟に眠る［211頁6-16参照］。将軍時代の後半は自然災害に悩まされ続けた綱吉だが、自身の強運は死しても持ち続けていた。東京大空襲（1945）により、芝の増上寺と上野の寛永寺にあった徳川将軍家の霊廟の多くが被災する。そのなかにあって、綱吉の霊廟だけが無傷のまま焼失を免れた［219頁6-21］。

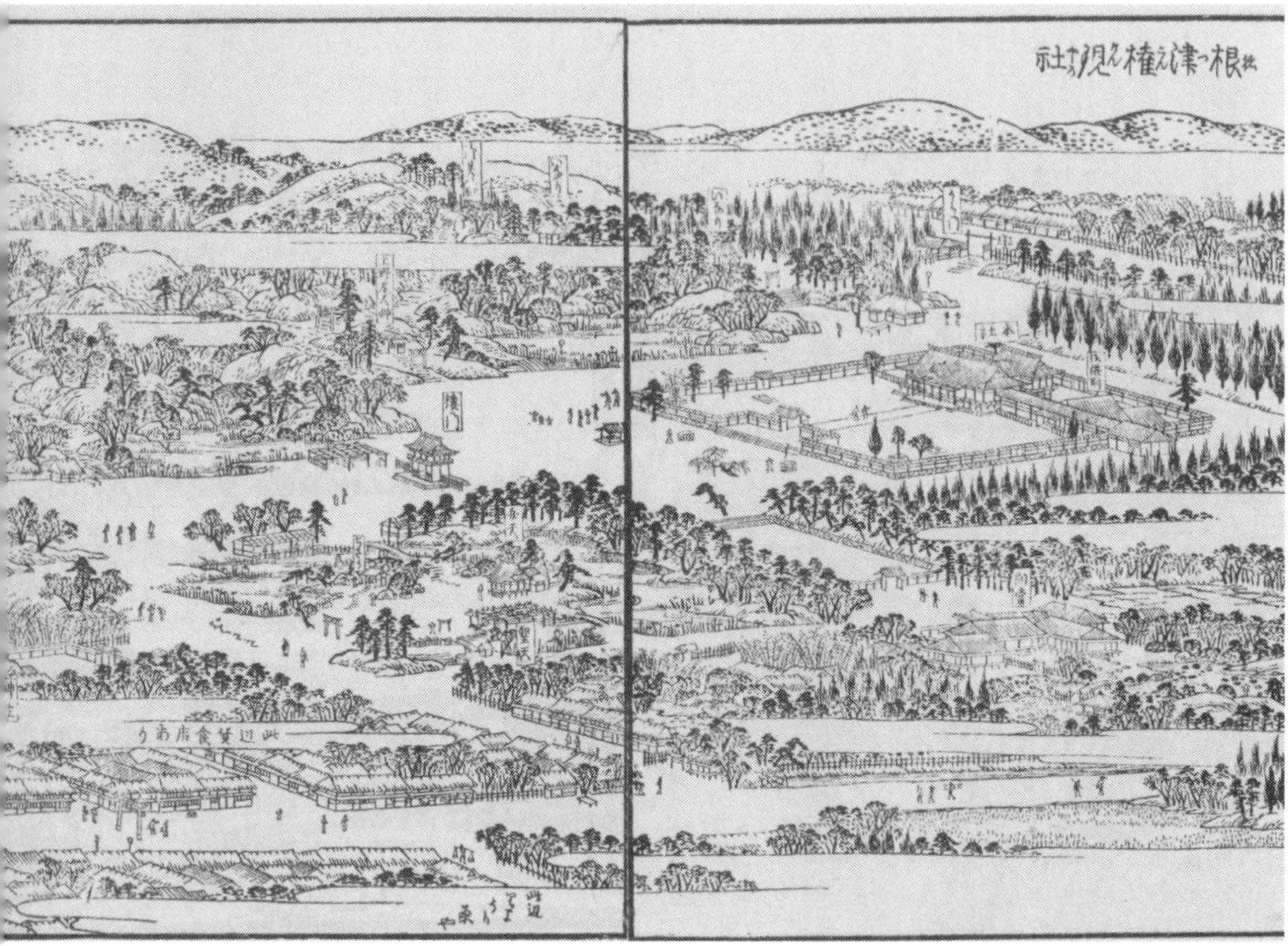

6-19　「根津権現」『江戸名所図会』より

6-20　根津権現（撮影：2006 年）

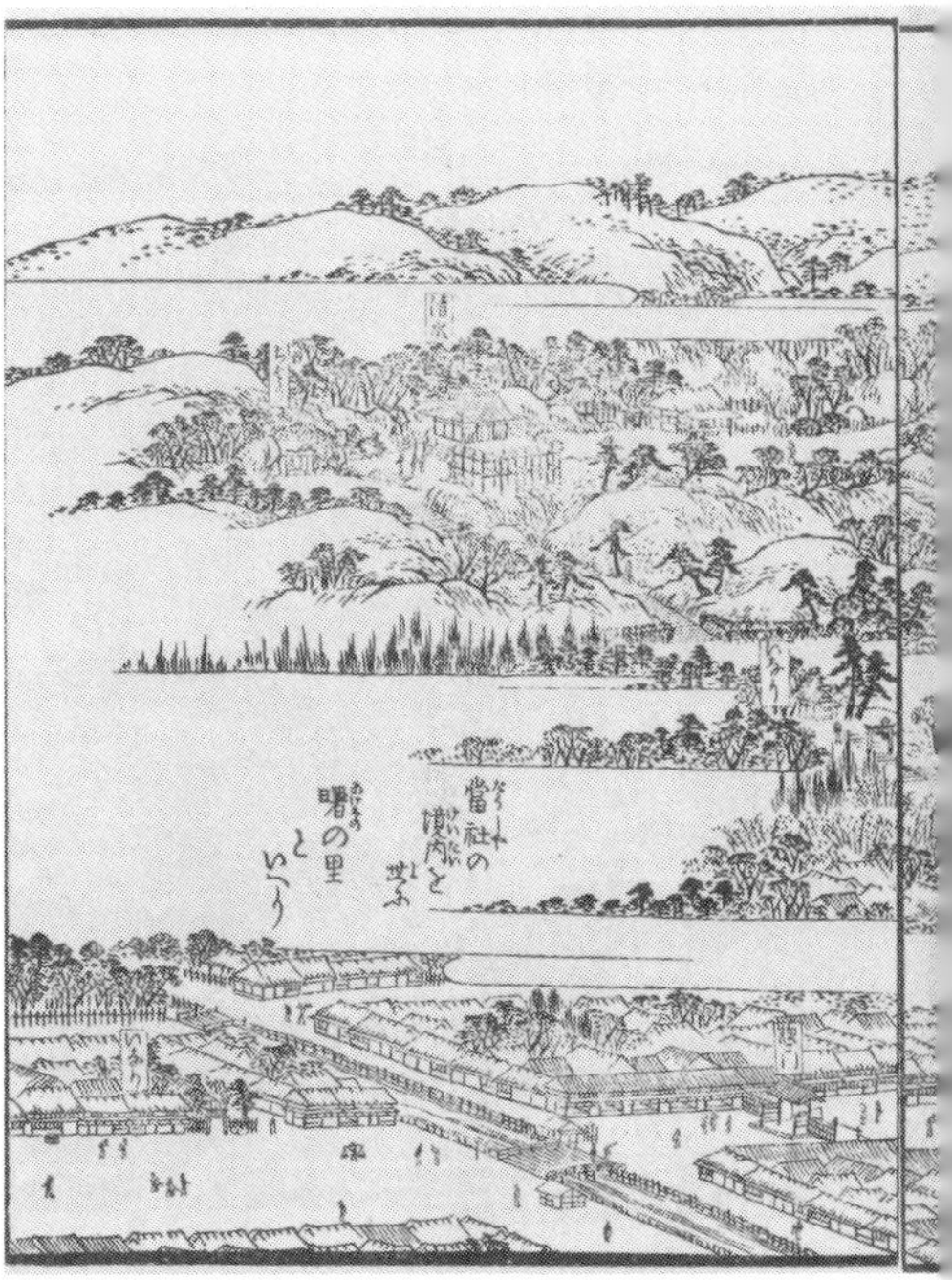

6-21　上野にある五代将軍綱吉の霊廟（撮影：2016 年）

7章

六代将軍家宣の時代

7-01

家宣が将軍になるまで

6代続いた将軍の足跡を締めくくる家宣

六代将軍となった家宣《いえのぶ》（1662～1712、在職1709～12）は、家康以来培ってきた江戸城と江戸のまちづくりを忠実に継承し、かたちにしようと努力した最後の将軍だった。家宣の将軍時代は、儒学者の新井白石《あらいはくせき》（1657～1725）を中心に「正徳の治《しょうとくのち》」と呼ばれる政治改革（財政、外交、教育などの幅広い改革）が行われる。その時、寛永度天守閣の図面をもとに天守閣再建計画（1712）も進められた。どこまで具体化されていたかは不明だが、新たに作成された図面が現存する［7-1］。家宣自身は寛永度天守閣に上った経験がなく、父綱重、伯父家綱からその様子を聞いていたのではないか。ちなみに、四代将軍家綱は天守閣の台座だけの再建に終わる。その時も寛永度天守閣の図面をベースに天守閣の建設が試みられた［7-2］。

残念ながら、家宣は図面が完成した年、51歳でこの世を去る。天守閣から父綱重と同じように江戸の風景を体験することはかなわなかった。将軍在職はわずか3年9ヵ月。将軍への道のりがあまりにも遠く、天守閣再建に至る最後のステップを踏む時間が残されていなかった。

その一方で、家宣は2つの貴重な緑地空間、吹上の御庭（現・吹上御所）と海に面した別邸の浜御殿（現・浜離宮恩賜庭園）を残す。浜御殿は父綱重《つなしげ》から継いだ大切な場所として整備された。その後も歴代将軍が手を加え変化させるが、その基本骨格は家宣時代に完成させた。この2つの御庭は、現

7-1　江戸城天守閣立面図（南面）「江戸御城御殿守横面之圖」（東京都立中央図書館蔵）

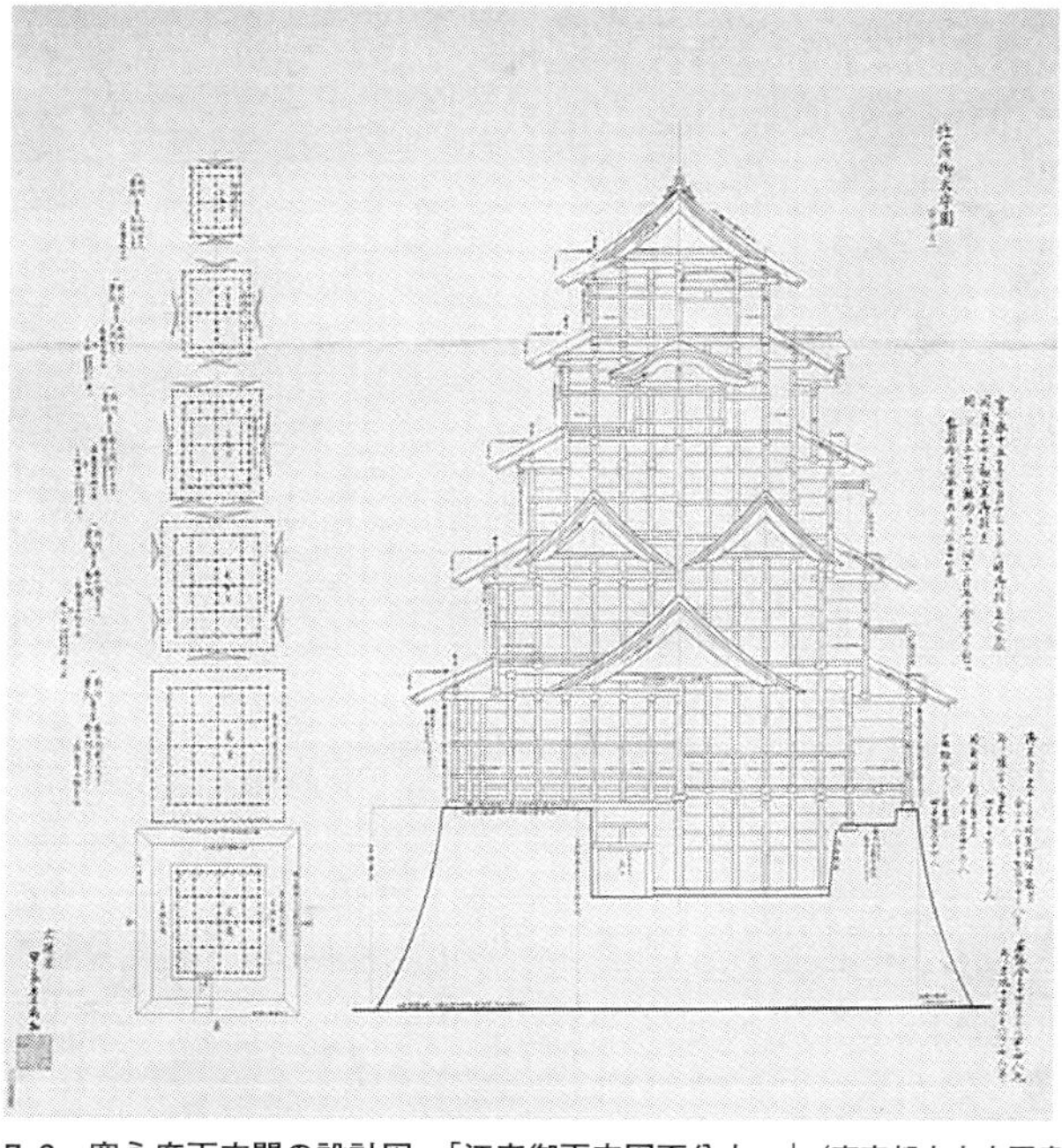

7-2　寛永度天守閣の設計図　「江府御天守図百分之一」（東京都立中央図書館蔵）

在も東京の広大な緑地としてあり続ける。江戸城と江戸のまちづくりのフィニッシュを地味ながらも家宣がまとめあげた。

浜御殿を起点に、時計回りに汐留川、赤坂溜池、外濠、神田川、最後に隅田川を下って再び浜御殿に戻るルートは、江戸惣構の外周といってよい［5頁0-1参照］。しかも、６代にわたる将軍がこれらにかかわった。汐留川と赤坂溜池は家康と秀忠、外濠は家光と家綱、神田川は秀忠と家綱が整備したものだ。綱吉がちょっと浮いてしまいそうだが、母桂昌院の政《まつりごと》を度外視した隅田川に架かる新大橋新設の提言と、綱吉が自身の誕生日を祝うために架設した永代橋とで、綱吉も歴代将軍たちの輪に何とか入る。そして、壮大な江戸惣構の要に家宣の浜御殿が位置する。６代続いてきた徳川将軍の締め括りとして、家宣はピタリとはまる。

六代将軍家宣の生い立ち

六代将軍となる徳川家宣は、寛文２（１６６２）年に綱重（１６４４〜７８）の長男として根津の屋敷（現・根津神社）で生まれ、虎松と名付けられた。ただし、すんなりと将軍の座についたわけではない。同年、父の綱重が関白・二条光平《にじょうみつひら》の娘（隆崇院《りゅうぞういん》、１６４８〜６９、後に左大臣九条兼晴《くじょうかねはる》の養女となる）を正室に迎える。その時、18歳の綱重は秀忠の長女・千姫の女中松坂局に奉公する７歳年上のお保良（長昌院《ちょうしょういん》、１６３７〜６４）に２人目の子を身ごもらせていた。桜田御殿の本邸で産ませることもできず、お保良は別邸である根津屋敷で出産する。お保良の身分が低いことから、世間を憚《はばか》り、長男の虎松（綱豊、後の家宣）は綱重家臣の新見正信《にいみまさのぶ》に預けられ、その養子として新見左近《さこん》と名乗る。綱豊には同母弟の熊之助（清武《きよたけ》、１６６３〜１７２４、後に館林藩藩主）がおり、兄と同じよう

7-3　善性寺（撮影：2017年）

に家臣の越智喜清《おちよしきよ》に養われた。以降、母と兄弟はバラバラの道を歩む。

善性寺《ぜんしょうじ》（現・荒川区東日暮里五丁目）は、お保良が菩提寺としており、寛文4（1664）年に病没したお保良の遺骸ははじめこの寺に埋葬された［7-3］。その後家宣が将軍となり、お保良の亡きがらは寛永寺へ改葬される。弟の清武（熊之助）もしばらくの間隠棲していた寺院が善性寺だった。清武は延宝8（1680）年に越智家の家督を継ぐ。ただし、清武が館林藩2万4000石の大名に列するには、兄の家宣が将軍御世継ぎとなる宝永元（1704）年までの長い時を要した。ほぼ、綱吉の将軍時代を旗本の境遇で暮らす。

綱重の正室となった隆崇院も、お保良の死後5年が過ぎた寛文9（1669）年に22歳の若さでこの世を去り、伝通院に埋葬された。家宣が隆崇院の菩提寺を創建する。波瀾万丈の綱重とその周辺の人たちの人生だが、子の家宣が墓所や菩提寺だけでもあるべき姿に整えた。加えていえば、6代続いた将軍家のぎくしゃくした親子関係、兄弟関係を見てくると、綱重、家宣、家継と続く親子・兄弟の関係が最もまともだったと感じる。

綱重は後年男子に恵まれず、虎松（家宣）が後継として寛文11（1671）年、9歳の時に綱重のもとに呼び戻された。元服した虎松は伯父の四代将軍家綱の偏諱《へんき》を受け綱豊と名乗る。生母のお保良はすでに死去しており、母親を失っていた綱豊（家宣）は綱重の生母、祖母の順性院《じゅんしょういん》（1622〜83、家光の側室）に育てられた。延宝6（1678）年には、父・綱重の死去に伴い、17歳で家督を継ぐ。

将軍となった家宣

綱吉は「生類憐れみの令」の厳守を遺言してこの世を去る。綱吉にとって何よりも大切な法令だった。だが葬儀が行われる2日前、綱吉の柩を前にした家宣は、綱吉の側用人柳沢吉保に「生類憐れみの禁令に触れ罪に落ちた者は数知れない」として「天下万民のためにあえて遺命に背く」（江戸幕府の公式史書『徳川実紀』天保14〈1843〉年正本完成）と、人々を苦しめてきた法令の破棄に断固とした言葉を発する。家宣の凛《りん》とした姿勢は、将軍となる強い決意のあらわれだった。家宣の態度に接し、吉保も自身の身の振り方を決断した。

五代将軍候補の時は、堀田正俊、間部詮房《まなべあきふさ》（1666〜1720）・新井白石のコンビ、酒井忠清と、三つ巴のサポート合戦が繰り広げられた。力関係でいえば綱豊（家宣）を推す間部・白石がはるかに劣っており、最終的に綱吉を推す正俊に押し切られる。再戦の六代将軍候補の時は、正俊も、忠清もこの世の人ではなかった。

宝永6（1709）年に綱吉が亡くなり、家宣が47歳で六代将軍に就任すると、吉保は幕閣から身を引き、嫡男の吉里《よしさと》（1687〜1745）に家督を譲り隠居する。側用人には詮房、白石が登用された。白石は、若いころから綱吉や吉保の動向を観察し、バックボーンを持たないもののあり方を学んでいたはずである。白石が幕政において才能を発揮できるポジションは側用人。必然的に、綱吉の時代と同様、家宣の時代も側用人が重要視された。

将軍となった家宣は、評判の悪い「宝永通宝」の流通を中止させる。この新貨幣は財政改善のために鋳造された宝永5（1708）年発行の粗悪な十文銭だった。鋳造を一手に引き受けた人物は紀《き》伊国屋文左衛門《のくにやぶんざえもん》。「酒税」の廃止とともに、人々を苦しめた「生類憐れみの令」も一部を残し順次廃止となる。一方で、家綱からはじまり綱吉時代に引き継がれた文治政治は引き続き進められた。しかし家宣は、綱吉のように社寺の建立《こんりゅう》に湯水のごとく金を使いまくることはしていない。

あくまで地味な将軍だった家宣は、将軍在職3年9ヵ月後の正徳2（1712）年秋に死去し、増上寺に埋葬された。家宣の嫡男家継《いえつぐ》（1709〜16）が七代目の将軍職を継ぐ。3歳と幼く、政治は引き続き間部と白石が主導する体制に依存した。だが、わずか3年7ヵ月の家継将軍在職期間中には独自の事績が無いに等しい。

将軍家宣を考える時、どうしても白石の存在が際立つ。家宣の分け隔てない優しさは父・綱重譲りで、綱吉のようなギラギラした権勢欲が感じられない。悪くいえば影が薄い。その家宣が将軍に上り詰める段階で出会った強烈な個性と才能の持ち主が白石だった。

7-02

新井白石のプロフィール

新井白石と土屋家宗家

家宣の強力なブレーンとなる新井白石（「白石」は創作発表する時の号《ごう》で、「諱《いみな》」〈本名〉は君美〈きんび・きみよし〉）。その祖先は、上野《こうずけ》新田郡新井村（現・群馬県太田市）の土豪だったが、豊臣秀吉の小田原征伐により新井家は没落する。白石の父・正済《まさなり》は慶長7（1602）年に上総久留里藩《かずさくるりはん》2万石初代藩主の土屋忠直《ただなお》（1582〜1612、民部）のもとに仕官し、後に上総久留里藩の目付となった。白石の不思議な運命は父の土屋家仕官からはじまる。

忠直は、織田・徳川勢と最後まで戦った伝説の「片手千人斬り」と異名を持つ武田勝頼（1546〜82、武田信玄の嫡男）家臣である土屋昌恒《まさつね》（生誕不詳〜1582）の子。家康は、武田家の有能な武将の家系を徳川家家臣として積極的に受け入れてきた。その一人である忠直は、天正19（1591）年相模に3000石を与えられ、旗本からスタートする。慶長7（1602）年には関ヶ原の戦いで活躍した恩賞として2万石が与えられ、上総久留里藩初代藩主となった。土屋家の上屋敷は、現在の大手町、かつて綱吉の神田御殿があった近く［7-4］。大手町は代々徳川家に仕えた門閥系の譜代大名、あるいは幕政の中枢に位置する譜代大名が屋敷を構えてきたエリアである。土屋家上屋敷の位置は家康の期待と信頼の高さを示す。

父昌恒譲りの武勇に長けた武将の忠直だが、31歳の若さで亡くなる。跡は嫡男の土屋利直《としなお》（1607

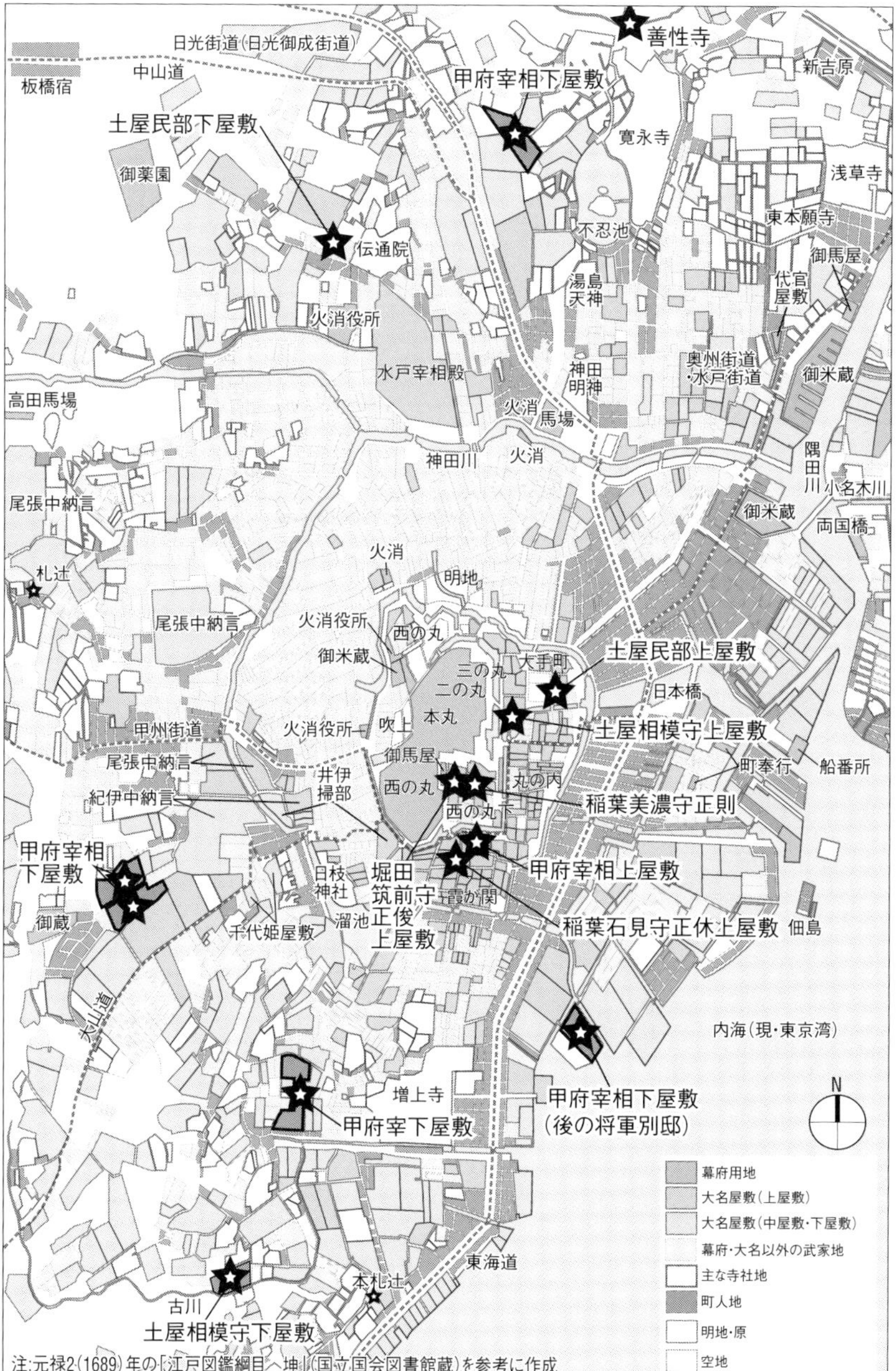

注:元禄2(1689)年の「江戸図鑑綱目 坤」(国立国会図書館蔵)を参考に作成

7-4 新井白石と関係する人たちの大名屋敷

～75、民部）が5歳で上総久留里藩二代藩主を継いだ。幼少で藩主となった場合、大手町のようなステータスの場所は往々にして屋敷替えとなる。だが、土屋家の上屋敷は変化していない。利直も幕府から将来性を認められ、そのまま大手町の一等地に屋敷を構え続けた。白石の父・正済も引き続き上総久留里藩藩士となる。

白石は、明暦の大火（1657）の1ヵ月ほど後に焼け出された避難先の下屋敷で誕生した。明暦の大火では、水戸徳川家中屋敷（後に上屋敷）方面からの火の手により、土屋家の上屋敷が焼失する［153頁5-5参照］。しかし、下屋敷は伝通院の西側に位置しており焼失を免れた。そのことが幸いし、新たに誕生した白石とともに新井家は命拾いする。

白石は幼少のころから学芸に非凡な才能を見せた。聡明で気性が激しく、怒ると眉間に「火」の字に似た皺《しわ》ができる。二代藩主利直は、そうした白石を「火の子」と呼びかわいがった。ここまでの白石は理解者である父と藩主に見守られ学問に励む。

白石が18歳の時に、親身になってくれた利直が亡くなった。跡は利直の長男・直樹《なおき》（1634～81）が上総久留里藩を継ぎ三代藩主となる。白石の父・正済は、直樹に狂気の振る舞いがあり仕えるに足らずと、一度も出仕しなかった。当然、新井父子は2年後の延宝5（1677）年に土屋家を追われる。白石は貧困のなかで儒学・史学を学び続けた。2年後、狂気を理由に直樹が改易となった。

土屋忠直の次男、利直の弟である土屋数直《かずなお》（1608～79）は、家綱の時代に出世して老中まで上り詰める。その子政直《まさなお》（1641～1722、相模守）も後に老中となった。長男系の土屋家が没落し3000石の旗本となるなか、逆に次男系は隆盛を極める。しかも後年、白石が次男系土屋家の政直と敵対するかたちで深くかかわる。

堀田正俊、家宣に仕官した白石

さて、晴れて自由の身となった白石は、天和3(1683)年、26歳の時に綱吉時代の大老・堀田正俊に仕官がかない、綱吉を身近に感じる機会を得た。正俊は、西の丸下にある阿部重次の屋敷跡を拝領していた[229頁7-4参照]。飛ぶ鳥を落とす勢いの正俊に仕官し、先が開かれたかに見えた白石だが、すぐに状況が一変する。城中で正俊が稲葉正休に斬りつけられ、後に亡くなる。

正俊が亡くなった後の堀田家は、古河《こが》から山形、福島と次々に国替を命じられた。綱吉の必要以上のいじめにあう。正俊の嫡男正仲《まさなか》(1662~94)の移封は明らかに父・正俊への処罰的なもので、綱吉は死しても正俊を大変嫌っていたようだ。福島藩は、痩せた土地が多く実高の低い領地のため藩財政を悪化させ、領民にも様々な重税を強いて苦しめる。だがどういうわけか、五代将軍綱吉からは「頗《すこぶ》る功あり」と賞された。綱吉は民から絞りあげることを善としていたのか、綱吉の底意地の悪さが目に浮かぶ。

白石は堀田家を自ら退いて浪人となり、独学で儒学を学び続けた。父の仕えた土屋家宗家と同様、白石の堀田家仕官も誤算だった。ただ、大手町の土屋家、西の丸下の堀田家において、譜代大名家が屋敷を構えるステータスのエリアを体験できた[229頁7-4参照]。また、辿る先々で間接的だが将軍家と絡み、今後につながる余白を残す。

独学を続けてきた白石は、貞享3(1686)年に30歳で朱子学者の木下順庵《きのしたじゅんあん》(1621~99)に入門した。加賀金沢藩に仕えた後の順庵は、天和2(1682)年に徳川幕府の儒官となり、五代将軍綱吉の学問を講義する侍講《じこう》をつとめる。白石はこの順庵から綱吉について色々と情報を得たかもしれない。また、順庵は林鳳岡《はやしほうこう》（1645～1732）や林門下の儒学者たちとも交流があった。順庵の門下生には白石のほか、八代将軍吉宗の侍講《じこう》となる室鳩巣《むろきゅうそう》（1658～1734）など、後に高名となる学者が多く集まり、「木門十哲《もくもんじってつ》」と呼ばれる。順庵に入門できた白石にとって充実した月日がすぎた。

順庵は面倒見の良い師匠だった。白石が37歳の時、元禄6（1693）年に甲府藩の甲府徳川家への仕官が舞い込む。甲府藩藩主綱豊の側近は、当初林家に弟子の推薦を依頼していた。だが、当時の綱豊は将軍綱吉から疎んじられており、林家も綱豊に将来性なしと見限《みかぎ》り、依頼を断る。綱豊を排除する流れがあった。

綱豊の側近は、お抱え儒学者打診のために次に順庵を訪ねた。その際、林家と交際がある順庵は甲府徳川家への白石の推挙を当初渋る。しかし、白石はむしろ綱豊の将来性を見込み順庵に正式な推薦を願い出た。順庵は白石を甲府徳川家に推薦する。

将軍の可能性がまだ残る綱豊に仕官した白石に、綱豊を通じ自身の考えを世に知らしめる絶好のチャンスがおとずれる。白石がここまで計算したかどうかわからないが、白石に才能を発揮する場が与えられた。

新井白石 vs. 荻原重秀

江戸時代初期、高麗人参は優れた薬効があり高価だった。日本国内でまだ栽培できず、朝鮮半島からの輸入に頼る。この貿易は対馬藩《つしま》が専属で担当しており、「慶長丁銀《けいちょうちょうぎん》」で決済が行われてきた

（瀧澤武雄・西脇康『日本史小百科「貨幣」』東京堂出版、１９９９年）。元禄８（１６９５）年９月に品位を落とした「元禄丁銀《げんろくちょうぎん》」が発行されても、対馬藩はこの改鋳を李氏朝鮮《りしちょうせん》王朝側に知らせず、貿易の対価は依然良質な慶長丁銀で支払い続ける。しかし、慶長丁銀の確保が困難となり、人参貿易は一旦打ち切られた。

対馬藩による李氏朝鮮王朝側との２年越しの交渉が実り、元禄12（１６９９）年５月には元禄丁銀による支払いが慶長丁銀の２割７分増しの決済で合意する。銀の含有量で換算すれば２割５分増しが妥当だが、朝鮮側に押し込まれたかたちで決着した（田谷博吉『近世銀座の研究』吉川弘文館、１９６３年）。朝鮮貿易において、貨幣の改鋳が大きな問題となる。このことで、重秀と白石の間にはすでに亀裂が生じていた。

六代将軍となった家宣は、窮地にある幕府財政の救済策は金銀改鋳と断言する重秀を重用する。白石が強く反対する「永字丁銀《えいじちょうぎん》」を宝永７（１７１０）年から内々に銀座（現・中央区銀座二丁目）で鋳造させた。この時重秀と白石の関係が極めて悪くなり、重秀は家宣の近臣たちとの関係も悪化させる（久光重平『日本貨幣物語』毎日新聞社、１９７６年）。それでも、家宣は重秀の経済感覚を高く評価し続けた。

貨幣の改鋳を国辱とする白石は、荻原重秀に怒りを爆発させた。病没寸前の家宣に、荻原を罷免しなければ、荻原と刺し違える覚悟と迫る。家宣は白石の進言に折れ、正徳２（１７１２）年に勘定奉行から重秀を罷免した。天才肌の重秀は、相当無念だったのだろう、翌年に絶食しての自害ともいわれる死を遂げる。徳川将軍家は経済政策の異才を失う。

天守閣再建計画と将軍ブレーン白石の終焉

元禄13（1700）年、家宣は慶長5（1600）年から延宝8（1680）年の80年間に至る将軍家、大名家の家系図と略伝の作成を白石に命じる。家宣が御世継ぎとなる4年前のことである。10ヵ月でまとめさせた『藩翰譜《はんかんふ》』（元禄15〈1702〉年に完成、『新編　藩翰譜』人物往来社、1966・67年）を家宣は常に手元に置き、将軍御世継ぎとなる以前から熟読していた。綱吉との関係は良好ではなかったが、家康、秀忠、家光、家綱が将軍として行ってきた治世はしっかりと見据えており、天守閣再建もその一つとしてあった。

家宣の時代、天守閣の再建は図面まで完成したが実現していない。しかも、七代将軍が家継に引き継がれて以降も実行できなかった。詮房・白石は家継の時にも側用人として大きな権限を握り、正徳期《しょうとく》（1711～16）の幕政を主導する。だが、将軍家宣のみに依拠する不安定な基盤の上に政治的な権威が成立しており、支持基盤が極めて弱い詮房・白石による政治改革は思うように進まず、家宣死後は天守閣再建どころではなかった。将軍職を継いだ幼少の家継の下では、よい家柄同士が互いに血縁関係を結ぶ「門閥層」や、将軍家宣の下での政権に反発する「反甲府派の幕閣」の抵抗がより強まる。

享保《きょうほう》元（1716）年には家継が幼少のまま病死した。最終的に譜代大名や大奥などの推挙から、紀州藩藩主の徳川吉宗《よしむね》（1684～1751）が八代将軍に就任する。この時、詮房と白石の2人は失脚した。詮房は側用人を解任された後、領地を関東枢要の地である高崎から遠方の越後村上に転封となる。しかし石高は5万石と変わらなかった。詮房は側用人であって老中ではなく、いわば柳沢吉保の対応と同じ措置だった。

白石とともに常に家宣を支えた間部詮房の履歴は、日本の歴史上で猿楽師が大名になった唯一の例であり、しかも芸能出身者が幕政の最高責任者の地位にのぼった例はほかにない。吉宗は背景を持たない詮房にあまり脅威を感じることなく、むしろ思想的に影響力の強い白石だけに脅威を感じていた。そのためか幕府に残した白石の著作をことごとく消去させ、一切の政治的基盤を失わせる。

白石の処遇は惨めだった。失脚後は、神田小川町（現・千代田区）にあった屋敷は没収され、最終的には享保2（1717）年に幕府から与えられた千駄ヶ谷の土地（現・渋谷区千駄ヶ谷6―1―1、新宿御苑内温室のあたりに渋谷区が設置した記念案内板がある）での隠棲を強いられた。渋谷川上流沿い、ほとんど民家もなく、一面に麦畑が広がる。ただ、不遇の晩年にあって著作活動に勤《いそ》しんだ。白石は思想上の信念を枯らすことなくこの世を去る。

7-03

家宣が完成させた2つの大庭園

吹上御庭の完成

綱吉までの時代、江戸城は本丸、二の丸、三の丸、そして西の丸で構成されていた［7-5］。明暦の大火では、天守閣と本丸御殿が焼失し、二の丸、三の丸も焼け落ちる。だが、西の丸だけが火の手から逃れた。四代将軍家綱はこの西の丸に避難した。また、御世継ぎと決まった家宣も宝永元（1704）年に西の丸に入り、将軍となるまでの5年間を過ごす。

江戸城の多くを火の海にしたことからも、明暦の大火がいかに大きな火事だったかがわかる。家宣が5歳の時だった。その後、江戸城に変化が見られた。幕府は、火事が起きた際の避難所としての役割を担っていた、西の丸にある山里や紅葉山の庭園だけでは大火の備えとして不充分と判断した。江戸城内の徳川御三家などの武家屋敷を城外へ移転させ、跡地は広大な明地とする。その後の正徳年間（1711〜16）に「吹上《ふきあげ》」と呼ばれる庭園が最終的に造営され、家宣は江戸城に新たな庭園空間を加えた。その面積は0・49㎢もあり、西の丸のほぼ二倍の広さである。

この吹上の御庭園は、「広芝」と名付けられた広大な芝生広場を中心に、水の流れと大きな池が設けられ、築山が築かれた。まさに防火のための巨大な庭園が江戸城内に設けられた。芝生広場は後に馬場となる［238頁7-6］。吹上の池の規模も半端な広さではなく、注がれた水量も尋常ではない。かなり大量の水が江戸城内に引き入れられ、庭園の池に流れ込む。その水は承応3（1654）年に

7-5 江戸城の拡大

完成した玉川上水の水が使われた。

明暦の大火後、吹上が庭園として整備されるまでには、半世紀近い歳月を経ている。延宝年間（１６７３～８１）に江戸城の北側（北の丸）と西側（吹上）が広大な明地となり、火消役所がそれぞれ置かれ、火事への備えとした［239頁7-7］。元禄11（１６９８）年には、明地に防火用の溜堀《ためぼり》が半蔵御門のあたりから北の丸の南側まで大規模に掘り込まれる。かなり広い掘割の幅だった。その両側には土手が設けられ、植溜《うえだめ》（樹木などの栽培場や緑地を指す用語）も広々と取られる。これらの防火対策は勅額の火事（１６９８）が大いに影響した。家宣が26歳の時、家宣が御世継ぎに決まる6年前のこと。白石と出会って5年の歳月が経っており、自身の将来に向けた江戸城、江戸のまちのあり方を考えている時期だった。

元禄11年に設けられた溜堀と土手は幅を狭めながらも以降残り続ける。こうした既存の空間を利用して吹上御庭が整備された。この御庭は、現在も東京の貴重な緑地帯であり、家宣が胸を張って事績を主張できる成果といえる。家宣が御世継ぎとして西の丸に入った宝永元（１７０４）年か

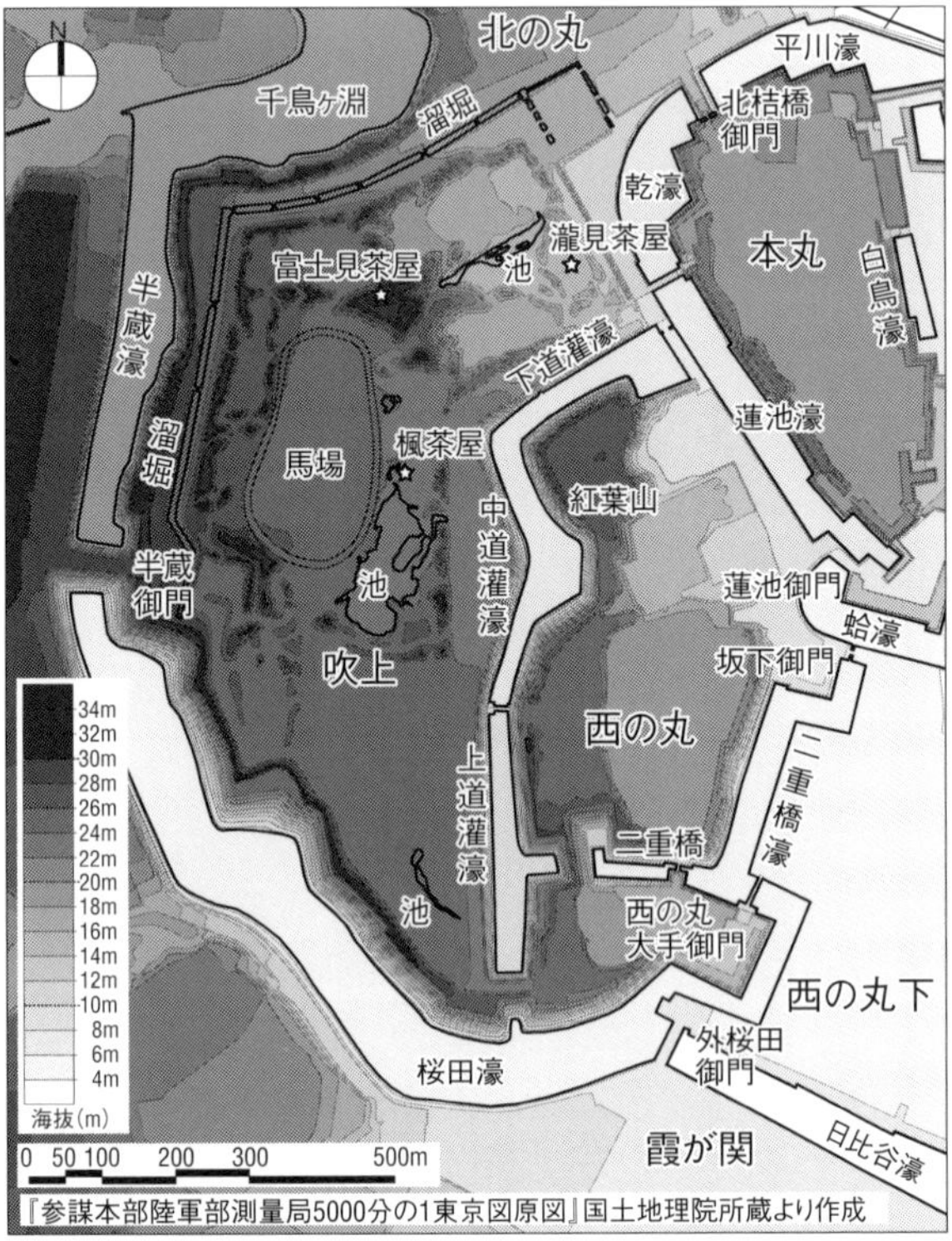

7-6　明治16年の吹上、明治16年に作成の『参謀本部陸軍部測量局五千分一東京図測量原図』部分（国土地理院所蔵）より作成

ら、隣接する広大な土地の構想を具体的に抱いていたのかもしれない。西の丸に入ってからの5年の歳月は将軍職だった年数よりも長い。しかも、家宣は将軍になってからも、夫婦仲のよい正室の熙子《ひろこ》（1666〜1741、天英院）とたびたび吹上御庭を散歩した（瀬川淑子著『皇女品宮の日常生活—『无上法院殿御日記』を読む』岩波書店、2001年）。天英院は家宣が亡くなって以降、西の丸に移る。将軍が吉宗の代になってからも、享保16（1731）年までの長い間西の丸に住み続け、思い出

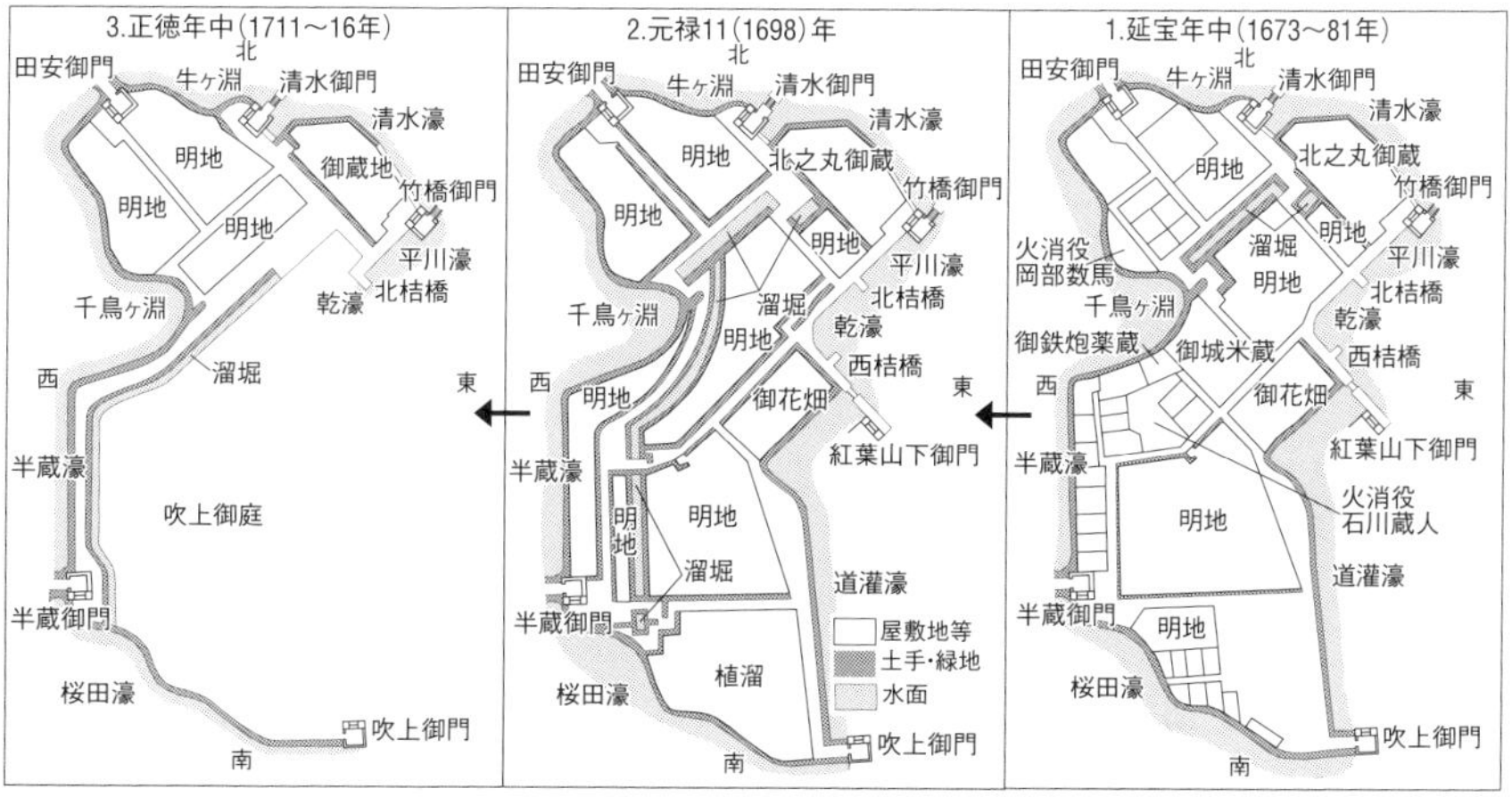

7-7　吹上の変化（『御府内沿革図書』より作成）

深い吹上御庭を見守り続けた。

最後まで残った将軍別邸・浜御殿

四代将軍家綱は将軍別邸として神楽坂に御殿を設けた。五代将軍綱吉は小石川に、六代将軍家宣は海に面した父・綱重の下屋敷を浜御殿として整備し別邸とする［次頁7-8］。七代将軍以降は、浜御殿が正式な将軍別邸として位置付けられた。その後、新たな別邸は各将軍の代で設けられていない。江戸という都市が巨大化し、江戸城に近い場所に別邸を設ける余裕もなくなる。

では、家綱より前、家康・秀忠・家光の別邸はどうだったのか。生前の家康は駿府と江戸を往復し、江戸城西の丸が別邸のようなものだった。秀忠の代は日本の中心である江戸城への求心性が求められた時代である。しかも、秀忠の代までは戦いに明け暮れており、戦場の野営地がいま一つの拠点だった。守らなければならない場所をあえて増やす意味もない。

家光の時代も別邸という概念はあまりなかった。江戸の周縁、近郊に軍事目的で数多く鷹狩りの御殿が設けられる。四代将軍家綱の神楽坂の別邸は、家光が鷹狩りのために使う御殿だった［161頁5-12参照］。

7-8　築山の御亭山から、浜離宮恩賜庭園の庭園を望む（撮影：2012 年）

四代将軍家綱の神楽坂にあった御殿は後に寺院や武家地に転用され、五代将軍綱吉の小石川にある白山御殿は八代将軍吉宗によって薬草園が拡大し変貌した。一方、六代将軍家宣が築いた将軍別邸の浜御殿は、その後も庭園として維持され、今日に至る。

浜御殿は、寛永年間（1624〜44）まで、葦などが茂る自然の湿原地帯であり、鷹狩りをする将軍の鴨場として利用されてきた。承応3（1654）年になると甲府藩主の綱重が拝領し、湿原地帯の一部を埋め立てて下屋敷とする。綱重が亡くなると、霞が関の桜田屋敷が家宣の本邸となり、本邸と目と鼻の先にある浜御殿を気軽にくつろげる別邸として整備した。その時、鴨場の記憶を残すように庭園内に鴨池が設けられる。

江戸の都市が拡大し、将軍が近くで気軽に鷹狩りを楽しめる場所が失われたため、浜御殿は歴代将軍の鷹狩りの場所として利用されることが多くなる。その意味で、家宣には鴨場を残す庭園の基本プランを描いた先見性があった。現在の浜離宮恩賜庭園には、綱重・家宣親子の原風景が宿り続ける［7-9］。

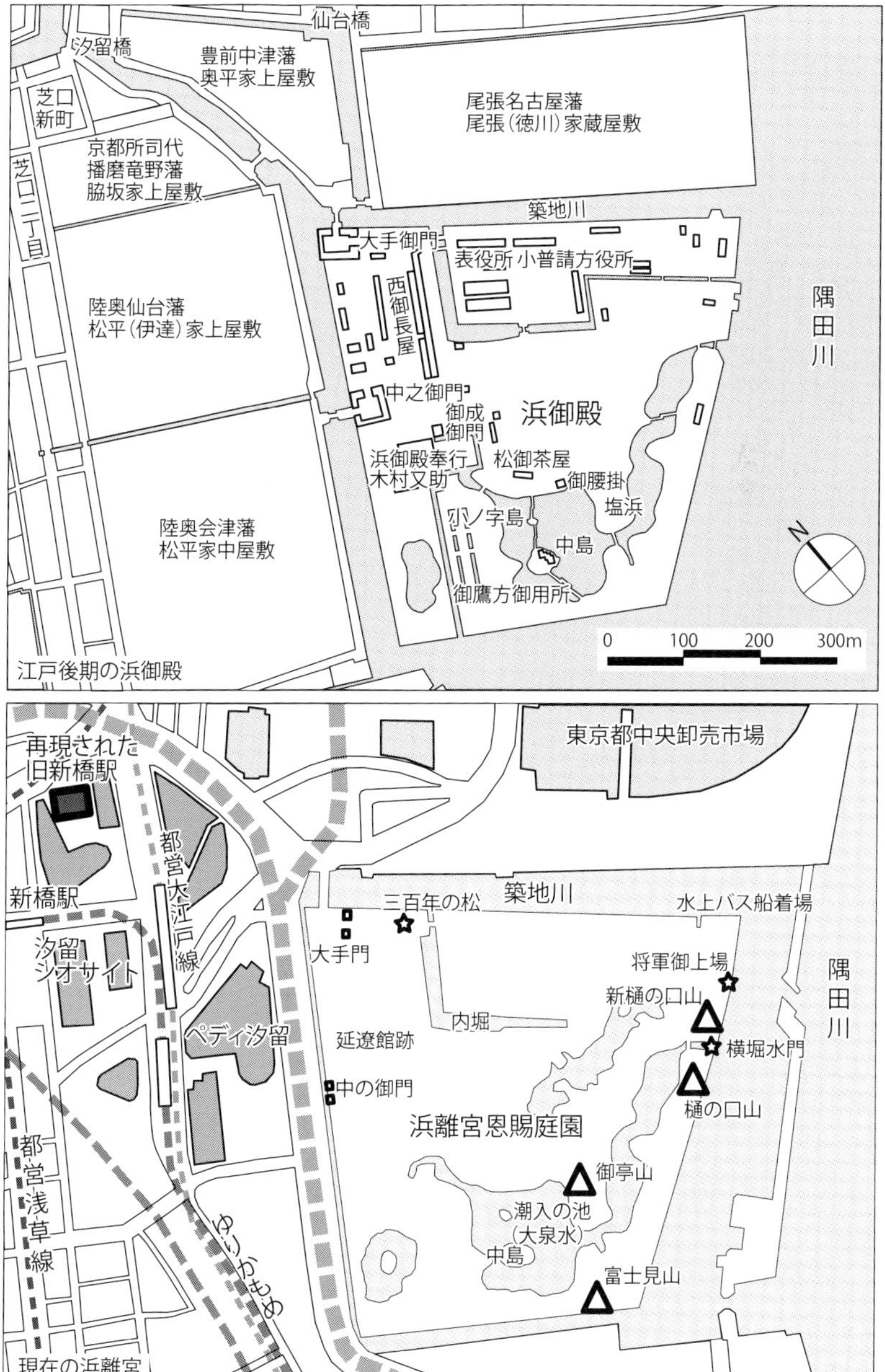

7-9　浜離宮恩賜庭園の配置（江戸後期と現在）

7-10　浜離宮恩賜庭園の海に近い築山の樋の口山、手前は海水を庭園に入れる取水口（撮影：2012年）

この海に面した別邸には、海防の意味も付け加えられた。大名庭園につきものの築山《つきやま》は海を監視する施設でもあった。浜御殿には4つの築山がある。そのうち海に近い富士見山、樋の口山はその役割を果たした［7-10］。徳川幕府が瓦解するまで、浜御殿は海防のための役割も担い続ける。

家宣は影の薄い将軍だが、江戸に2つの広大な緑地を創出し、それらを今日に残した功績は計りしれない。しかも、江戸独特の汐入庭園が現在も機能していることは素晴らしい。

おわりに　6人の将軍の通信簿

本書は6代の将軍が試みた事績を取り上げ、将軍たちが江戸城と江戸のまちづくりに果たした成果を読み解いた。その結果、各将軍の人間性が浮き彫りにされ、各将軍の事績が一代で築かれたものではないこともわかった。将軍の人間性まで触れてきたことで、登場した6人の将軍に対して通信簿をつけてみたくなる。ただし、共通した評価基準での優劣の評価はなかなか難しい。評価する側の立ち位置、あるいは評価基準の選び方により大きく異なるからだ。性格上の問題点など将軍の人間性に関しては本文で述べており、曖昧になることを避け、改めてこの場で評価の対象としていない。むしろ、都市史、都市計画、都市論といった立場で、6人の将軍に目を向けたい。江戸城と江戸のまちづくりをどのように実践し、価値ある実績を現代に残したかという点に絞った評価から、それぞれの将軍の通信簿を作成することにした。本書で低く評価された将軍が浮上するかもしれない。当然総合的な評価とズレも生じる。

さて、江戸城に関してどのように評価をすればよいのか。江戸城の基本骨格がつくりあげられた時期は、秀忠の将軍時代。だが、ベースは家康が描いた世界である。西の丸の壮大なプラン、本丸・西の丸の御殿新築、そして最初の天守閣の創建も大御所である家康主導だった。ただし、家康が描いた江戸城の見取り図を完成度高く極めた将軍は秀忠であろう。さらに、日本橋の上から天守閣に向けられた軸を修正し、寛永寺から天守閣への壮大な軸も創出した。寛永寺との関係は秀忠の独自性といえる。この点は高く評価したい。加えていえば、江戸城周辺の御門を整えたことは、視覚的な面での貢献度が家康以上に高いかもしれない。

家光はどうか。江戸城に限れば、最大規模の天守閣を創出した点は高く評価されるべきであろう。一方で秀忠の業績を消し去ろうとした点は評価を落とす。四代将軍家綱に関しては、天守閣の台座を構築したが、天守閣そのものは建てていない。ただし、明暦の大火以降の本丸御殿をはじめとする江戸城の立て直しの功は家綱に尽きる。しかも、家綱の時代に建てられた建築の多くが100年以上も維持され続けた点は評価できよう。江戸城内の防災に力を入れた家綱の功績といえる。

五代将軍綱吉は寛永寺に根本中堂、山門を建立し、天守閣と寛永寺の軸を明確化する一助となった。しかし、天守閣再建までは至っておらず、その事績は巨大構築物を建設したい自己満足とも思えてしまう。むしろ、吹上の庭園を完成させた家宣の評価の方が高い。

従って江戸城に限れば、家康がトップ。続いて秀忠、家綱、家宣、家光、綱吉の順か。ただし、この評価は秀忠に実に甘い採点であり、家康が秀忠を押し上げたに過ぎないのかもしれない。また、家宣が上位過ぎるとの批判もあろう。しかし、広大な緑地空間を現代の東京に残した実績は大きく、吹上の御庭を創出した功績から、ここは家宣を強く推したい。寛永度の天守閣を建てた家光には2、3歩退いてもらうことにした。

次に、江戸のまちづくりに関してはどうか。江戸の基本骨格を描き上げた人物はやはり家康にほかならない。この骨格をもとに、以降の江戸はそれぞれの将軍のもとで新たな天下の城下町へと成熟する。秀忠は家康が描こうとする江戸のグランドデザインをサポートした。神田川の付け替えは江戸城を中心とした「の」の字に渦巻く城下町の姿を安定させる。

家光は、家康と秀忠がつくりあげた江戸の空間概念を外濠の建設により飛躍的に拡大させた。これは驚きの飛躍である。ただし、水がなみなみと満たされてこその外濠。その点、保科正之の強力なサポートがあってこそだが、玉川上水から外濠へ大量の水を注入し、神田川の拡幅といった一連の水の流れを具体化した家綱の存在が光る。しかも、明暦の大火を乗り越え、上水・用水を分水して玉川上水の価値を高め、低地下町の埋め立てによる水都江戸を構築した。家綱の事績があってこそ、家康、秀忠、家光の功績も現代に光ろうというもの。江戸の基盤をつくりあげた家康に敬意を評しつつも、ここでの通信簿は家康と家綱を同点としたい。以下は、家光、秀忠と続く評価とした。綱吉は江戸に多くの社寺を建立したが、江戸のまちづくりという広い視野に立つ事業ではなく、秀忠の次に位置する評価となった。また、浜御殿を完成させた家宣は残念ながら最下位。ここでは、家光を最大限サポートした家綱を家康と同率1位にしたいという筆者の思いを反映させた。

こう見てくると、江戸に華麗な寛永の都市空間を描いてみせた家光、元禄文化を花開かせた綱吉は、高評価とならなかった。江戸につくられた都市・建築の質の高さを基準にすれば、家光が家康と肩を並べるかもしれない。あるいは、経済政策と元禄文化に力点を置けば、綱吉が高い評価となろう。また、いずれも家康が単独トップではないことに疑念を抱く人もいるかに思える。個々人の性格の善し悪しも加味するとまた違った通信簿となる。評価は一様ではない。皆さんも、6人の将軍の通信簿を作成してはいかがか。

本書は40年以上続けてきた江戸―東京の研究がベースにある。その成果の一旦が書籍となっており、本書の参考文献として取り上げたい。本書全体を通して基本とした参考文献は『江戸→ＴＯＫＹＯ　なりたちの教科書　一冊でつかむ東京の都市形成史』（淡交社、２０１７年）と『江戸→ＴＯＫＹＯ　なりたちの教科書３　東京の基盤を作った「武家屋敷物語」』（淡交社、２０１８年）である。これらは、本書を読み進める上で辞書としても意味を持つ。

掘割の整備は『川と掘割〝20の跡〟を辿る江戸東京歴史散歩』（ＰＨＰ新書、２０１７年）が本書の論を展開する上で拠り所となり背景となっている。外濠整備の考え方に関しては『地形で読み解く都市デザイン』（学芸出版社、２０１９年）の第４章５「高低差を活かしたダイナミックな惣構の城下町―江戸」で論じた内容を基本にし、本書ではさらに発展させた。

家康からはじまる江戸のまちづくりの内容は『銀座四百年　都市空間の歴史』（講談社選書メチエ、２００６年）、『江戸→ＴＯＫＹＯ　なりたちの教科書２　丸の内・銀座・神楽坂から東京を解剖する』（淡交社、２０１８年）が本書を論ずる基礎となる。それらを踏まえ、本書ではさらに進展させた。本書で取り上げた社寺をより理解する上で『江戸→ＴＯＫＹＯ　なりたちの教科書４　東京の古層を探るパワースポット寺社巡り』（淡交社、２０１８年）も参考となる。また、私自身の著作以外の参考文献は本文中に明記した。

本書の構想は、２０２１年３月21日に行われたオンライン映像での講演「江戸・東京のまちづくりと江戸城」（特定非営利活動法人 江戸城天守を再建する会 主催）からスタートしている。

2020年、秋も深まるころに講演の話を持ちかけられた。これまで半世紀近くにわたって江戸を都市形成史の立場から研究し続けてきた。だが、その間に江戸城天守閣を中心に据えて研究しようとする強い意思はあまりなく、江戸のまちを読み解く時には江戸城天守閣がぼんやりと背景に映し出された存在に過ぎなかった。そのような思いのなか、江戸城天守閣を中心に据えた上で、江戸城と江戸のまちづくりを捉える考えをまとめ、講演した。

その後、江戸城と江戸のまちづくりに関する内容の原稿依頼があった。雑誌『土木技術』(2022年1月号、土木技術社)の特集「城と土木」では「江戸城と江戸のまちづくり」「江戸城改築と江戸のまちづくりの完成」というタイトルで2本の原稿を寄稿できた。実は、あまりに力が入り過ぎ、依頼原稿の文字数が大幅に増えすぎてしまう。しかし、編集長のご好意で文字数を減らすことなく、2本立てにして掲載することができた。本書の大枠がここで決まる。

こうした一連の流れの延長線上に本書がある。雑誌『土木技術』で書いた原稿を読み返すうち、江戸城と江戸のまちづくりにかかわった各徳川将軍によりスポットをあて、話を膨らませたいとの衝動にかられた。2021年10月初旬に、雑誌『土木技術』に原稿を出し終えてから、この原稿をベースに新たな文章を書きはじめる。この時点で出版社が決まっていたわけではなく、書きたいという強い意思だけがあった。

そこから一心不乱に書き進み、ある程度原稿が出来上がった2022年春に、拙著『江戸→TOKYO　なりたちの教科書』シリーズでお世話になった淡交社の加納慎太郎氏に相談を持ちかけ、何とか出版することができた。加納氏にはこれまで本書も含め5冊の本の編集を手掛けていただいた。加納氏にはいつもながら感謝申し上げたい。

今回の出版で15冊目の単著となった。一定の読者層の方々に支えられたおかげで、ここまで出版を重ねることができた。これは私の何よりの財産であり、大いに感謝いたすところである。70歳を過ぎ、読者の方々に支えられながら、もうひとふんばりできればと願っている。

2022年12月12日

岡本哲志

出典一覧

カバー、オビ、1-27（p42）　冨嶽三十六景　江戸日本橋（葛飾北斎画）　著者所蔵

1-34（p50）　「朝鮮通信使来朝図」　神戸市立博物館蔵

1-36（p50）　「東都霞ヶ関山王祭練込之図」『東都名所』（歌川広重画）
国立国会図書館デジタルコレクション

1-41（p55）　航空写真（CKT20176-C18-27）　国土地理院蔵

2-3（p66）　「虎の門外あふひ坂」『名所江戸百景』（歌川広重画）
国立国会図書館デジタルコレクション

2-10（p74）　『江戸名所図会』

3-4（p91）　『江戸図屏風』（部分）　国立歴史民俗博物館蔵

3-8（p96）　『江戸名所図会』

4-3（p121）　「武州豊島郡江戸庄図」（部分）　国立国会図書館デジタルコレクション

4-4（p122）　「江戸全図」（「寛永江戸全図」部分）　臼杵市教育委員会蔵

4-10（p129）　『江戸名所図会』

4-12（p131）　『江戸図屏風』（部分）　国立歴史民俗博物館蔵

4-13（p136）　『江戸図屏風』（部分）　国立歴史民俗博物館蔵

5-20（p173）　『江戸名所図会』

6-1（p191）　「新添江戸之圖」（部分）　国立国会図書館デジタルコレクション

6-12（p207）　「大はしあたけの夕立」『名所江戸百景』（歌川広重画）
国立国会図書館デジタルコレクション

6-18（p217）　『江戸名所図会』

6-19（p218）　『江戸名所図会』

7-1（p223）　「江戸御城御殿守横面之圖」　東京都立中央図書館蔵

7-2（p223）　「江府御天守図百分之一」　東京都立中央図書館蔵

【その他の写真撮影・図版作成】　岡本哲志

岡本哲志（おかもと・さとし）

1952年、東京都中野区生まれ。

岡本哲志都市建築研究所主宰、法政大学デザイン工学部建築学科教授を経て、現職。専攻は都市形成史。都市形成史家、博士（工学）。

2012年度都市住宅学会賞受賞（共同）。

国内外の都市と水辺空間の調査・研究に長年に携わる。銀座、丸の内、日本橋など東京の都市形成史を様々な角度から40年以上研究を続ける。

著書に『東京「路地裏」ブラ歩き』（講談社）、『銀座を歩く　四百年の歴史体験』（講談社文庫）、『川と掘割“20の跡”を辿る江戸東京散歩』（PHP新書）、『江戸→TOKYO なりたちの教科書』シリーズ4巻（淡交社）、『地形で読みとく都市デザイン』（学芸出版社）など多数。

2009年秋から放送された人気番組NHK「ブラタモリ」には銀座、丸の内、羽田、六本木などに案内人として7回出演して人気を博した。2019年6月には白金で8年ぶりに案内役を務めている。

好評既刊

江戸→TOKYO なりたちの教科書

一冊でつかむ東京の都市形成史

岡本哲志／著
四六判　並製　300頁（カラー4頁）
ISBN：978-4-473-04170-8
定価：本体1,700円+税

「ブラタモリ」多数出演の専門家が、東京の都市形成の変遷史を一冊にまとめ好評を博したシリーズ第一作。

江戸→TOKYO なりたちの教科書 2

丸の内・銀座・神楽坂から東京を解剖する

岡本哲志／著
四六判　並製　276頁（カラー4頁）
ISBN：978-4-473-04239-2
定価：本体1,700円+税

東京を象徴するに相応しい三つの街、丸の内、銀座、神楽坂に着目。江戸時代の基本骨格を色濃く残すまちを詳しく考察する。

家康の仕掛け

「将軍の都市計画」からよみとく

江戸東京の原型

2023年2月13日　初版発行

著　者　岡本哲志《おかもとさとし》

発行者　伊住公一朗

発行所　株式会社 淡交社

本社　〒603-8588　京都市北区堀川通鞍馬口上ル

営業　075-432-5156　編集　075-432-5161

支社　〒162-0061　東京都新宿区市谷柳町39-1

営業　03-5269-7941　編集　03-5269-1691

www.tankosha.co.jp

印刷・製本　中央精版印刷株式会社

ISBN978-4-473-04543-0